37명의 스포츠 직업인
인터뷰를 통한

스포츠
진로 찾기

Finding My Career in Sports

Preface

스포츠 직업인들의 생생한 이야기

"체육교사라는 직업은 어때요?"
"체육교사로 살아가는 것이 행복하세요?"

　이렇게 질문하는 학생들을 해마다 만납니다. 그런 학생들을 만날 때마다 체육교사라는 직업에 관해 이러쿵저러쿵 일장 연설을 합니다. 학생들에게 한참 이야기하다 보면 혼자 흥에 겨워 과몰입하고 있는 저를 발견하곤 합니다. 그럴 때마다 이런 학생들에게 체육교사라는 직업을 말로만 설명하는 것에 한계를 느꼈고 교육적인 측면에서도 효과적일까 하는 생각을 하게 되었습니다.

　스포츠 직업을 꿈꾸는 학생들에게 스포츠 직업인들의 삶을 구체적으로 전달하는 방법이 없을까를 고민하기 시작했습니다. 스포츠 진로와 스포츠 직업에 관한 책을 학교 도서관에 비치하려고 찾아보았으나 관련 도서들이 상당히 부족하다는 것을 알게 되었습니다. 스포츠 분야로 진로를 꿈꾸는 이들은 많으나 그들이 참고할 만한 스포츠 진로 관련 도서는 상당히 부족하다는 사실에 마음이 무거워졌고, 스포츠 분야에서 일하고 있는 직업인으로서 마땅히 해야 할 일을 하지 못했다는 생각도 들었습니다.

　이런 고민은 저 혼자만 하는 것이 아니었습니다. 같은 고민을 가진 체육교사들과 체대 교수님들을 만나게 되었고 이러한 고민을 해결할

방법을 찾았습니다. 결국 우리는 청소년과 청년층을 위한 스포츠 진로와 스포츠 직업에 관한 책을 함께 써보기로 마음을 모았습니다.

세 명의 체육교사와 두 명의 체대 교수는 1년 전에 경인 교대 근처 카페에서 만나 이 책을 기획했습니다. 스포츠 직업인들의 생생한 이야기를 담기 위해 1년 동안 많은 스포츠 직업인들을 만나서 책의 기획 취지를 설명했습니다.

1년을 뚜벅뚜벅 걸어온 결과 드디어 작은 열매를 맺게 되었습니다. 부디 스포츠 분야로 진로를 생각하는 청소년들에게 이 책이 작은 촛불이라도 되기를 바라는 마음입니다.

2024년 6월
저자 일동

Contents

CHAPTER *1* 스포츠 교육

10대부터 60대 학생을 가르치는
대학교수
경희사이버대학교 스포츠경영학과 학과장 **김 학 준**　　　12

꼬리를 잡아 몸통을 흔들고 싶어 하는
체육교사
운산고등학교 **임 성 철**　　　24

태권도 선수에서, 이제는 학생들의 건강한 삶을 위해 노력하는
체육교사
수현중학교 **유 청**　　　32

꿈을 포기하지 않고 합격할 '때'까지!
체육교사
경기체육중학교 **백 종 학**　　　42

재미난 체육교사에서 재미난 체육장학사로 살아가기
체육장학사
경상북도김천교육지원청 **이 성 남**　　　56

특수체육 지도자로 살며 사랑하며
특수체육 지도자
꿈꾸는느림보 사회적 협동조합 **송 민 기**　　　62

포켓볼과 함께한 나의 인생, 나의 삶
포켓볼 지도자
포켓볼 강사 **구 승 미**　　　72

노후에도 건강한 몸으로 운동해요
노인 스포츠 지도자
노인 스포츠 지도사 **이 춘 희**
82

레크리에이션과 스포츠 이벤트 전문가로 살아온 한평생
레크리에이션 지도자 및 스포츠 이벤트 기획자
(주)이엘커뮤니케이션즈 **박 흥 세**
90

다양한 도전을 통해 유아기 아이들의 성장을 지원하다
유아 체육 강사
미소진키즈 스포츠 대표 **정 희 동**
100

CHAPTER 2 공무원 및 경호

체대 준비생에서 체대생으로, 체대생에서 경찰관으로
경 찰 관
부천 원미 경찰서 **김 미 정**
110

소방관 아버지의 삶을 보며 소방관이 된 아들의 이야기
소 방 관
전라남도 진도 소방서 소방사 **조 승 환**
114

운동을 좋아하는 여고생에서 군인이 되기까지
군 인
육군 부사관 **오 혜 빈**   120

인천 국제 공항의 안전은 내가 책임진다
공항 보안 검색 요원
인천 국제 공항 보안 검색 요원 **이 윤 선**   126

CHAPTER *3* 서비스 및 경영

다이빙 선수에서 골프 지도자로 제2의 인생 살아가기
골프 지도자
골프소마틱스 커리어그라퍼 **김 시 은**   134

삶의 질을 향상시킬 수 있는 헬스의 매력
헬스 트레이너
광명 밸런스 PT센터 **강 석 주**   142

공부하는 박사 트레이너로 살아가기
전문 트레이너
트루코치 피티짐 **정 명 숙**   148

육체를 발전시키는 건강 전도사
보디빌더
육체 발전소 공동 대표 **고 석 현**   156

바이오메카닉스 연구자에서 바이오메카닉스 사업가로
바이오메카닉스 사업가
SSTC 야구과학연구소 대표 **조 준 행**   162

스포츠 사회적 협동조합으로 지역 사회 스포츠 발전을 소망하다
스포츠 사회적 기업 운영자
사회적 협동조합 학교체육진흥원 이사장 **전 영 관**
170

태권도를 통해 나의 삶에서 자신감을 얻다
태권도장 경영자
홍익 태권도 관장 **정 민 철**
180

운동선수들의 마음을 돌보는
스포츠 심리 상담사
마인다즈 심리케어센터 대표 **서 지 예**
186

한국 뉴스포츠의 세계화를 꿈꾸는
뉴스포츠 발명가
한국뉴스포츠발명연구소장 **김 창 원**
192

CHAPTER 4 공공 행정 및 경기

한국대학스포츠협의회(kusf)에서 대학 스포츠의 혁신을 소망하다
스포츠 기획자
한국대학스포츠협의회 기획 총괄팀 **권 오 석**
204

학교체육진흥회에서 스포츠 행정가의 삶을 시작하다
스포츠 행정가
학교체육진흥회 직원 **강 보 미**
210

꾸준히 공부하여 스포츠 현장을 지원하다
스포츠 행정가
수원FC **유 용 준**
216

위기를 기회로 만든 수영선수
운동선수
경남수영연맹 소속 **유 현 지**   222

미래의 수영 국가 대표 선수들을 가르치고 있는
전문 체육 지도자
경기체육중학교 **김 성 겸**   228

경기장에서는 모든 선수가 평등하고 공정하게 평가받아야 한다
심 판
대한수영연맹 다이빙 심판 **김 은 아**   234

빠르게 경기를 판단하고 기록하는
스포츠 기록원
대한수영연맹 소속 다이빙 심판(기록원) **이 성 혜**   240

CHAPTER *5* 언론 미디어

스포츠의 찰나를 영원한 감동으로 기록하는
스포츠 프로듀서
SportsTreeTV **고 동 영**   248

한국 스포츠의 혁신과 개혁을 주도하는
스포츠 기자
경향신문 **김 세 훈**   260

스포츠 현장을 뛰어다니며 가장 먼저 소식을 전하다
스포츠 아나운서
전 KBSN 아나운서 **정 인 영**   270

CHAPTER *6* 스포츠 의료

나의 재능과 마음을 다른 사람과 함께 나누는
스포츠 팀 트레이너
루지 국가 대표팀 의무 트레이너 **황 인 건**   280

환자의 건강을 위해 공부하고 연구하는
물리 치료사
슬기로운 재활의학과 병원 **김 찬 규**   288

물을 이용해 아픈 곳을 치료하는
수중 운동 재활 치료사
화성도시공사 스포츠 사업 팀 **선 진 오**   294

재활 트레이너로 살아가는 삶의 행복
재활 트레이너
빛나짐 대표 **유 사 비 나**   300

37명의
스포츠 직업인
인터뷰를 통한

스포츠 진로 찾기

CHAPTER

1

스포츠
교육

10대부터 60대 학생을 가르치는

대학교수

경희사이버대학교 스포츠경영학과
학과장 **김 학 준**

열정적인 스포츠경영학과 학생들,
이들이 있어 행복합니다.

Q 1
본인 소개
부탁드립니다.

서울 경희사이버대학교 스포츠경영학과 학과장 김학준 교수입니다. 저는 서울 토박이이며 시인 김광섭의 시 '성북동 비둘기'의 배경인 성북동에서 결혼하기 전까지 살았습니다. 어렸을 때, 대부분의 학급 반장이면 영어 회화나 컴퓨터 동아리에서 활동하는데, 저는 운동을 좋아해서 언제나 농구부 활동을 했던 기억이 납니다. 성북동에는 초등학교뿐 아니라 남자 중고등학교가 하나밖에 없습니다. 그래서 성북동에 살았던 남학생은 모두 동문일 가능성이 높

습니다. 성북동은 농구 선수로 유명한 이상민 선수가 초중고뿐만 아니라 대학교까지 동문 후배일 정도로 생각보다 매우 조그마한 동네였습니다. 저는 재수할 때까지 이과 공부를 하다가 이과 공부가 재미없고 하기 싫어서 재수한 그해 11월에 예체능으로 바꾸었습니다. 한 달간 실기 시험을 준비해서 힘들게 연세대학교 체육교육학과에 입학했습니다. 대학을 졸업하고 학군 장교로 입대하여 27개월 만기 제대하고 바로 1996년 한화그룹 계열사인 한화호텔앤드리조트라는 회사에 입사했습니다. 12년 넘게 근무하면서 레저 스포츠 경영과 관광 개발 관련 다양한 경험을 쌓았을 뿐만 아니라 관광 관련 석사와 박사 학위를 취득했습니다. 그 뒤 운이

경희사이버대학교 스포츠경영학과 MT

좋게 대학 강단에 설 기회가 생겨 2008년부터 숭의여자대학 관광과에서 학생을 가르치면서 관광 레저 관련 연구도 열심히 했습니다. 그 결과 2010년 경희사이버대학교 관광레저경영학과 교수가 되었고, 2013년 우리 대학에서 스포츠경영학과를 준비하는 추진 단장이 되어 현재는 학과장을 역임하고 있습니다.

Q2
직업으로 대학교수를 선택하게 된 이유나 계기는 무엇인가요?

초등학교 때부터 운동을 좋아했는데, 특히 농구를 좋아했습니다. 고등학교 때 생각보다

키가 크지 않아서 고민하다가 점프를 많이 하면 키가 큰다고 농구 코치님이 조언해주셔서 점프 연습을 생활화했던 기억이 납니다. 장소와 시간을 가리지 않고 점프 연습을 했습니다. 중학교 때보다 키는 많이 크지 않았지만, 점프력이 성장했습니다. 고등학교 2학년 때 키가 178센티미터였지만, 덩큐 슛을 할 수 있을 정도로 점프력이 늘어 '괴물'이라는 별명까지 얻었습니다. 이때가 제 인생에서 가장 즐거웠고 성취감을 느꼈던 때였습니다.

그런데 저는 고등학교 때 이과여서 남들처럼 공대나 의대를 가기 위해 공부했습니다. 그러던 중 재수 시기에 연세대학교 체육교육학과에 다니는 동네 친구를 만났습니다. 학교 생활이 너무 재미있고 공부하는 것이 즐겁다는 이야기를 듣고 나도 즐겁게 공부할 수 있는 체

육교육학과를 가야겠다고 마음먹었습니다. 부모님과 누나의 반대로 많은 고민을 했지만, 결국 예체능으로 계열을 바꾸었고, 짧은 기간 동안 열심히 실기 시험 준비를 하여 연세대학교 체육교육학과에 입학할 수 있었습니다.

대학에 입학하자마나 선배들의 권유로 연세대학교 총학생회 체육부에서 기획 일을 하게 되었습니다. 우리 대학에서 가장 큰 행사인 연고전 체육 대회를 운영하고 기획하는 일을 그때 배웠습니다. 이러한 경험은 기업에 입사해서도 큰 도움이 되었습니다. 이 경험 덕분에 한화호텔앤드리조트 기획실에서 홍보 마케팅 기획을 하고 많은 성과를 얻을 수 있었습니다. 여기서 안주하지 않고 회사를 다니면서 별도로 시간을 내어 학업을 이어갔고, 석박사 학위를 취득했습니다.

박사 학위가 있다 보니 대학교에 전임 강사로 갈 기회가 생겼습니다. 전문 대학교 전임 강사를 하면서 연구의 끈을 놓지 않고 지속적으로 논문을 썼고, 그 결과 4년제 대학인 경희사이버대학교 관광레저경영학과 조교수로 임용되었습니다.

경희사이버대학교에서는 관광 레저와 스포츠 경영이 향후 유망할 것으로 판단하여 스포츠경영학과 추진단을 만들었고, 추진단을 이끌어 갈 추진 단장이 필요하게 되었습니다. 전임 교수 중 유일하게 대학에서 체육 교육을 전공한 제가 추진 단장으로 적임자였습니다. 그 이후 스포츠경영학과가 창설되어 지금은 564명의 학생이 있는 학과로 성장했고, 저는 스포츠경영학과의 학과장이 되었습니다. 현재 제 직업인 스포츠경영학과 교수는 제가 선택했다기보다는 준비가 되어 있었기에 선택되었다고 생각합니다.

Q3
스포츠 관련 대학교수가 되기 위해 무엇을 준비했고 필요한 자격 요건은 무엇인가요?

레저 및 스포츠 관련 자격증이 많았으나 대학교 때 저는 이러한 자격증에 관심이 없었습니다. 전공 수영에서 라이프가드를 획득해야 좋은 학점을 받을 수 있다고 해서 따게 된 라이프가드 자격증 외에는 레저 및 스포츠 관련 자격증은 없습니다. 이러한 자격증보다는 석사나 박사 학위 등 공부를 계속해서 얻을 수 있는 학위에 더욱 관심이 있었습니다. 그러나 대학을 졸업하고 바로 대기업에 입사했기 때문에 석박사 학위를 받을 기회가 오지 않았습니다.

회사를 다니다 보니 3년 단위로 슬럼프를 겪거나 조직에 대한 회의감이 밀려왔습니다. 그래서 입사 3년 후인 1999년에 대학원에 입학해 2001년에 석사 학위를 받았고, 다시 3년 후인 2003년에 다시 대학원에 입학해 2006년에 박사 학위를 받았습니다. 박사 학위를 취득한

경희사이버대학교 스포츠경영학과
졸업생들과 함께

동계 스포츠 및 운동 상해 실기 수업 중

것만으로 바로 교수가 될 수 있는 것은 아닙니다. 교수가 되기 위해서는 실무 경험을 갖는 것도 중요하지만, 연구 실적을 보여 줄 수 있는 논문이 많아야 합니다. 저는 논문을 쓰기 위해 회사에서 진행했던 프로젝트를 바로 연구 논문화하는 작업을 했습니다.

이러한 연구 논문은 회사 프로젝트의 객관적 자료가 되어 나중에 회사 일에도 큰 도움이 되었습니다.

연구 논문은 준비되었습니다만, 대기업이라는 편안하고 안전한 큰 배에서 뛰어내려 연봉도 작고 언제 침몰할지도 모르는 대학이라는 작은 배로 옮겨 타는 것은 쉬운 결정이 아니었습니다. 그럼에도 불구하고 스포츠 관련 제자를 양성하고 우리나라 스포츠 관련 정책에 연구자로 지원하기 위해서는 도전할 수밖에 없었습니다. 대학교수가 되기 위해 저는 다음과 같이 준비했습니다.

첫째, 연세대학교 체육교육학과에 입학해 연고전 같은 큰 행사를 기획하고 직접 행사를 운영했습니다.

둘째, 한화호텔앤드리조트에 입사해 레저 관련 사업을 기획하고 진행하여 다양한 경험을 얻었습니다.

셋째, 지속적으로 공부하여 석박사 학위를 취득했습니다.

넷째, 꿈을 위해 과감히 도전하여 대학 강단에 섰습니다.

Q4
대학교수로 살아가면서
언제 행복과 보람을
느끼시나요?

경희사이버대학교 스포츠경영학과에는 정말 다양한 학생들이 있습니다. 서울을 비롯하여 부산, 광주, 대전뿐 아니라 제주도, 독일 베를린부터 스페인 마드리드까지 사는 곳도 매우 다양합니다. 나이도 고등학교를 갓 졸업한 19세부터 검정고시로 고교 과정을 마친 사람, 일흔이 넘는 학생까지 있습니다. 직업 또한 다양합니다. 트레이너나 필라테스 강사 등 스포츠 산업에 종사하는 학생도 있지만, 주부, 유통업, 제조업까지 있습니다. 그럼에도 불구하고 이러한 학생들에게는 공통점이 있습니다. 스포츠 관련 공부를 하기 위해 입학했다는 점과 어떠한 학생보다도 예의가 바르다는 것, 어느 대학생보다 공부에 대한 열정이 높다는 점입니다. 우리 학과에는 부모님 때문에 억지로 입학한 학생은 한 명도 없습니다. 자발적으로 스포츠 관련 공부를 하고 싶어서 왔기 때문에 누구보다도 열정이 있고 이러한 학문을 가르치는 교수님들을 존경합니다. 졸업생 역시 재학생과 구분이 안 될 정도로 학과 일에 적극적입니다. 매년 진행하는 MT와 실기 수업인 해양 스포츠, 동계 스포츠 수업에는 재학생보다 졸업생이 더 많이 올 때도 있습니다. 동문이라기보다는 형제 같은 느낌을 받을 때가 더 많습니다. 이러한 학생들이 주변에 있는 것만으로도 행복하고 감사합니다.

Q5

대학교수로서
잊을 수 없는 일이나 에피소드가 있다면
소개해주세요.

2014년 경희사이버대학교 스포츠경영학과가 개설된 이후부터 지금까지 저는 모든 순간을 잊을 수 없습니다.

사이버 대학교 특성상 학과별 정확한 정원이 없기 때문에 지원하는 학생 수가 많으면 더 많은 학생 정원을 부여받을 수 있습니다. 2014년 3월, 94명의 지원자로 시작한 스포츠경영학과는 2023학년에는 재학생 564명으로 10년 동안 정확히 6배 성장했습니다. 이러한 성장은 한 땀 한 땀 바느질하듯 만들어낸 결과라고 생각합니다. 저를 비롯한 우리 학과 교수님들의 많은 노력이 있었고, 창의적인 생각을 통해 계

획하고 이러한 계획이 실행으로 옮겨지면서 더 많은 학생들의 관심이 모인 것이라고 생각합니다.

학과 개설 초기, 재학생들과 지속적으로 상담하면서 건강 운동 관리사 자격증을 취득하고 싶은 학생들이 많다는 것을 알게 되었습니다. 건강 운동 관리사 자격증을 취득하기 위해서는 기능 해부학(운동 역학 포함), 운동 생리학, 스포츠 심리학, 건강·체력 평가, 운동 처방론, 병태 생리학, 운동 상해, 운동 부하 검사 등 8개 과목의 필기시험을 보아야 하고, 각 과목 만점의 40% 이상을 득점하고 전 과목 평균 60% 이상이 되어야 합니다. 학과 개설 당시 우리나라 스포츠 관련 학과에는 8개 과목 모두 교육 과정에 포함되어 있는 대학은 없었습니다. 이를 알고 저는 학과장으로서 이 모든 과목을 교육 과정에 넣고 운동 역학은 별도 과목으로 추가하여 건강 운동 관리사 자격증 관련 9개 과목을 모두 수강할 수 있도록 했습니다. 그 결과, 2019년부터 매년 건강 운동 관리사 자격증을 취득하는 학생들이 나오고 있습니다. 건강 운동 관리사 자격증을 취득한 학생들의 이야기를 들어 보면 별도 교재 없이 강의 노트만 공부해도 건강 운동 관리사 자격증을 취득하는 데 큰 문제가 없다고 합니다. 이러한 사실이 입소문으로 퍼져 더 많은 학생이 우리 학과를 찾게 되었습니다. 저는 지난 10년간 저의 열정과 그 열정이 맺은 결실들을 모두 잊을 수 없습니다.

Q6
스포츠 관련 학과 대학교수의
미래 전망은
어떠하다고 생각하시나요?

대학에서 스포츠 관련 학과는 앞으로 더욱 성장할 것입니다. 이에 따라 스포츠 관련 대학교수의 미래는 밝다고 생각합니다. 저는 수업하면서 늘 이러한 말로 강의를 시작합니다.

"인간은 자신의 시간과 비용이 드는, 이성적인 측면에서는 매우 비효율적인 스포츠를 왜 계속 즐기는가? 미래에는 스포츠가 없어질 것인가? 그럼에도 불구하고 인간은 미래에도 지속적으로 스포츠를 즐길 것이다. 그 이유는 무엇일까?"

헤르만 헤세(Hermann Hesse)는 "지와 사랑"의 주인공 나르치스와 골드문트를 통해 인간 내부에 잠재되어 있는 이성과 감성의 이중성을 독자들에게 보여주고 싶어 했습니다. 인간의 본성에는 이성과 감성이 동시에 존재합니다. 즉, 인간은 이성적이면서도 때로는 감성적인 동물입니다. 스마트 기술의 발전 등으로 인간의 이성적인 것들이 발전할수록 인간의 본성인 감성을 통해 나머지 부분을 채우려 할 것입니다. 우리는 TV를 통해 효과적인 스포츠 소비를 하기도 하지만, 그것으로 만족하지 못해 스포츠를 직접 관람하기도 하고 심지어 본인이 체험하기도 합니다. 그래서 미래에도 스포츠는 더욱더 발전할 것입니다. 스포츠와 관련된 직업이 활성화될 것이고, 사람들은 대학 교육에서 스포츠와 관련된 지식을 축적하길 원할 것입니다. 따라서 스포츠 관련 대학교수는 더욱 많이 필요할 뿐 아니라 훌륭한 스포츠 관련 교수는 더 좋은 대우를 받게 될 것입니다.

경희사이버대학교
https://www.khcu.ac.kr/

경희사이버대
스포츠경영학과 교수
학과장 인터뷰
https://bit.ly/3UbF7EA

골프 선수와 한화 이글스
국제 스카우터가 말하는
학업과 일 이야기
bit.ly/3xrqvb7

꼬리를 잡아
몸통을 흔들고 싶어 하는
체육교사

운산고등학교
임 성 철

학생들이 긍정적으로 변화하고 있다는 것을
확인할 때 만족감과 희열을 느껴….

Q1
본인 소개
부탁드립니다.

저는 경기도 광명시에 있는 운산고등학교 체육교사 임성철입니다. 서울 양천구 신정동에서 태어나 부천에서 2년을 살았던 것을 제외하면 신정동에서 평생 살고 있습니다. 어렸을 때는 안양천에서 겨울에 썰매를 탔고 여름에는 물놀이를 하고 자랐는데, 지금은 목동 아파트가 들어서 과거의 모습은 많이 사라졌습니다. 어려서부터 운동을 무척 좋아해서 동네 아이들과 구슬치기, 오징어, 딱지치기, 돈가스 등의 놀이를 많이 했고 중고등학교 시절에는

농구나 축구반 대표로 학급 대항 대회에 자주 참여했습니다. 고등학교 시절 학급 대항으로 했던 농구 시합에서 슛을 자주 성공시켰더니 친구들이 마이클 조던이라고 불러주어 행복했습니다.

고3 때 대입에 낙방하고 재수를 거쳐서 1991년에 연세대학교 체육교육학과에 입학했습니다. 대학 졸업 후에는 일반 회사에서 직장인으로 2년 가까이 근무하고 이후 직장 동료들과 함께 회사를 만들어 운영하다가 1998년 IMF로 문을 닫게 되어 실업자 상태가 되었습니다. 2001년 체육교원임용시험에 합격하여 현재까지 경기도에서 체육교사로 살아가고 있습니다.

Q2
직업으로
체육교사를 선택하게 된
이유나 계기는 무엇인가요?

어려서부터 운동에 관심이 많았고 몸으로 하는 일을 좋아했습니다. 중고등학교 시절에 만났던 체육교사들을 많이 존경하고 잘 따랐습니다. 고등학교에 다닐 때 학급 대항 농구 대회에서 학급 대표로 활동하면서 선생님들과 친구들로부터 많은 칭찬을 들으면서 스포츠에 소질이 있다는 것을 알게 되었습니다. 고등학생 시절에는 농구에 빠져서 매일 한 시간 이상 농구를 했습니다. TV에서 가끔 NBA 시카고 불스 마이클 조던의 경기를 보면서 농구의 매력에 깊게 빠져들었습니다. 매일 학교 운농장과 공원에 있는 농구장에서 마이클 조던의 드리블과 점프 슛를 따라 하는 것이 저에게는 큰 즐거움이었습니다.

고등학교 시절 농구의 매력에 흠뻑 빠졌던 저는 학기말 고사 체육 시험을 준비하기 위해 체육 교과서에서 체육의 가치, 체육의 목적, 운동과 건강 등의 내용을 보고 상당히

매료되었습니다. 체육 교과서를 공부하면서 체육이 중요하다고 확신하고 청소년들을 대상으로 체육을 가르치는 체육교사라는 직업을 소망하게 되었습니다.

청소년 시기, 저는 직업에 대해 생각할 때마다 사람들을 긍정적으로 변화시키는 일을 하면 좋겠다는 생각을 했습니다. 그래서 그런지 교사라는 직업에 더 관심이 있었습니다. 저는 사람에 대한 관심과 스포츠를 향한 열정과 애정으로 자연스럽게 체육교사를 꿈꾸게 되었습니다.

체육교사는 좋아하는 스포츠를 즐기면서 돈도 벌고 건강까지 챙길 수 있어서 1석 3조의 직업이라고 생각했습니다. 특히 방학이 있어서 좋아하는 여행을 자주 다닐 수 있겠다고 생각했습니다. 체육교사가 되기로 결심한 시기는 고등학교 2학년 시기라고 기억합니다. 고2 때부터 체육교사의 꿈을 실현하기 위해 체육교육학과 진학을 본격적으로 준비했습니다.

원종고등학교 재직 시절 방과 후 학교
체대 진학반 학생들과 함께

Q 3
체육교사가 되기 위해
무엇을 준비했고 필요한 자격 요건은
무엇인가요?

우선 연세대학교 체육교육학과에 진학해 체육교사 2급 정교사 자격을 취득했습니다. 이것이 체육교사가 되기 위한 첫 출발이었습니다.

대학 졸업 후 직장 생활과 개인 사업을 하다가 31세 때 2개월 동안 교육학과 전공 체육 공부를 위해 학원에 다녔습니다. 실제적인 이론은 교원임용 고시 학원을 통해서 준비했습니다. 대학 졸업 후 6년 만에 임용시험에 도전했기 때문에 대학에서 배운 이론과 지식은 머리에 남아 있지 않아 학원 수업에 의지할 수밖에 없었습니다. 그다음엔 체육 임용시험에 필요한 실기를 준비했습니다. 임용시험을 준비하는 선배들을 보면서 실기 시험 정보를 얻을 수 있었습니다.

세 번의 임용시험에 도전해 마지막 도전에서 합격했습니다. 첫 번째 도전은 대학원 석사 과정 때 경험 삼아 도전했고 두 번째 도전은 군복무 시절에 준비해서 도전했으나 실제적으로 충분한 준비는 불가능한 상황이었습니다. 마지막 도전은 31세 때 한 가정의 가장으로서 간절한 마음으로 도전해 합격했습니다. 저의 임용시험 경험은 제가 운영하는 학교체육tv 채널에 영상으로 만들어 업로드했습니다. 관심이 있으신 분은 학교체육tv 채널에서 '체육교원임용 고시 60일간의 도전' 영상을 보시기 바랍니다.

체육교사가 되기 위해서는 대학에서 체육교육학과 4년 과정을 마친 후에 2급 정교사 자격증을 취득해야 합니다. 체육교육학과 학사 학위와 2급 정교사 자격증을 갖고 있으면 국공립 임용시험에 도전할 수 있고 사립학교에도 도전할 수 있습니다.

Q4

체육교사로 살아가면서
언제 행복과 보람을
느끼시나요?

제가 진행하는 체육 수업을 통해서 학생들에게 배움과 성장이 일어나고 있다는 것을 확인할 때 큰 행복과 보람을 느낍니다. 수업을

통해서 학생들이 긍정적으로 변화하고 있다는 것을 확인하는 것은 저에게 말로 표현하기 어려운 만족감과 희열을 줍니다. 또한 학생들이 수업에 몰입하여 열정적으로 수업에 참여하는 모습을 볼 때 행복합니다. 학생들이 적극적으로 체육 수업에 참여하는 모습을 보면 입가에 미소가 번지고 의미 있는 일을 해낸 것 같아 뿌듯합니다.

한 달 동안 열심히 일한 후에 월급을 받은 기념으로 가족 식사 모임을 가질 때도 행복합니다. 결혼 이후 사업이 어려워져 생활비를 주지 못한 경험이 많아서 그런지 매달 정해진 날에 월급을 받을 때 행복합니다. 마지막으로 여름방학과 겨울방학에 시골에 내려가서 자연 속에서 머물 때와 국내외 여행을 다닐 때 행복합니다.

학교체육tv 채널에 업로드한 임용 합격 수기

학교체육tv 채널에 업로드한 체육교사의 장점과 단점

Q5

체육교사로서
잊을 수 없는 일이나 에피소드가 있다면
소개해주세요.

제가 체육교사로 세 번째 근무했던 원종고등학교에서의 7년을 잊을 수 없습니다. 원종고등학교에서는 여러 가지 일들이 있었습니다.

학급 대항 학교스포츠클럽 스포츠 축제를 진행했는데, 학생들이 체육 수업에서 배운 종목을 학급 대항 스포츠 축제로 연결하여 진행했고 스포츠 축제 기획과 운영을 체대 준비생들로 구성된 학교 체육 봉사단과 체육교사들이 함께 했습니다.

원종고등학교에 근무하면서 KBS 특별 기획 '스포츠는 권리다'에 출연하여 체육 수업, 학교스포츠클럽, 스포츠 축제 등을 소개했던 일을 잊을 수 없습니다. TV에 이렇게 긴 시간 동안 등장해보기는 처음입니다. 담당 기자인 KBS 정재용 기자는 함께 수업도 듣고 운동도 몇 번 같이 했던 대학 선배라 놀라기도 했고 반갑기도 했습니다. 함께 학교 체육을 이야기하며 수개월 동안 즐겁게 촬영했습니다.

원종고등학교에 근무했던 2016년에는 경기도 교육청 대표로 독일 학교 체육 탐방을 가서 독일의 체육 수업, 생활 체육을 살펴보았던 경험도 잊을 수 없습니다. 독일의 선진적인 학교 체육과 생활 체육 시스템을 보고 감동했고 우리나라에도 이러한 선진 스포츠 시스템이 자리잡게 되길 바라는 마음이 간절해졌습니다.

원종고 학급 대항 배구 축제

학교체육tv 채널에 업로드한 KBS 특별 기획 '스포츠는 권리다'
에 소개된 원종고 학교 체육 활동

Q6
체육교사라는 직업의
미래 전망은 어떠하다고
생각하시나요?

체육교사를 포함한 교사의 미래 전망은
그리 밝지 않습니다. 저출산으로 학생 수
가 계속 줄고 있어 유치원, 초등학교, 중학
교, 고등학교 학생들이 지속적으로 감소해
전체 교사 수 역시 줄어들 수밖에 없는 상
황입니다.

대학 사범계와 교육대학원 정원도 감축
될 가능성이 있습니다. 전체 체육교사 수
는 저출산으로 축소가 불가피한 상황이지
만, 어느 정도의 인원은 꾸준히 선발합니
다. 그리고 학급당 학생 수를 줄이고 있는
부분도 있어서 교사의 수가 급격하게 줄
어들지는 않을 것으로 예상합니다.

Q 7
연봉은 어느 정도 되며
그 연봉에
만족하시나요?

　제가 체육교사가 된 2002년에는 연봉이 3,000만 원 정도였던 것으로 기억합니다. 첫해 연봉에 관한 정확한 자료가 없어 추정한 것입니다. 매년 연봉은 꾸준하게 향상되어 2022년에는 8,500만 원의 연봉을 받았습니다. 20년 넘은 체육교사로서 8,500만 원의 연봉에 관해서는 다소 아쉬움은 있습니다. 꽤 오랫동안 교사를 포함한 공무원의 월급이 물가 상승률보다 훨씬 낮아 아쉬웠습니다. 뛰어난 교사들이 현장에 꾸준하게 들어오도록 하기 위해서는 현재의 연봉으로는 부족하다는 생각입니다. 저의 2004년부터 2022년까지의 연봉은 아래의 영상에 정리했습니다. 궁금하신 분은 살펴보시기 바랍니다.

학교체육tv 채널에 업로드한 50대 초반 고교 교사 2004년부터 2022년 연봉 공개

학교체육tv 채널
bit.ly/4aK3xdr

좋은체육수업나눔연구회
https://cafe.daum.net/
gPEcShareSociety

티튜버
https://cafe.naver.com/
ttuber

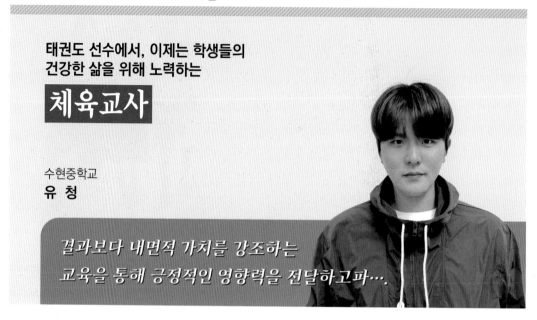

태권도 선수에서, 이제는 학생들의
건강한 삶을 위해 노력하는

체육교사

수현중학교
유 청

결과보다 내면적 가치를 강조하는
교육을 통해 긍정적인 영향력을 전달하고파….

Q1

**본인 소개
부탁드립니다.**

저는 경기도 화성시 수현중학교에서 체육교사로 근무하고 있는 유청입니다.

7세 때부터 취미로 태권도를 배웠고, 초등학교 5학년이 되던 해에 태권도 선수 활동을 시작했습니다. 약 16년간 태권도 선수(12년)와 태권도 코치(4년)로 활동하며 스포츠 경기 분야를 경험했습니다. 저도 여느 운동선수들처럼 국가대표가 되어 국제대회에서 금메달을 목에 걸어야겠다는 목표를 갖고 열심히 운동에 임했고, 전국 규모의 대회에서 입상하며 단국대

학교 태권도 선수단에 입학했습니다. 대학에서 잦은 부상으로 세 번의 수술과 재활을 받았지만 모두 극복하며 선수생활을 이어갔습니다. 그러나 부상 후유증도 있었고 체육교사의 꿈에 도전하고 싶어 실업팀 입단을 포기하고 대학 졸업과 동시에 교육대학원에 진학했습니다. 그리고 고등학교 태권도 코치 겸 수업 강사로 취업했습니다.

저는 스포츠에는 승자와 패자만 있다고 생각하며 살아왔습니다. 하지만 대학원에서 체육 교육을 전공하고 학생들을 지도하면서 스포츠에는 다양한 가치가 있다는 것을 깨달았습니다. 특히 '도전'과 '노력'의 가치가 중요하다고 생각했습니다. 그래서 스포츠와 체육

의 다양한 가치를 많은 학생에게 전달할 수 있는 체육교사가 되기 위해 교원임용시험에 도전했고, 최선을 다해 노력한 결과 1년 만에 2017학년도 교원임용시험에 합격했습니다.

당시 운동선수 출신으로 교원임용시험에 합격한 사례가 적어 태권도 분야 언론사에 제 사례와 인터뷰 내용이 보도되기도 했습니다. 최근에는 모교인 관악고등학교 후배 학생선수, 수원 지역 학생선수를 대상으로 진로 특강을 하며 운동선수 출신 체육교사로서의 도전기를 여러 학생선수들과 하였습니다.

약 8년간 중학교에서 체육교사로 근무하며 항상 느낀 점은 중학교에서는 체육교과가 매우 중요하다는 것입니다. 중학교는 다수의 학생이 체육 시간과 학교스포츠클럽 활동을 선호하기 때문에 수업 참여도와 수업에 대한 기대가 굉장히 높습니다. 또한, 운동 부족 및 비만 학생의 올바른 운동 습관 형성에도 중요한 시기입니다. 따라서 중학교 체육교사는 학생들의 건강한 성장과 평생 체육 기반 조성을 위해 많은 역할과 연구를 해야 한다고 느껴 항상 학교 현장에서 책임감을 갖고 근무하고 있습니다. 그래서 경인교육대학교 교육전문 대학원 박사 과정에 재학하며 일과 학업을 병행하고 있습니다.

수현중학교에서 근무하며

Q 2
직업으로 체육교사를 선택하게 된 이유나 계기는 무엇인가요?

저는 학창 시절 태권도 선수로 활동하면서도 태권도를 비롯한 야구, 축구, 농구 등 다양한 스포츠 분야에 관심이 많아 스포츠 뉴스와 신문의 스포츠면을 매일 확인하는 습관이 있었습니다. 건강한 신체는 모든 것의 기본이라는 생각으로 꾸준히 운동하고 식단 관리를 하며 신체를 단련하는 것에 많은 흥미를 느꼈습니다. 그래서 체육을 전공하여 관련된 직업을 선택해야겠다는 생각이 절대적이었습니다.마침 고등학교 태권도부 은사님께서 체육교사라는 직업을 권유하여 체육교사에 대한 정보를 수집하게 되었습니다.

체육교사는 공무원 신분으로 안정적이고, 제가 좋아하는 스포츠 활동을 통해 학생들을 교육하며 보람을 느낄 수 있다는 점 때문에 큰 매력을 느꼈습니다. 저의 스포츠 경험을 바탕으로 결과만이 강조되는 스포츠가 아니라 내면적 가치의 중요성이 강조되는 교육을 통해 학생들에게 긍정적인 영향력을 전달하고 싶었습니다. 결국 저는 최종적으로 체육교사라는 직업을 선택했고 현재 이 직업에 매우 만족하고 있습니다.

제 꿈을 이루고 나니 문득 '지금의 내 모습이 이젠 누군가의 꿈이 될 수도 있겠다.'는 생각이 들었습니다. 이 책을 읽는 분들에게 꼭 말하고 싶습니다.

"꿈은 이루어진다. 그리고 하면 된다."

학생선수 대상 강의

Q3
체육교사가 되기 위해
무엇을 준비했고 필요한 자격 요건은
무엇인가요?

체육교사가 되기 위해서는 먼저 중등학교 정교사 2급 자격증을 취득하고 한국사능력검정시험 3급 이상의 조건을 갖춰야 하며 교원임용시험에 합격해야 합니다. 저는 운동선수 출신 체육교사입니다. 체육교사가 되기 위해서 학창 시절 특별히 준비한 것은 경기 실적을 쌓아 원하는 대학에 입학하는 것이었습니다. 대학에서 저는 태권도학을 전공했는데, 교직 이수가 불가능한 학과였습니다. 그래서 교원자격증 취득을 위한 교육대학원 진학까지 염두에 두고 학업과 운동을 병행하며 대학 생활을 했습니다. 특히, 대학원에서 교육학을 공부하고 전공 지식을 쌓으며 논문을 썼던 것이 주관식으로 답변해야 하는 교원임용시험에 많은 도움이 되었습니다.

본격적으로 교원임용시험을 준비하기 위해서 1년간 노량진에 있는 학원을 다니며 아침부터 밤까지 공부했습니다. 또한, 실기 평가를 위한 체력 관리와 운동 기능 연습, 수업 능력 평가 및 면접 평가를 위한 연습을 꾸준히 실천했습니다. 하지만 가장 중요한 것은 체육교사로서의 자질과 교육인으로서의 품성을 함양하기 위해 노력하

는 것이었습니다. 이 모든 준비 과정에는 운동선수 시절 경험한 끈기와 도전 정신, 꾸준한 자기 관리 습관 등이 바탕이 되었기에 난관을 더 잘 헤쳐 나갈 수 있었습니다.

운동선수 출신으로 공부에 접근했던 저의 사례를 소개하겠습니다.

다수의 운동선수는 학창 시절 학업에 전념하지 못한 경우가 많습니다. 현재도 다수의 학생선수는 운동과 학업을 병행하는 것에 어려움을 느끼고 있습니다. 그래서 운동선수 출신으로 공부를 시작한다는 것은 큰 의지가 필요합니다. 공부에 어려움을 겪고 있는 독자분들께 제가 교원임용시험을 준비했던 과정이 좋은 참고가 되기를 소망합니다.

첫째, 다양한 정보 수집을 통해 체계적으로 계획을 수립해야 합니다. 저는 수능이나 모의고사 등 각종 시험에 응시한 경험이 없었기

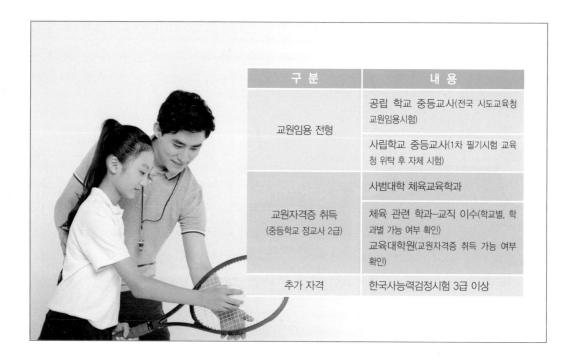

구 분	내 용
교원임용 전형	공립 학교 중등교사(전국 시도교육청 교원임용시험)
	사립학교 중등교사(1차 필기시험 교육청 위탁 후 자체 시험)
교원자격증 취득 (중등학교 정교사 2급)	사범대학 체육교육학과
	체육 관련 학과–교직 이수(학교별, 학과별 가능 여부 확인) 교육대학원(교원자격증 취득 가능 여부 확인)
추가 자격	한국사능력검정시험 3급 이상

때문에 임용시험 방식에 대해 정확히 파악하는 것이 무엇보다 필요했고, 다양한 수험생의 최종 합격 사례를 참고하여 학습 계획을 단기, 장기로 구분하여 수립했습니다.

둘째, 수험 생활을 동계 훈련이라고 생각하고 임했습니다. 운동선수에게 동계 훈련은 선수 성장을 위한 중요한 시기입니다. 저는 제가 경험한 동계 훈련 일정에 맞춰 공부를 했습니다. 오전, 오후, 야간으로 나눠 공부했고 훈련일지와 같은 학습 일지를 작성해 공부 내용을 기록, 복습하며 공부 방향이 어긋나지 않도록 했습니다. 처음에는 한두 시간도 집중하기 힘들었지만 꾸준히 정해진 방식대로 공부하다 보니 하루 8~10시간 이상까지 학습 시간이 늘어날 정도로 집중력이 향상되었습니다.

셋째, 규칙적인 생활과 꾸준한 운동, 식단 관리를 실천했습니다. 수험 생활은 마라톤과도 같기에 체력이 기본이 되어야 하고 규칙적인 생활을 통해 공부에 방해 요인을 최소화해야 합니다.

저는 선수생활 은퇴 후에도 꾸준히 운동하고 식단도 조절하며 지냈기 때문에 체력에 자신이 있었고, 자기 통제력이 뛰어나 공부에 몰입할 수 있었다고 자부합니다. 평일에는 웨이트트레이닝과 러닝, 주말에는 야구와 수영을 했고, 균형잡힌 식단을 통해 최고의 컨디션을 유지했습니다. 체육교원임용시험 특성상 실기 시험도 있기 때문에 이러한 생활 습관은 2차 실기 시험을 준비하면서도 큰 도움이 되었습니다.

Q4

체육교사로 살아가면서
언제 행복과 보람을 느끼시나요?

평소 학교스포츠클럽 활동에 관심이 많아 학교 현장에서 학생들이 스포츠 활동을 통해 다양한 경험을 할 수 있도록 각종 학교스포츠클럽 프로그램을 실시하고 있습니다. 많은 학생이 활동에 즐겁게 참여하고 더 나아가 자발적으로 스포츠 활동을 즐기는 모습을 보면 매우 뿌듯합니다. 그리고 저는 운동만 가르치는 체육교사가 아닌 학생들에게 '완성된 어른', '건강한 어른'의 모습으로 다가가고 기억되고 싶었습니다. 그래서 매년 저를 만나는 학생들이 본받고 싶은 건강한 어른으로서의 모습을 보이기 위해 노력하고 있으며, 학생이 의지할 수 있는 선생님이 되고자 학업, 진로, 교우 관계 등 학생들이 겪고 있는 다양한 고민을 함께 나누고 있습니다. 이 과정에서 학생들의 성장과 발전을 직접 관찰할 수 있어 많은 보람을 느끼고 있습니다. 최근 졸업한 제자가 원하는 대학에 합격한 것, 전교 학생 회장이 된 것, 친구 관계에 문제가 있었으나 관계가 회복된 것 등 저와 함께 고민하고 계획했던 일들이 학생들의 인생에서 큰 의미가 되고 원하는 결과를 얻었다며 고마움을 표현할 때는 매우 행복했습니다.

학급 경영(담임) 활동

Q 5

체육교사로서 잊을 수 없는 일이나 에피소드가 있다면 소개해주세요.

2018년 근무했던 인천 계양구 소재 명현중학교는 당시 체육관 건물을 세우기 위해 운동장의 절반을 남겨두고 공사가 진행 중이었습니다. 축구동아리 지도교사였던 저는 지역 축구 대회를 앞두고 학생들이 훈련할 수 있는 공간이 없어 어려움을 겪고 있었습니다. 학생들과 함께 고민하여 좁은 운동장을 최대한 활용했고, 근처 초등학교, 대학교, 공원에 있는 축구장을 돌아가며 어려운 상황에서도 꾸준히 훈련을 이어간 결과 지역 축구 대회에서 3위에 입상했습니다.

국제 학술 대회 체육 수업 관련 연구 결과 발표

결과보다 더욱 중요했던 것은 학생들과 어려운 환경을 함께 극복하고 스포츠 자체를 즐기며 활동한 것이었습니다. 이 경험으로 역경을 이겨낸 데 대한 자부심을 갖게 되었습니다.

2019년에는 두 번째 학교로 경기도 수원시 소재 숙지중학교에 근무하며 수원 교육지원청 체육지원단 팀장으로 활동했습니다. 코로나19가 회복세를 타던 2022년, 수원시 학교스포츠클럽 배드민턴 대회를 제가 직접 주도하여 운영했습니다. 당시 수원시 소재 초중고 67개교 540여 명이 참가했습니다. 지역의 학교스포츠클럽 활성화를 위한 의지로 직접 장소, 일정, 심판 섭외, 운영 등을 주도하며 대회를 준비하다 보니 어려움도 있었지만 큰 규모의 체육 행사를 운영하며 크게 성장한 시기이기도 했습니다. 특히, 성공적으로 대회를 운영할 수 있었던 데에는 함께 대회를 운영한 체육지원단 선생님들의 도움이 있었기에 가능했다는 것을 알기에 저는 아직까지도 당시 함께한 선생님들과 서로 의지하고 격려하며 좋은 관계를 유지하고 있습니다.

Q 6

체육교사의 미래 전망은 어떠하다고 생각하시나요?

최근 교권 침해 사건과 저출산 문제 등이 주목되면서 교사 직업에 대한 관심도가 예전보

태권도 관련
자격증 취득 활동

다 많이 감소했고 학생 수 감소로 미래 전망이 좋지 않다는 의견이 많습니다. 하지만 현장에 직접 근무하고 있는 교사로서 여전히 도시 지역은 과밀 학급이 많고 교사 1인당 담당하는 학생 수도 너무 많다고 생각합니다.

중학교에서 체육 시수는 주 3회이며 전교생이 500~600명 정도 규모 학교에서는 체육교사가 3~4명이 근무하고 있습니다. 학생들의 체력 증진을 위해서는 현저히 부족한 인원이기에 교사 인원은 확보하되 교사 1인당 학생 수를 줄여야 한다는 생각입니다. 또한 인간의 건강과 체력 향상은 인공 지능이 대체할 수 없습니다. 최근 발전된 기술로 다양한 영역에서 인

공 지능이 대체하는 경우가 많습니다. 하지만 학교에서 청소년들에게 올바른 경험과 다양한 역량을 강화하기 위해서는 교육 전문가인 교사의 역할이 필요합니다.

현재 경기도교육청에서는 365+체육온활동, 학생 맞춤형 건강드림학교, 오아시스(오늘 아침 시작은 스포츠로) 등과 같이 등과 같이 트렌드에 맞는 교육 사업을 진행하고 있고, 학교체육진흥법에 근거한 다양한 학생 체력 증진 활동이 모든 학교에서 이루어지고 있습니다. 따라서 현재 학교 현장에서 체육교사의 역할은 매우 중요하고 미래 사회에서도 의미 있는 직업군이라고 생각합니다.

체육 수업

210

Q7

연봉은 어느 정도 되며 그 연봉에 만족하시나요?

국공립에 근무하는 유치원, 초등학교, 중학교, 고등학교 교사는 동일한 급여 체계(호봉제: 호봉에 따른 급여)를 갖고 있습니다. 하지만 일부 학교급에 따라 수당에 차이가 발생합니다. 체육교사는 중등학교인 중고등학교에 근무할 수 있으며 사범대학을 졸업한 경우는 9호봉, 일반 체육대학을 졸업한 경우는 8호봉으로 시작하고 임용 전 경력과 대학원 졸업의 경우도 호봉으로 인정됩니다.(경력은 직업별 인정 범위에 차이가 있음) 1년마다 호봉은 상승하며 공무원 신분이기 때문에 공무원 연금과 관련된 기여금을 33년간 매월 납부해야 합니다.

저는 현재 20호봉으로 약 5,900만 원의 연봉을 받고 있습니다. 이와 별도로 교내 체육 프로그램 지도, 출장, 외부 강의 등에 대한 수당으로 약 250~300만 원 정도의 수입이 했습니다. 교사 직업의 특성상 학생 상담 및 지도, 교과 연구, 행정 업무 등을 근무 시간 안에 처리하기에는 현실적으로 어렵기 때문에 다수의 교사가 개인 시간을 할애하여 직무를 수행하고 있습니다. 따라서 저의 개인적 견해로 교사의 급여와 수당은 현재보다 상승해야 한다고 생각합니다.

경기도 교육청
https://www.goe.go.kr/

한국교육과정평가원
https://www.kice.re.kr/

태권도 선수 출신
체육교사가 말하는
임용시험과 교사의 삶
bit.ly/3Kp7RnB

꿈을 포기하지 않고
합격할 '때'까지!

체육교사

경기체육중학교
백 종 학

학교에서 체육교사는 멀티플레이어,
아이들과 함께하는 것에 행복을 느낀다면
매력적이고 보람 있는 직업!

Q1

**본인 소개
부탁드립니다.**

경기체육중학교 수영부 감독을 맡고 있는 체육교사 백종학입니다. 2016학년도 중등교사임용시험에 합격하여 일반 중고등학교에서 7년을 근무했고 2023학년도부터 현재까지는 체육 특성화 중학교에서 근무하고 있습니다.

저는 누구보다 간절한 마음으로 임용시험을 준비했습니다. 여섯 번 도전하여 체육교사가 되었습니다. 무엇보다 체육을 사랑하는 사람으로서 학교에서 다양한 신체 활동을 통해 학생들과

만나면서 선한 영향력을 전하고 싶은 소망이 있었습니다.

학창 시절에 체육 시간을 가장 좋아했는데, 지금의 학생들도 학교에서 가장 기다리는 시간이 체육 시간입니다. 체육교사는 학교 현장에서 체육 수업뿐 아니라 행정 업무, 생활 지도를 하고 운동부가 있는 학교에서는 감독을 맡게 되는 경우가 있습니다.

학교에서 근무하려면 교사 자격을 갖춘 사람 중에서 엄격한 선발 과정을 거칩니다. 지덕체를 겸비한 체육교사는 매력 있는 직업입니다. 여기서는 그에 관한 정보를 구체적으로 소개하고자 합니다.

Q2
중등교사임용시험을 위해
무엇을 준비했고
필요한 자격 요건은 무엇인가요?

중등학교 교사임용 후보자 선정 경쟁 시험은 국공립학교에 근무하는 교사를 선발하는 시험입니다. 시험에 응시하기 위해서는 중등학교 체육 정교사(2급) 자격증이 필요합니다. 교사 자격증 발급은 전국의 사범대학 체육교육과를 졸업(예정)하거나 일반 체육과 재학 중 교직 이수 과정을 밟거나 대학 졸업 후 교육대학원에 진학하면 가능합니다. 추가적으로 필

요한 것은 한국사능력검정시험(3급)에 합격하고 2회 이상의 심폐소생술 교육을 받아야 합니다. 가장 중요한 것은 교원자격증이므로 어떻게 교원 자격을 취득할지는 자신의 상황을 고려하여 결정하는 것이 좋습니다. 교원자격증을 취득하면 임용시험을 볼 수 있는 자격이 주어지는 것일 뿐 교사가 되는 것은 아닙니다. 예외적으로 학교에서 기간제 교사로 근무하거나 사립학교에 별도로 시험을 응시하여 채용될 수도 있습니다.

사범대학교 졸업 후 교원자격증 취득

Q3
임용시험의
시기와 방법은
어떻게 되나요?

중등교사임용시험은 1년 1회 11월 무렵 1차 시험을 봅니다. 현재는 1차, 2차 시험으로 나누어져 있고 체육 교과의 실기는 2차 시험에서 치르게 됩니다. 시험을 치르는 해당 연도에 1, 2차를 모두 통과해야 최종 합격자가 됩니다. 1차에서 떨어지면 2차를 볼 수 있는 기회는 없으며, 2차에서 불합격해도 다음 연도에 1차부터 다시 시험을 봐야 합니다. 임용시험은 우리나라 17개 시도 교육청에서 동시에 진행되며 제1차 시험은 필기시험으로 교육학과 전공 과목을 봅니다. 시험 문제는 한국교육과정평가원에서 대학교수 및 중고등학교 교사, 연구원 등의 출제 위원을 모집하여 출제합

니다. 1교시 교육학은 60분 동안 논술형 1개 문항으로 교육학개론, 교육 철학 및 교육사, 교육 과정, 교육 평가, 교육 방법 및 교육 공학, 교육 심리, 교육 사회, 교육 행정 및 교육 경영, 생활 지도 및 상담 등의 범위에서 출제됩니다. 2~3교시 전공은 A, B로 나뉘어져 각 90분 동안 단답형, 서술형으로 이루어진 23개 문항을 교과 교육학(25~35%), 교과 내용학(65~75%)으로 출제됩니다.

제2차 시험은 교직 적성 심층 면접, 교수·학습 지도안 작성, 수업 실연을 봅니다. 그리고 체육 교과는 실기를 보는데 각 시도 교육청의 주관으로 체조(마루 운동, 뜀틀, 맨손 체조, 기타), 육상(높이뛰기, 허들, 멀리뛰기, 세단뛰기, 포환, 100m, 기타), 구기 및 무용(농구, 배구, 핸드볼, 축구, 무용), 네트(배드민턴, 탁구, 기타), 수영(자유형, 평영, 배영, 접영) 등의 다양한 종목을 지역별로 다르게 봅니다.

Q4

임용시험을
어떻게 준비하셨나요?
합격 비결이 있나요?

첫 번째 도전(2011년 경기 13명) : 2010년 1월 대학교 4학년이 되는 추운 겨울, 노량진에 처음 발을 들이고 학원에서 직강 수업을 들었습니다. 임용 고사에서 뽑는 인원도 적었고 주변에 장수생도 많았던 시기입니다. 그래도 현역의 자신감으로 열심히 준비했습니다.

삭발도 하면서 나름 비장한 각오로 아침부터 밤까지 열정을 불태우면서 공부했습니다. 1차 시험이 객관식이어서 방대한 전공의 범위보다 교육학에 흥미를 붙였습니다. 교육학은 높은 점수를 받았지만, 자기 조절도 부족했고 이상과 현실의 차이를 미처 알지 못했습니다.

두 번째 도전(2012년 전북 9명) : 2011년 1월부터

5월까지 수영 강사를 하면서 용돈을 벌었습니다. 6월부터는 노량진에서 고시원을 잡고 전공과 교육학 학원 수업을 들으며 독서실에서 공부했습니다. 밥은 한식 뷔페 또는 특식(?)을 먹으면서 지냈습니다. 노량진에서 생활하는 데 수험생으로서 지출되는 비용이 대략 1개월 130만 원으로 기억합니다.

동기들과 즐겁게 공부하고 나서 시험 당일 새벽에 일어나 5시에 용산역에서 KTX를 타고 전주역으로 갔습니다. 2교시부터 체력이 떨어지면서 집중력이 흐트러졌습니다. 1차에 떨어지고 곧바로 2차 논술 강의를 들으면서 2월까지 노량진에서 지냈습니다.

세 번째 도전(2013년 강원 16명) : 처음부터 쉼 없이 너무 달렸더니 봄날에 집중력이 무너졌습니다. 도서관 컴퓨터실에서 해외여행을 검색해 나홀로 배낭여행을 결심하고 말레이시아 코타키나발루행 비행기를 탔습니다. 푸른 바다에서 처음 스킨스쿠버에 도전하면서 여행하는 동안 수험생이자 20대 청춘의 스트레스를 모두 날려버렸습니다. 여행을 마치고 운 좋게 수원 공고와 연이 닿아서 학교 폭력 전문 상담사로 근무했습니다. 학생부 소속으로 선도 조치를 받은 아이들과 다양한 프로그램을 운영했습니다. 방과 후에는 선생님들과 축구를 하면서 즐거운 학교생활을 했습니다.

네 번째 도전(2014년 경기 77명) : 그전 해의 교직 경험이 다시 임용시험에 도전할 수 있는 용기를 주었습니다. 가끔 주변에는 삼수까지 하다

가 지쳐서 포기하는 사람들도 상당히 많았습니다. 하지만 학교에서의 즐거웠던 경험이 동기부여가 되었습니다. 3~4월에는 청평 기숙 학원에서 공부하면서 다시 공부량을 늘려갔습니다. 여름부터는 노량진 직강 수업을 들으면서 기출문제를 중심으로 준비했습니다. 모든 준비가 되었고 많이 안다고 생각했습니다. 하지만 객관식에서 주관식으로 바뀌었던 시험은 정말 어렵게 느껴졌습니다. 너무 완벽하게 작성하려던 마음에 시간 분배를 하지 못했고, 마지막 논술 문제를 작성하지 못했습니다. 시험 종료령과 함께 눈물이 흘렀습니다.

대학교 임고반 때

다섯 번째 도전(2015년 충남 45명) : 3월부터 초등학교 스포츠 강사를 했습니다. 일과 공부를 함께 했는데 오히려 심적으로 여유가 생겼습니다. 여름방학 때는 호주로 배낭여행을 가서 현지인에게 서핑도 배우고 스카이다이빙에도 도전했습니다. 여행을 다녀온 뒤 더욱 집중력 있게 공부를 할 수 있었습니다. 임용을 준비하는 동생들과 함께 공부하면서 서로 문제를 내고 설명하는 방식으로 진행했습니다. 2학기에는 17시 퇴근 후 저녁을 먹고 19시부터 새벽 2시까지 준비했습니다. 그 해 비록 정말 아깝게 떨어졌지만, 스터디를 통해 문제에 접근하는 사고의 유연성을 배웠습니다.

여섯 번째 도전(2016년 전북 25명) : 드디어 '때'가 왔습니다. 작년 1차 시험에 낙방하고 아쉬운 마음에 사립학교를 준비했습니다. 전국을 돌며 3개 학교에서 최종 면접까지 갔지만 합격은 못 했습니다. 그 과정에서 자연스럽게 수업 실연과 면접을 준비하는 역량을 높였습니다.

교내 체육 대회를 운영하며

배구 학교스포츠클럽을 지도하며

결국 안산에 있는 고등학교에서 6개월 기간제로 근무했습니다. 학교에서는 아이들과 즐겁게 수업하고 퇴근 후에는 독서실에서 공부했습니다. '피곤해도 30분이라도 앉아 있자'라는 생각으로 다시 새롭게 노트를 만들었습니다.

1학기 계약 만료 후, 9월부터는 대학교 임고반으로 들어갔습니다. 정말 이번 시험에 떨어지면 '미련 없이 임용을 떠나겠다.'라는 각오로 공부했습니다. 강의도 참고만 할 뿐 누구도 의지하지 않았습니다. 평일 아침 7시에 도서관에 도착하여 오전 공부를 마치고 점심을 먹고 운동장을 돌며 소화를 시키고, 14시부터 오후 공부를 시작했습니다. 저녁 먹기 전에는 꼭 운동을 했습니다. 저녁 공부까지 마치고 나면 스톱워치의 시간은 평균 10시간은 넘었습니다. 성실하게 준비했고 시험 날 집중해서 공부했던 것들이 많이 나와 감사했습니다. 2차 시험은 대체로 수월하게 진행했는데, 수업 지도안 작성 시 실제로 수업 때 다루었던 이어달리기 '바통 터치' 부분에서 '오른손 주고 왼손 받아'를 떠올리며 즐겁게 작성하여 높은 점수로 최종 합격했습니다.

무엇이든 자신의 선택과 경험들은 가장 중요한 '때'에 빛을 보이는 것 같습니다. 임용시험에 합격할 수 있었던 귀인을 정리해보면 다음과 같습니다.

- 힘들어도 포기하지 않고 합격의 '때'를 기다리면서 성실하게 준비했습니다.
- 국가에서 체육교사를 많이 뽑아주었습니다.
- 주변의 좋은 사람들과 함께 공부했습니다.
- 학교에서 비정규직으로 근무하면서 현장을 경험했습니다.
- 응시할 지역을 미리 결정하여 원서 접수할 때 고민하지 않았습니다.
- 여행을 다니며 수험생의 스트레스를 풀었습니다.
- 운동을 꾸준히 하여 2차 점수가 높았습니다.
- 체육교사가 되기 위한 혹독한 과정을 거치면서 개인적으로 더욱 성장할 수 있었습니다.

Q5
중등교사임용시험의 경쟁률은 어떻게 되나요?

2024학년도 기준으로 중등교사임용시험의 체육과 경쟁률(일반)은 17개 시도 선발 인원 380명에 지원 인원 3,485명입니다. 전체 평균 경쟁률은 9.17대1입니다. 해마다 선발 인원은 달라지며, 퇴직 교원의 수와 교과별로 필요한 교원의 수를 조사하여 각 시도 교육감이 8월경 사전 예고를 합니다. 또한, 지역 상황에 따라 선발하지 않는 경우도 있지만, 최근 5년간 전체 교과목 중에서도 체육과는 많은 인원을 선발하는 과목 중 하나입니다. 경쟁률이 가장 치열했던 2011년도부터 2024년까지 각 시도의 구체적인 경쟁률은 다음과 같습니다.

⏱ 중등교사임용시험의 경쟁률

지역 \ 학년도	2011	2012	2013	2014	2015	2016	2017	2018	2019	2020	2021	2022	2023	2024
서울	15명	8명	9명	57명	66명	76명	80명	79명	65명	72명	45명	43명	54명	55명
	35:1	32:1	16:1	6:1	7:1	6:1	6:1	8:1	12:1	10:1	12:1	14:1	10:1	9:1
경기	13명	37명	74명	77명	84명	130명	134명	158명	132명	126명	112명	110명	115명	118명
	48:1	28:1	16:1	7:1	7:1	8:1	8:1	7:1	8:1	9:1	11:1	10:1	9:1	8:1
인천	0명	9명	10명	21명	19명	23명	28명	28명	17명	18명	19명	16명	18명	12명
	–	25:1	14:1	8:1	6:1	7:1	7:1	6:1	9:1	9:1	9:1	11:1	10:1	11:1
충남	3명	12명	19명	38명	45명	25명	16명	16명	26명	30명	26명	32명	27명	22명
	30:1	15:1	13:1	6:1	6:1	6:1	7:1	8:1	7:1	7:1	8:1	8:1	8:1	8:1
충북	12명	14명	9명	30명	27명	21명	16명	17명	14명	14명	28명	14명	20명	20명
	30:1	18:1	14:1	6:1	6:1	6:1	10:1	10:1	9:1	9:1	8:1	13:1	11:1	11:1
대전	3명	11명	8명	7명	13명	19명	20명	18명	16명	15명	6명	15명	4명	2명
	35:1	36:1	13:1	10:1	6:1	8:1	8:1	8:1	11:1	10:1	11:1	9:1	12:1	12:1
세종	0명	0명	3명	18명	22명	14명	19명	5명	5명	5명	6명	5명	7명	7명
	–	–	10:1	9:1	6:1	6:1	8:1	8:1	9:1	10:1	10:1	8:1	9:1	9:1
전북	6명	9명	6명	8명	19명	25명	17명	21명	21명	22명	31명	25명	21명	22명
	26:1	18:1	13:1	6:1	6:1	6:1	9:1	9:1	10:1	10:1	8:1	10:1	12:1	9:1
전남	11명	0명	20명	19명	34명	39명	44명	23명	27명	25명	28명	29명	23명	16명
	24:1	–	12:1	7:1	6:1	5:1	7:1	10:1	7:1	9:1	8:1	9:1	9:1	11:1
광주	9명	12명	10명	7명	12명	12명	9명	10명	11명	8명	5명	5명	3명	2명
	72:1	23:1	14:1	10:1	6:1	7:1	9:1	11:1	12:1	10:1	11:1	10:1	19:1	16:1
경북	10명	4명	21명	32명	43명	24명	9명	11명	20명	18명	27명	20명	27명	14명
	26:1	18:1	13:1	7:1	7:1	8:1	8:1	11:1	9:1	11:1	9:1	11:1	8:1	10:1
경남	13명	9명	16명	19명	36명	38명	36명	28명	26명	21명	23명	24명	29명	27명
	23:1	28:1	12:1	6:1	6:1	5:1	7:1	9:1	9:1	9:1	8:1	8:1	7:1	9:1
대구	0명	0명	15명	24명	24명	14명	12명	5명	5명	6명	8명	6명	4명	2명
	–	–	10:1	6:1	5:1	8:1	13:1	15:1	8:1	14:1	9:1	12:1	10:1	17:1
울산	8명	11명	6명	20명	7명	14명	13명	13명	9명	8명	10명	11명	14명	4명
	33:1	13:1	13:1	6:1	8:1	8:1	7:1	9:1	10:1	14:1	9:1	9:1	8:1	10:1
부산	0명	0명	6명	18명	22명	23명	26명	21명	19명	22명	22명	24명	29명	33명
	–	–	14:1	6:1	5:1	7:1	9:1	11:1	13:1	10:1	11:1	11:1	11:1	11:1
강원	6명	7명	16명	31명	37명	33명	15명	17명	23명	23명	19명	19명	12명	18명
	33:1	18:1	14:1	6:1	6:1	8:1	12:1	14:1	12:1	9:1	10:1	13:1	14:1	8:1
제주	6명	7명	5명	7명	14명	10명	10명	15명	0명	8명	7명	9명	12명	6명
	20:1	14:1	9:1	8:1	6:1	6:1	7:1	9:1	–	8:1	9:1	9:1	7:1	10:1

※ 시도별 경쟁률은 반올림하여 표시함.

Q6
임용시험의 전망은
어떻게 보시나요?

　2011학년도는 전국에서 체육교사를 115명
선발했습니다. 5년 후, 2016학년도는 점차 모
집 인원이 늘어 540명을 선발했고, 2021학년도
는 5년 전보다는 모집 인원이 줄어 422명을 선
발했습니다. 2024학년도는 380명을 선발했는
데, 중등 임용시험의 타 교과와 비교해 볼 때
많은 수를 선발하고 있습니다. 전국 17개 시도
교육청에서 체육교사를 선발하는 인원은 다양
한 변수에 의해 증가하거나 감소할 수 있습니
다. 학교 현장에서는 체육교사가 다양한 역할
을 해내는 멀티플레이어입니다. 체육을 정말
좋아하고 사랑하는 마음이 있다면 체육교사를
직업으로 도전할 만한 큰 가치가 있다고 봅니
다. 신체 활동을 통하여 학생들에게 체육의 가
치를 알려주고자 한다면, 다른 무엇보다 아이
들과 함께하는 것에 행복을 느낄 수 있다면 굉
장히 매력적이고 보람이 있는 직업입니다.

수영부 감독을 맡으며 경영 및 다이빙부와 함께

국외 체험 학습

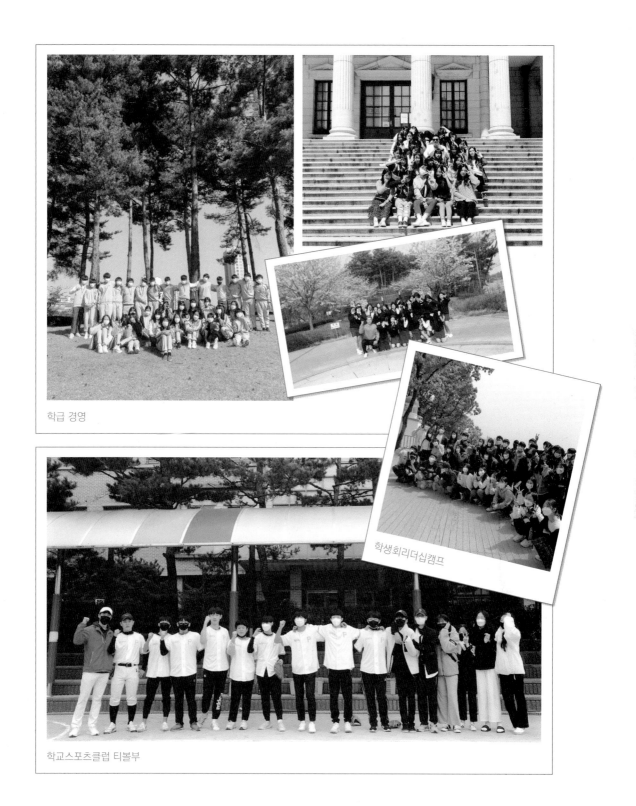

학급 경영

학생회리더십캠프

학교스포츠클럽 티볼부

여학생 체육 활성화

체육 수업

Q7
연봉은 어느 정도 되며
그 연봉에
만족하시나요?

2016년 14호봉 연봉(세전) 32,018,640원
2017년 15호봉 연봉(세전) 47,613,360원
2018년 16호봉 연봉(세전) 41,449,890원
2019년 17호봉 연봉(세전) 47,837,500원
2020년 18호봉 연봉(세전) 50,773,430원
2021년 19호봉 연봉(세전) 52,622,420원
2022년 20호봉 연봉(세전) 55,826,980원
2023년 21호봉 연봉(세전) 61,203,480원

교사는 행정부 국가 공무원 특정직으로 호봉에 따라 봉급이 올라갑니다. 경력이 올라갈수록 호봉에 해당하는 다양한 수당(명절 상여금, 정근수당 가산금 등)이 붙게 됩니다. 만족할 만한 연봉을 받으려면 그만큼 호봉이 높거나 시간 외 근무(야간 자율 학습, 훈련 감독 등) 또는 방과 후 수업,

교과서 집필, 위촉 위원 등의 활동으로 자신의 노력에 따라 별도 수입을 만들어야 합니다. 또한, 공무원 특성상 연금(일반 기여금)과 교직원 공제 회비에 따라 별도의 공제액이 발생하므로 1년 공제 금액이 적게는 500만 원부터 많게는 1,500만 원 정도의 금액이 연봉에서 빠지게 됩니다. 사랑으로 아이들을 가르치고 즐거운 교직 생활을 한다면 어느 시점부터는 경제적인 부분에서도 자유로울 것으로 생각됩니다.

한국교육과정평가원
https://www.kice.re.kr/

합격할 때까지 도전하여
마침내 체육교사가 된
선생님의 임용시험 경험담
bit.ly/3Ksiw0H

재미난 체육교사에서
재미난 체육장학사로 살아가기

체육장학사

경상북도김천교육지원청
이 성 남

교육 현장의 문제를 개선하고
현장 교사의 업무를 줄이기 위해
노력하고 있습니다.

Q 1
본인 소개
부탁드립니다.

산과 들, 강을 좋아한 저는 하교 후에 항상 자연과 함께 놀았습니다. 연못에 있는 고기를 잡거나 강에서 수영하고 산에서 나무에 오르며 벌레를 잡곤 했습니다. 그중에서 산에서 하는 숨바꼭질은 무척 신났습니다.

초등학교에 다닐 때에는 달리기와 줄넘기를 즐겨 했습니다. 특히 철봉을 좋아해 방과 후 매일 철봉에 올라가 놀다가 집으로 돌아갈 정도였습니다. 중학교 때 잠시 방황했지만, 선생님께서 상담을 잘 해주셔서 인문계 고등학교로 진학했습니다. 고등학교에서는 축구동아리 활동을 하며 체육 관련 대학 진학을 꿈꾸었습니다. 하지만 기독교 집안에서 성장하여 복음을 전하는 목사가 되어야겠다는 생각에 영남신학대학교에 입학했습니다. 그러나 3년 후 체육교사의 꿈을 잊을 수 없어 영남대학교 체육교육과에 2학년으로 편입했습니다. 3년을 다니고 2002년 임용 고시에 합격하여 구미신평중학교에서 첫 근무를 했습니다. 그 후 여섯 학교에서 근무했고 2021년 경상북도 교육전문직원 선발에 합격하여 현재 김천교육지원청에 장학사로 근무하고 있습니다.

관리직 교육 공무원 임명장을 받고

Q2
직업으로
체육장학사를 선택하게 된
이유나 계기는 무엇인가요?

어릴 때부터 운동을 좋아했습니다. 신체적 활동을 좋아했기에 체육 관련 직업을 갖고 싶었습니다. 그러던 중 중학교에서 체육 선생님의 권유로 꿈을 꾸게 되었습니다. 그런데 고등학교 때에는 갑자기 군인이 되고 싶은 마음이 들었습니다. 군인이 되어 나라를 지켜야겠다고 생각했지만, 다시 생각해 보니 학교에서 친구들과 함께 지내는 것이 더 좋았습니다. 스승의 날에 선생님 축하 파티를 하고 학급 실장으로서 봉사한 것이 매우 좋았습니다. 그래서 교사를 꿈꾸게 되었습니다. 어릴 때부터 주산을 배워 수학에 관심이 있었지만 운동을 워낙 좋아했기에 체육교사를 꿈꾸며 사범대학에 진학하게 되었습니다.

딱히 언제부터 교사의 꿈을 가졌는지 생각은 잘 나지 않습니다. 단지 학창 시절에 선생님들과의 추억이 많습니다. 힘들어 방황할 때 진로 상담을 잘 해주신 선생님과 실장을 할 때 항상 격려해주셨던 선생님, 무엇보다 체육 시간에 성실히 임하여 칭찬해준 선생님들 때문에 교사의 꿈을 꾸게 되었던 것 같습니다.

체육을 가르치면서 체육 교과 교육연구회 활동을 했습니다. 또한 교육청 자료 개발팀에서 일하면서 장학사들이 하는 일에 대해 관심을 갖게 되었습니다. 체육 수업이 잘 이루어지는지, 학교스포츠클럽 대회를 어떻게 운영하는지, 학교 운동부 활성화를 위해 어떤 노력을 하는지 자연스럽게 알게 되었고 그들의 역할이 참 중요하다는 생각이 들었습니다.

장학사의 꿈은 교직 10년 차쯤 갖게 되었습니다. 체육교사로서 수업하고 방과 후나 주말에 체육교과연구회 활동을 하거나 교육청 연구 사업에 참여하며 장학사들과 함께 행사를 기획한 적이 많았습니다. 그러면서 자연스럽게 장학사가 되어 학교 현장을 도와주고 싶은 마음을 갖게 되었습니다. 그렇게 장학사에 관심을 갖게 되어 교육부 시험에 응시했고, 한 번 떨어진 후에 장학사 시험에 집중하여 네 번 만에 합격했습니다.

Q3
체육장학사가 되기 위해
무엇을 준비했고
필요한 자격 요건은 무엇인가요?

교육전문직원이 되려면 우선 15년 이상의 교직 경력이 필요합니다. 일단 교사 자격증을 획득하여 임용 고시에 합격하여 교직 생활을 해야 합니다. 15년 이상이 되면 교육 전문 직원 시험에 도전할 수 있습니다. 시험은 교육학과 교육 정책 등입니다. 시도에 따라 다르지만 가장 중요한 것은 기획력입니다. 또한 교육 정책을 만들 수 있는 전문적인 지식이 필요합니다.

장학사는 학생들을 가르치는 교사의 삶과 완전히 다른 교육 행정을 하게 됩니다. 교사의 경험을 바탕으로 교육 현장에서 일어나는 문제들을 바꾸고자 하는 의지와 학교 현장 교사의 업무를 줄여주고자 하는 노력이 필요합니다.

Q4
체육장학사로 살아가면서
언제 행복과 보람을
느끼시나요?

첫째, 다양한 사람을 만날 수 있습니다. 교육청과 여러 협력 단체의 사람들과 만나야 하고 큰 행사를 하기 위해서는 여러 단체의 협조를 받아야 하기 때문입니다. 행사라는 것은, 예를 들어 학생들에게 장학금을 준다거나 학생들이 학교생활을 잘하도록 환경을 조성해주는 것 등을 말합니다. 학교 현장에서 다 해결하지 못하는 문제가 있다면 그것을 해결해주는 것은 매우 보람됩니다.

둘째, 급속히 변화하는 미래 사회에 적합한 교육 과정을 실현하기 위해 다양한 교육 정책을 실현할 수 있습니다. 교사들이 학교 수업을 하는 데 필요한 모든 것을 지원할 수 있습니다.

셋째, 교육청 단위 학교스포츠클럽 대회, 교육장기 육상 대회 등을 운영하면서 많은 학교에서 우수한 선수들을 선발할 수 있습니다.

넷째, 학교 운동부 육성 지원으로 인해 소년체육대회에 참가하여 격려금을 전달하고 여러 지원을 하면서 좋은 선수를 양성할 때 큰 보람을 느낍니다.

그 밖에 학교 운동부 현장 점검을 가서 전학 온 선수들이나 시설 부족에 대한 문제를 파악하고 지원금을 내려준다거나 학교 감사와 생기부 현장 점검, 수업 컨설팅 등 다양한 일을

하면서 학생들과 교사들을 도와주는 것은 항상 저를 행복하게 해줍니다.

Q5

체육장학사로서
잊을 수 없는 일이나
에피소드가 있다면 소개해주세요.

교육전문직원이 되고 처음으로 학교체육진흥위원회 진행을 맡았습니다. 외부 위원 여덟 명이 모인 자리에서 국민의례를 하는 순서였습니다. 국기에 대한 경례라고 했는데 소회의

영천 교육장배 필풋 대회에서

실에 태극기가 없었습니다. 외부 위원 연락, 위촉장 준비, 회의 자료 준비 등 바쁜 일정으로 태극기를 준비 못 한 것입니다. 원래 태극기가 있는 곳인데 다른 행사 때문에 이동했다는 것을 미처 알지 못했습니다. 사회자로서 너무 민망한 나머지 그냥 '바로'를 외치며 위기를 모면했습니다. 등에서 식은땀이 났고 얼굴이 화끈거렸습니다.

또한 육상부 경기 향상을 위한 훈련 용품 증정식을 했습니다. 25명의 초중 육상부원이 모인 자리여서 레크리에이션 분위기로 사회를 본 적이 있습니다. "여러분 큰 박수 부탁드립니다." 또는 "여러분 선물 받아 좋으시죠?" 등의 말로 편한 분위기를 연출했습니다. 하지만 증정식 후 과장님께서 저를 불러 사회를 그렇게 보면 안 된다며 훈계하셨습니다. 학생들이 있는 자리여서 평소 딱딱한 식을 부드럽게 진행했는데 오히려 혼만 난 것입니다. 그때 조직 속에서 혼자의 방식으로 진행하면 안 되겠다는 다짐을 했습니다.

교육청에서는 새해가 되면 시청과 관계 유관 기관과 함께 충혼탑에 참배를 합니다. 자연재해로 인해 홍수나 농사일이 필요할 때는 대민 지원도 갑니다. 교육청 컴퓨터 앞에서만 일하는 것보다 지역 사회의 어려움을 함께 한다는 것에 보람을 얻은 적이 있습니다.

교육청에 있으면 여러 단체와 협력하게 됩니다. 프로 축구팀, 대학교, 장학 재단, 지역 단체 등과 함께 협업하면서 등굣길 교통안전 캠페인과 수능 합동 응원, 축구 단체 관람, 대학과 함께하는 진로 캠프 등 다양한 행사를 기획할 수 있습니다.

교육지원청에서 업무를 보며

Q 6
체육장학사의 미래 전망은
어떠하다고
생각하시나요?

　장학사는 학생이 있는 한, 그리고 교사가 있는 한 존재해야 한다고 봅니다.

　교육 현장에 교사만 있을 수는 없습니다. 학생 수에 따른 교사 정원 결정과 학교 교육 현장 점검은 학교가 존재하는 한 반드시 필요합니다. 학생 수 급감으로 학교 수가 줄어들고 있지만 장학사는 해야 할 일들이 정해져 있기에 그 수가 줄어들지는 않을 것입니다. 또한 앞으로 사회가 급변함에 따라 해야 하는 일들이 많아지기에 그 중요성도 높아지리라 생각됩니다.

재미난 체육장학사
https://www.youtube.com/
@user-cy6xk8pc7f

경상북도 교육청
https://www.gbe.kr/

특수체육 지도자로 살며 사랑하며

특수체육 지도자

꿈꾸는느림보 사회적 협동조합
송 민 기

대수롭지 않은 줄넘기가 장애 학생에게는
인생의 큰 전환점이 될 수도 있습니다.

Q1
본인 소개
부탁드립니다.

저는 현재 안산시 꿈꾸는느림보 사회적 협
동조합에서 근무하는 특수체육 강사 송민기입
니다. 따뜻한 남쪽 부산시 온천장에서 태어났
습니다. 부모님이 어려서부터 몸이 많이 허약
한 저를 더 튼튼해지라고 태권도 도장에 보냈
습니다. 그 이후로 점차 건강을 되찾으며 운동
을 좋아하게 되었습니다. 어릴 때부터 공부보
다는 운동을 좋아해 다양한 운동을 했습니다.
초등학교 때는 부산시 태권도 대회에 나갔고,
축구부 골키퍼 활동도 했습니다. 중학교 때에

는 농구 관련 만화를 읽고 농구에 관심을 가지
며 점심시간과 방과 후에 농구를 자주 했고
3on3 농구 대회도 나갔습니다. 고등학교 진로
결정 시 태권도부가 있는 고등학교를 가고 싶
었지만 부모님의 반대로 일반 인문계 고등학
교에 진학하게 되어 잠시 방황했습니다.

고등학교 때는 체육 선생님께서 많은 조언
을 주셔서 체육학과에 대해 관심을 가지게 되
었습니다. 남서울대학교 건강관리학과에 진학
해 운동 생리학, 인체 해부학, 재활 트레이닝
같은 인체 관련 전공 공부와 수영, 테니스, 태
권도 같은 전공 실기 종목을 배웠고, 축구동아
리, 여행 동아리에 들어 다양한 경험을 하며
대학 생활을 했습니다.

저의 여가 생활은 아웃도어 스포츠 활동입니다. 봄과 가을에는 자전거를 타거나 산을 다니고 여름에는 한강이나 바다에서 SUP(Stand Up Paddleboard)을 탑니다. 이런 영향으로 장애인들이 아웃도어 스포츠 활동을 할 수 있는 기회가 많아졌으면 하는 바람도 가지고 있습니다. 장애인과 비장애인들이 함께 아웃도어 스포츠를 하는 날이 오기를 기대해 봅니다.

저는 발달 장애 청소년 방과 후 서비스에서 특수체육 프로그램(농구, 볼링, 놀이 체육, 뉴스포츠 등)

을 진행하고 있습니다. 꿈꾸는느림보 사회적 협동조합은 발달 장애 부모님들이 만드신 회사입니다.(발달 장애는 지적 장애와 자폐성 장애로 나뉠 수 있는데 전반적으로 인지 능력과 운동 능력이 현저히 저하되어 있고 일상생활이나 사회 생활에 상당한 제약을 받습니다.) 사회적 협동조합은 지역 주민들의 권익-복리 증진과 관련된 사업을 수행하거나 취약 계층에게 사회 서비스 또는 일자리를 제공하는 등 영리를 목적으로 하지 않는 협동 조합입니다. 보통 협동 조합은 영리 법인인데 반해 사회적 협동조합은 비영리 법인이라는 차이점이 있습니다.

저는 특수체육 강사로 일하면서 생긴 철학이 있습니다. 바로 "느림의 미학으로 체육 활동을 지도하자."입니다.

장애인도 변형과 적용을 통해서 꾸준히 체육 활동을 하다 보면 어느 순간 즐겁게 하는 모습을 볼 수 있기 때문입니다. 지도자가 대상자를 사전 테스트해 어느 정도의 운동 수행 능력이 있는지 파악하고 개별 맞춤식 운동 지도를 해야 효과적으로 체육 활동을 지도할 수 있습니다.

꿈꾸는느림보 발달 장애 청소년 방과 후 체육 활동 부모 간담회

발달 장애 뉴스포츠(플라잉 디스크) 체육 활동 소개

Q2

직업으로 특수체육 지도자를 선택하게 된 이유나 계기는 무엇인가요?

초등학교 2학년 때 교통사고로 오른쪽 청각을 상실했습니다. 일상생활에서 누구보다 장애에 대한 불편함을 잘 알고 있기에 학부 때 특수체육 과목에 관심 많았습니다.

처음에 생각했던 직업은 선수 재활 트레이너였습니다. 주위 친구들 중 태권도 선수 출신이 많은데 전국 상위 랭킹이었지만 부상으로 중고등학교 때 선수 생활을 그만두는 친구들이 있었습니다. 그것을 보고 내가 선수 재활 트레이너(AT)가 되면 좋을 것 같아 관련 학과로 진학을 했습니다. 그러나 3학년 특수체육 현장 실습 수업을 나가면서 그 생각이 조금씩 바뀌었습니다.

특수체육 관련 자원봉사를 할 수 있는 곳이 어디 있을까 검색하여 서울대 장애 아동 체육 교실을 알게 되어 화/토 주 2회 자원봉사를 하게 되었습니다. 특수체육을 전공한 대학원 선생님들에게 자원봉사자 특수체육 이론 교육을 받으면서 조금 더 특수체육에 대해 알게 되었고 AT 직업보다 특수체육 강사가 되면 좋을 것 같아서 이 길을 선택했습니다.

특수체육 지도자가 지도하는 장애인 분류는 크게 두 가지로 나뉩니다. 하나는 정신적 장애를 가진 사람들이고 또 하나는 신체적 장애를 가진 사람들입니다. 제가 특수체육 현장 실습과 자원봉사를 나갔던 곳은 정신적 장애에 속하는 발달 장애 학생들이 있는 곳이었습니다. 외부 신체 기능의 장애를 가진 분들의 체육 활동 관련 자원봉사를 한 적도 있습니다. 두 가지 경험을 통해 발달 장애 학생들과 함께 체육 활동하는 것이 더 즐겁고 의미 있다고 생각해 주로 이들의 체육 활동을 지도하고 있습니다. 반면에 지인 중에는 발달 장애인보다 외부 신체 기능 장애인들과 함께 체육 활동하는 것이 더 의미 있다고 생각하는 특수체육 지도자도 있습니다. 다양한 경험을 통해 자신이 관심 있고 좋아하는 방향으로 결정하면 더 좋을 것 같습니다.

Q3

특수체육 지도자가 되기 위해 무엇을 준비했고 필요한 자격 요건은 무엇인가요?

일반적으로 특수체육 강사가 되려면 특수체육 관련 학과를 나오지만 저는 건강관리학과를 졸업했습니다. 그리고 장애 아동 체육 교실에 자원봉사한 경력으로 방배동에 위치한 발달 장애인을 위한 운동 발달 센터에 취업했습니다.

특수체육 지도사가 되기 위해서는 대학교에서 특수체육학을 전공하는 것이 좋지만 일반 체육과를 나와도 특수체육 민간 자격증이나 국가 자격증을 취득하면 됩니다.

현재 가 시군 장애인체육회가 있는데 장애인 스포츠 지도자 채용 조건은 장애인 스포츠 지도사 자격증이 있어야 하며 사설 센터에 취업하기 위해서는 민간 특수체육 지도자 자격증이 있어야 합니다.

특수체육교육학과를 졸업하면 특수 학교 정교사 2급 교원자격증을 취득할 수 있습니다. 임용 고사를 통해 특수 학교 교사 직업을 가질 수 있습니다.

2015년부터는 국가 공인 장애인 스포츠 지도사 자격 제도가 시행됨에 따라 장애인 스포츠 지도사로서 현장 체육 시설 및 복지 시설에서 장애인 체육을 지도할 수 있습니다. 이 자격은 체육 지도자 자격검정연수원에서 1년에 걸쳐[필기-실기/구술 면접-연수] 한 번 치뤄지는 자격 시험입니다.

저는 학부 전공 분야가 아니었기 때문에 특수체육 지도자가 되기 위해 2006년에 서울시 장애인체육회에서 주관하는 특수체육 지도자 민간 자격증을 취득했습니다. 그리고 특수체육에 대해 더 공부하기 위해 한국체육대학교 일반 대학원 특수체육을 전공했습니다. 여기서 다양한 장애 유형과 체육 활동의 지도법을 공부했습니다. 기존 국가 자격증인 생활 체육 지도자 3급이 개편되어 2015년에는 장애인 스포츠 지도사 자격증이 생겼는데, 저는 2016년 수영 장애인 스포츠 지도사 3급을 취득했습니다.

특수 학급 특수체육 방과 후 수업

Q4

특수체육 지도자로 살아가면서
언제 행복과 보람을 느끼시나요?

특수체육을 하면 다양한 신체 활동을 지도하게 됩니다. 그중에서도 수영, 인라인, 자전거 등 다양한 야외 스포츠 활동은 장애 학생이 배우기 힘든 활동들입니다. 아이들과 함께 여가 스포츠를 하고 싶어하는 부모님들은 이런 종목 중 하나라도 하기를 원하지만 부모님들이 지도하기에는 쉽지 않아 특수체육 강사가 이 스포츠 활동들을 가르치게 됩니다. 야외 스포츠 활동 자체를 해본 경험이 없는 장애 학생들이 저의 지도로 인해 처음에는 흥미를 느끼지 못하다가 점차 관심을 가지며 더 적극적으로 참여해 잘할 수 있게 되었을 때, 그리고 가족들과 함께 여가 스포츠를 하게 되었다고 부모님들이 말씀해 주셨을 때 가장 행복과 보람을 느낍니다.

가족과 함께 하는 수중 신체 놀이

Q 5
**특수체육 지도자로서
잊을 수 없는 일이나
에피소드가 있다면 소개해주세요.**

2003년 처음 운동발달센터에 입사해서 초등학교 3학년 발달 장애 학생을 지도하게 되었습니다. 그 학생은 운동 발달이 느려 두 발 점프가 되지 않았습니다. 초등학교 1학년 때 보통학교에서 줄넘기를 많이 하는데 다른 학생들은 다 즐겁게 줄넘기를 했지만, 이 학생은 그냥 벤치에 앉아 있다고 어머님께서 말씀하셨습니다.

특수체육에서 사용하는 과제 분석을 통해 줄넘기를 위한 단계별 지도법을 적용해 지도하기 시작했습니다. 처음에는 트램펄린을 통해 두 발 점프에 대한 감각을 익히게 한 후 바닥에서 점프 연습을 하는 등 1년이라는 연습 끝에 스스로 줄넘기 한 개를 성공했을 때 그 기억을 아직도 잊지 못합니다. 어머님과 제가

박수를 치며 환호성을 질렀습니다.

비장애 학생의 경우 줄넘기를 한다는 것이 대수롭지 않은 활동이지만 장애 학생에게는 인생의 큰 전환점이 될 수도 있습니다. 그 학생은 꾸준한 연습을 통해 1년 6개월 만에 줄넘기 50개 이상을 할 수 있었습니다.

2023년 7월부터 발달 장애인을 위한 무지개 자전거 강습을 시작했습니다. 23세 경도 지적 장애 성인 부모님이 자전거 강습을 신청해 주셨습니다, 이 장애인은 어렸을 때 두발자전거 타기를 시도했지만 끝내 배우지 못하고 20년 만에 용기를 내어 의정부에서 서울 목동 운동장까지 저를 찾아 왔습니다. 그리고 1시간 만에 두발자전거를 타게 되었습니다. 그 모습을 보신 어머님께서 감격한 나머지 눈물을 흘리는 모습을 보았습니다. 아버지를 비롯한 여러 사람이 두발자전거 타기를 성공시키려고 했지만 잘 되지 않아 포기했는데 너무 감사하다고 말씀해주셨습니다. 그때의 일도 잊히지 않습니다.

Q6
특수체육 지도자의
미래 전망은
어떠하다고 생각하시나요?

특수체육 직업의 미래 전망은 관점에 따라 달라질 수 있습니다.

좁은 의미에서 특수체육은 장애인을 대상으로 실시하는 전반적인 체육 활동입니다. 이것은 장애인들의 신체적, 정신적, 사회적 발달을 도모하고 이들이 사회 활동에 적극 참여하도록 하며 경제적 자립을 이룰 수 있도록 하기 위해 신체 활동을 더욱 권장하고 있습니다. 또한 장애로 인한 신체 기능의 약화를 예방하고 체력 향상을 도모할 수 있도록 하는 데 그 중요성이 증대되고 있습니다.

넓은 의미에서 특수체육은 장애와 관계없이 신체 활동을 하는 데 어려움이 있는 사람들이 특별한 요구를 필요로 할 경우 실시하는 체육 프로그램으로 그 범위를 넓혀가고 있습니다. 그러므로 장애인뿐만 아니라 신체 활동에 어려움을 겪는 많은 사람의 체력 향상과 자기표현 및 신체 활동 욕구를 충족시켜주는 중요한 직업이라고 할 수 있습니다.

과거에는 장애인 복지관, 운동 발달 센터에 취업이 가능했지만 현재에는 각 시군 지역 장애인 생활 체육회, 장애인평생교육센터, 주간 활동 서비스 기관, 사회적 협동조합, 특수 학교 및 학급 방과 후 수업 등 다양한 곳에서 특수체육 강사로 활동할 수 있기에 활동 영역이 더 넓어지고 있습니다.

시흥시 보건소 놀이 활동가 플레이 스타터 대상 특수체육 특강

Q7

연봉은 어느 정도 되며
그 연봉에 만족하시나요?

제가 일하는 곳은 사회적 협동조합이기에 연봉 3,600만 원 정도로 그리 높지 않습니다. 그러나 특수체육 경력이 많이 쌓이다 보면 부수적으로 특수체육 민간 자격증 강사, 보건소나 장애인 복지관의 특수체육 특강, 개별 여가 스포츠 지도와 같은 활동을 할 수 있어 매년 500~1,000만 원 정도의 부수입을 올릴 수 있습니다. 따라서 연봉으로 따지면 대략 4,000만 원 이상의 소득을 올릴 수 있습니다.

앞으로 특수체육 강사의 처우가 개선될 것이라는 기대를 하고 있습니다. 그렇게 되면 특수체육 강사 개인의 능력에 따라 세컨드 잡을 만들 수도 있어 즐겁게 특수체육 지도를 하고 있습니다.

주위에 지인들은 운동발달센터를 운영하는데 연봉이 5,000만 원 이상은 되는 것 같습니다. 체육업계 특성상 강사로 일했을 때보다 직접 운영하게 되면 더 많은 수익이 발생하는 구조입니다. 보통 시 생활 체육회나 장애인 체육회 지도자는 수당 포함 월급이 평균 250만 원 정도인 것으로 알고 있습니다. 공무원이 아니기에 호봉은 올라가지 않습니다.

포켓볼과 함께한 나의 인생, 나의 삶

포켓볼 지도자

포켓볼 강사
구 승 미

성인 강좌는 학위나 자격보다
그들을 토닥일 수 있는 좋은 인격이 더 필요합니다.

Q 1
**본인 소개
부탁드립니다.**

저는 강원도 영월에서 태어나 지금은 고양시 일산에서 살고 있습니다. 어려서 탄광을 하시던 유복한 집안의 장녀로 태어나 남부러울 것 없이 살았습니다. 하지만 아버지께서 양계업을 하시면서 빚더미에 앉으셨고 저희는 연희동 학교 근처 옥탑방으로 이사해야 했습니다.

제가 중2 때 일이었습니다. 미대 진학의 꿈을 포기하고 상고에 진학했습니다. 당시 아버지는 부도로 도피 중이셨고 어머니 혼자 2년 터울 아이들 여섯을 키우셨는데, 감당하기에는 역부족이었습니다. 아버지의 부도는 제 인생을 바꿔놓은 계기가 되었습니다. 식모들과 일꾼들을 그렇게 막 대하며 안하무인이었던 제가 다시 태어나게 되었습니다.

대학 진학의 꿈을 포기할 수밖에 없었던 제게 대학은 평생 마음 한편에 고이 접어 둔 꿈이었습니다. 그러던 중 우연한 기회에 경희사이버대학에 입학하여 3년 반 만인 2022년 8월 졸업해 팔순 노모께 학사모를 씌워드렸습니다. 무척이나 행복해하셨습니다. 자식 여섯 중 대학을 나온 자식이 한 명도 없었기에 그 기쁨이 얼마나 크셨을지 상상이 되실 겁니다. 졸업식에는 아들과 며느리, 딸과 사위까지 다 와서 축하해 주었습니다. 그들에게 그날 저는 자랑스러운 어머니이고 할머니였습니다.

　인생 목표라고 할 건 없지만 작고하신 정주영 회장님의 유명한 말씀이 있습니다.

　"이봐, 해봤어?"

　무엇이든 해 보고 방법을 찾고 최선을 다하면 분명히 된다는 그런 말입니다. 전 살면서 별로 주저해 본 적이 없었던 것 같습니다. 하고 싶으면 했고 또 하면 최소 7년은 해보자는 주의입니다. 그러면 최고는 아니더라도 제 자신에게 실망할 정도는 안 되더라고요. 그래서 별로 후회도 없습니다. 운도 좋았습니다. 사이버대에서 한 교수님의 권유로 유튜브 채널을 운영 중입니다. 사실 수입은 거의 없지만 대대손손 할머니의 영상은 남겨줄 수 있으니 이 또한 감사할 일입니다.

　2020년에는 전국 미시즈 선발 대회에서 대상도 탔습니다. 그때 인터뷰에서 "주위 사람들에게 항상 좋은 영향을 줄 수 있는 사람이고 싶다."고 했습니다. 죽는 날까지 그런 사람이고 싶습니다. 잘난 것도 보잘것도 없는 저이지만 저로 인해 그분들 삶에 변화를 줄 수 있다면 참 좋겠습니다.

　2005년부터 계속 그려온 그림은 미대에 못 간 한풀이라고나 할까, 그저 숨 쉬듯이 그림을 그리러 다닙니다. 지인들에게 선물하면서 꼭 하는 말이 있습니다. 제가 전시회 하는 날 이 그림을 꼭 가지고 오셔야 한다고. 제 장례식장이 저의 첫 개인전이자 마지막 개인전이 될 수도 있겠지요. 그 그림을 다시 가져갈 수도, 다른 그림을 사 갈 수도 있겠지만, 수익금 전부는 좋은 일에 쓰였으면 하는 것이 마지막 작은 소망입니다.

포켓볼 지도 중에

Q2
직업으로
포켓볼 지도자를 선택하게 된 이유나
계기는 무엇인가요?

어려서부터 잘 먹어서인지 초등학교 때부터 유난히 길고 신체 조건이 좋았습니다. 시골에 살 때 아버지께서 논에 물을 받아 스케이트를 타게 해주셨는데, 중2 때부터는 교내 대회 모든 시합에 다 불려 다녔습니다.

성인이 될 때까지 몇 가지 종목을 제외한 모든 운동은 거의 다 해본 것 같습니다. 핸드볼, 육상, 배드민턴, 테니스, 스쿼시, 검도, 수영,

스킨스쿠버, 수상 스키, 밸리 댄스 등등. 그러다 2001년 고양시 마두역 근처에 '올림픽스포츠센터'에서 검도와 수영을 하던 중 포켓볼장이 생겼습니다. 망설임 없이 1번으로 등록하고 1번으로 출석해 참 열심히도 했습니다. 6개월 만에 시합에 나가게 되었고, 2009년에 제 구장을 오픈하면서 사람들을 조금씩 가르치게 되었습니다.

좀 더 전문적으로 가르쳐야겠다는 생각에 생활 체육 지도자 2급 자격증을 땄습니다. 사실 저는 이렇게 누구를 가르칠 것이라고는 생각도 하지 못했습니다. 그리고 당시에는 당구를 체계적으로 가르치는 곳이 그리 많지 않았

습니다. 그저 열심히 하다 보니 여기까지 왔습니다.

자격증을 따고 난 후 덕성 여대 평생 교육원에서 제게 그림을 가르쳐 주시던 윤형제 교수님께서 백화점에서 강의하면 어떻겠느냐고 추천해 주셨습니다. 전 교수님 복은 타고 난 것 같습니다. 사실 백화점에 포켓볼 강좌를 개설한다는 건 백화점 관계자들조차 생각도 못 한 아주 신박한 일이었습니다. 백화점 내에는 공간이 부족하여 외부 강의를 하기로 하고 내 구장에서 사용료까지 받으니 1석 2조였습니다. 그 뒤 고양시 3개 백화점에 '구승미의 신나는 포켓볼 교실' 강좌를 개설하게 되었습니다. 뒤

늦게 포켓볼을 시작했지만 강의는 물론 고양시 생활체육당구협회 회장도 하고 2017년에는 경기 체전 양주 대표 선수로 출전해 3관왕을 하기도 했습니다.

구승미 강사의 포켓볼TV 인터뷰

37명의 스포츠 직업인 인터뷰를 통한 스포츠 진로 찾기

Q4
포켓볼 지도자로 살아가면서 언제 행복과 보람을 느끼시나요?

누구를 가르친다는 '선생님'이라는 직업은 그 단어 하나만으로도 제게 행복을 줍니다. 첫 수업에 들어온 학생들의 호기심 어린 기대에 가득 찬 눈빛을 보면 '정말 최선을 다해야 되겠다'는 생각이 저절로 듭니다. 학생들이 거의 40대에서 60대 주부들인데, 가정에서 살림만 하던 분들이 뭔가 새로운 것을 배우러 왔다는 건 그분들에겐 큰 도전이자 모험이 아닐 수 없습니다.

어떻게 하면 저분들을 실망시키지 않을까 생각하며 '칭찬은 고래도 춤추게 한다'는 말을 되네이며 과하지 않게 이끌어 가다 보면 그분들의 실력이 갈고닦여 어느덧 저를 이기는 날(최고 반인 연수반 회원들과 게임을 칠 때는 정말 정신 바짝 차려야 회원들과의 한판 승부에서 이길수 있습니다)이 옵니다. 그때 말로는 "에고 호랑이 새끼를 키웠네." 하고 너스레를 떨지만 제겐 정말 행복한 순간이 아닐 수 없습니다. 몇몇 회원들은 하루 몇 시간씩 집중해서 연습하는 분들도 있습니다. 제가 선수 생활할 때도 '저 정도는 안 했는데' 하는 생각이 들 정도로 열심히 하십니다. 그분들에게 뭔가 집중할 수 있는 것이 있다는 것이 제겐 또한 행복입니다. 집안 살림에서 벗어나 그 시간만큼은 깔깔거리며 웃는 모습을 보며 '아, 나 잘해야겠구나' 하는 생각이 듭니다. 그분들에게 그 작은 기쁨을 줄 수 있음에 또한 보람을 느낍니다.

포켓볼장에서

Q5

포켓볼 지도자로서
잊을 수 없는 일이나 에피소드가 있다면
소개해주세요.

가끔은 일산복지관 시합이 있을 때 심판으로 갈 때가 있습니다. 정말 많은 회원이 당구를 즐기고 있는데, 이구동성으로 하시는 말씀이 "체머리 앓기 전까지는 당구를 칠 수 있다"며 빙그레 웃으십니다. 하긴 당구란 종목이 계절도 안 타고 그리 많은 에너지를 소모하지도, 과격하지도 않습니다. 포지션 플레이가 필요하고 적당히 머리도 써야 하므로 어느 운동보다 롱런할 수 있는 운동이라 시니어들에게는 아주 안성맞춤입니다. 칠순이 넘은 회원님이 계셨는데 그분 말씀이 "제가 태어나 젤 잘한 것이 성당 나간 것과 포켓볼 배운 거예요." 하시더라고요. 그만큼 행복하시다는 것이겠지요. 또 74세 되신 어머님께서 정릉부터 일산까지 1년 넘게 포켓볼을 배우러 오셨습니다. "어려서 아버지 쫓아 당구장 갔던 기억이 나서 당구를 배우고 싶었어요" 라며 따님과 1년 넘게 오시다가 건강상의 이유로 그만두셨지요. 포켓에 공을 넣으실 때마다 얼마나 소녀처럼 웃으시던지 그 예쁜 미소를 잊을 수 없습니다. 코로나 펜데믹 바로 전에는 분당에 계시는 90세 넘으신 여성분이 유튜브를 보시고 일산까지 오시겠다고 하셔서 말린 적이 있었는데 그분이 아직도 생각이 납니다. 꼭 한번 가서 레슨해 드려야 하는데 연락 한번 해봐야겠습니다. 저 또한 배움에는 나이가 없다고 생각하지만 90세 넘은 분께서 포켓볼을 배우러 멀리에서 오시겠다는 그 열정에 저절로 고개가 숙여집니다.

주부 회원들과의 추억도 참 많습니다. 해마다 연말 결산 왕중왕전 대회를 치르는데 각 반마다 팀복도 맞춰 입고 떡도 맞추고 트로피도 제작하고 백화점 협찬도 받아 아주 풍성한 잔칫날입니다. 올해 12월도 많은 기대가 됩니다.

주부 회원들을 지도하면서

Q 6
포켓볼 지도자 직업의
미래 전망은
어떠하다고 생각하시나요?

길거리에 나가 보면 건물마다 당구장이 하나씩은 있습니다. 그만큼 당구는 국민 스포츠입니다. 또한 국내 그 많은 백화점과 대형 마트에 문화 센터가 없는 곳이 없지만 포켓볼을 가르치는 강좌는 유일무이하게 저밖에 없습니다. 많이 알려지지 않아 경쟁자도 하나 없는, 한마디로 '블루오션'이라고 할 수 있습니다. 그

많은 문화 센터에 얼마나 많은 강사가 필요할지는 말할 필요도 없습니다.

2030년 아시안 게임에 다시 당구가 들어간다고 해서 아이들을 위한 강좌도 개설하려고 준비 중입니다. 아시안 게임 이후 포켓볼이 다시 붐을 일으킬 것으로 기대되어 우리 당구의 미래도 점점 더 밝아질 수밖에 없다고 확신합니다.

요즘 연맹에서는 상금이 억대가 넘어가는 시합도 많이 개최하고 있습니다. 저는 다른 직업이 있어 심판을 안 보지만 강사와 심판을 병행하는 분들이 점점 늘어나고 있습니다. 또 어

떤 분은 장애인 지도자나 장애인 심판 자격증까지 겸비하여 시간이 허락하는 한 대회마다 다니시는 분들도 계십니다.

대한당구연맹은 심판 연수 또는 심판 강습을 통해 연 2회 정기 모집을 하고 있습니다. 상반기는 6월경에 공지하고 하반기는 12월경에 공지합니다. 일정 기간의 교육을 이수하고 심판 테스트를 통과하면 당구 심판 자격증을 받을 수 있는데 이러한 과정을 통해 자격증을 취득한 심판은 대한당구연맹 공인 심판이 됩니다.

대한당구연맹 공인 심판 자격을 취득하면 전국에서 열리는 당구 대회에 심판으로 참여하게 되는데, 보수는 해당 경기에 참여하는 기간과 경력 등에 따라 차등화된 일급으로 지급됩니다.

포켓볼 TV
https://www.youtube.com/@
pocketballtv8404

대한당구연맹 홈페이지
http://www.kbfsports.or.kr/

노후에도 건강한 몸으로 운동해요
노인 스포츠 지도자

노인 스포츠 지도사
이 춘 희

앞으로 노인의 여가 선용이나
생활 체육에 관한 관심은 더욱 높아질 것입니다.

Q1
본인 소개
부탁드립니다.

저는 노인 스포츠 지도사로 활동하고 있는 이춘희입니다.

새만금으로 유명한 전북 군산에서 태어나 학창 시절은 운동장에서 뛰어놀고 동네 뒷산 나무 사이를 다람쥐처럼 날아다니며 성장했습니다. 언니만 4명인 딸부잣집의 막내로 항상 귀여움과 사랑을 받으면서 성장했습니다.

학창 시절 체육 선생님의 권유로 체육을 전공하게 되었고, 체육에 관련된 직업을 갖게 되었습니다. 특히, 고령화 시대에 접어들면서 노인의 신체적·정신적 변화 등에 관심을 갖고 지식을 갖추어 어르신들을 대상으로 생활 체육을 지도하는 것은 저에게 큰 행복이었습니다. 저의 행복 에너지를 나눠주면서 노인분들이 즐겁고 기뻐하는 모습을 보면 이 직업을 선택한 것에 보람을 느낍니다. 앞으로도 우리 고장 어르신들이 건강하고 행복한 노년 생활을 즐길 수 있도록 앞장서서 열심히 활동하겠습니다.

월명 공설 운동장에서 생활 체조 운영

회원분들과 함께 안무 연습

에어로빅 선수 시절 무대 공연

Q2
직업으로 노인 스포츠 지도사를 선택하게 된 이유나 계기는 무엇인가요?

체육 시간을 가장 즐거워했던 저의 활발한 성격과 특히 달리기를 잘하던 저의 모습을 관심 있게 보셨던 체육 선생님의 칭찬과 권유로 체육 관련 직업에 꿈을 갖게 되었습니다. 그 이후로 에어로빅, 수영, 발레, 볼링, 배드민턴 등 여러 스포츠 활동을 접하면서 학창 시절부터 자연스럽게 준비했습니다. 특히 에어로빅을 할 때는 몸에 희열이 느껴질 만큼 즐겁고 저 스스로도 행복함이 크고 적성에 잘 맞는다고 판단하여 이 종목을 앞으로 전공으로 살려

야겠다는 각오를 다졌습니다.

그때는 인터넷이 활발하지 않아 에어로빅 관련 정보를 직접 발로 뛰어 알아볼 수밖에 없었는데, 이런 수고로움조차 좋아해서 힘든 걸 전혀 느끼지 못하고 진로 탐색의 시간을 보냈습니다. 저를 가르쳐주셨던 원장님도 에어로빅 분야에 소질이 있다며 칭찬해주시고 용기를 북돋아 주셨고, 저도 다른 사람들에게 즐겁고 행복하게 운동하는 법을 공유하고 싶다고 생각했습니다.

대학생 시절에 다양한 스포츠 활동을 하는 업체나 기관에서 실습했던 경험이 있습니다. 그곳에서 만났던 선배들이 "노후에도 이렇게 건강한 몸으로 운동하면서 여가 생활을 즐기고 싶다"라고 이야기하는 것을 들었습니다. 그

노인 건강 마일리지 사업에 참여한 노인들

때 우리나라도 앞으로 노인에 대한 여가 선용
이나 생활 체육에 관한 관심이 높아질 수 있다
고 생각했습니다. 노인 체육 분야의 중요성은
점점 커지고 있으므로 노인 관련 체육 산업이
전망이 있을 거라고 예상했고, 관련 자격증을
공부해두면 좋을 것 같았습니다. 현재는 공공

체육 시설뿐만 아니라 복지관, 노인회 등 어르
신들을 직접 찾아가서 운동 프로그램을 제공
하고 지도합니다. 노인의 건강하고 행복한 삶
을 위하여 어르신들이 즐겁게 운동하는 데 도
움이 되고 싶다는 꿈을 갖고 현재 활발하게 움
직이고 있습니다.

Q3
노인 스포츠 지도사가
되기 위해
무엇을 준비했고
필요한 자격 요건은
무엇인가요?

본 직업을 위해 생활 스포츠 지도사(에어로빅) 자격증을 취득해야 합니다. 저는 특히 노인 관련 일을 하고 싶어 노인 스포츠 지도사 자격증을 취득했습니다.

노인 스포츠 지도사가 되려면 국민체육진흥공단 등에서 시행하는 시험에 합격해야 합니다. 이 직업은 노인의 신체적·정신적 변화 등에 대한 지식을 갖추고 노인을 대상으로 생활 체육을 지도합니다. 응시 자격은 만 18세 이상이면 응시 가능하고 취득 절차는 필기 → 실기 → 구술 → 연수로 이루어집니다.

노인 체육론은 필수 과목으로 준비해야 합니다. 조금 더 전문적인 학위를 취득하면 상위 기관에서 활동할 수도 있습니다.

Q4
노인 스포츠 지도자로 살아가면서
언제 행복과 보람을 느끼시나요?

　복지관에서 활동했을 당시 사회 복지사님 손에 이끌려 방문하셨던 할머니가 기억납니다. 할아버지가 먼저 돌아가신 후 우울증이 와서 식사도 거의 하지 않으시고 집에서 누워만 계신다고 들었습니다. 몸을 움직여 보는 걸 목적으로 방문하셨다고 들었지만 너무 안타까워 같이 건강하게 운동해 보자고 말씀드렸습니다. 그때 할머니께 관심을 두고 지도하게 되었는데, 할머니는 처음엔 그냥 자리에 앉아만 계셨습니다. 며칠이 지나니 서서히 제자리걸음부터 시작하시더니 오늘은 팔 한 번, 내일은 발 한 번 움직이이다가 어느 순간 음악에 맞춰 제법 모든 동작을 따라 하시며 무표정이던 얼굴에 화색이 돌았습니다. 할머니로부터 복지관에서 운동하면서 음식도 제법 잘 먹게 되었고 여기 오는 시간이 제일 기다려진다는 말씀을 듣게 되었습니다. 저에게는 그날이 가장 행복하고 진짜 보람되고 뿌듯했던 날로 기억됩니다.

Q 5
노인 스포츠 지도사로서
잊을 수 없는 일이나
에피소드가 있다면 소개해주세요.

'생활 체조 대회'라는 대회에 참가했을 때입니다. 아무래도 참가하시는 분들이 노인들이다 보니 동작을 같이 맞추는 게 상당히 어려웠습니다. 저는 참가하는 데 의의를 두고 즐기면서 하자고 했지만 어르신들은 이왕 참가하는 거 잘하고 싶다는 의지가 대단했습니다. 열정있는 몇몇 분이 동네 공원에서 대회 연습을 하자 마침 공원 근처에 있던 노인정 어르신들이 본인들도 하고 싶다고 우리 복지관에 방문하셨습니다. 복지관에서는 이미 해당 프로그램의 정원이 모두 차서 난감해했습니다. 그러자 그분들이 노인정에 와서 강습해 달라고 요청하셔서 그것을 인연으로 노인정에 찾아가 지도하여 함께 행사에 참가하게 되었던 즐거운 에피소드가 있습니다.

노인 대상 생활 체조 동작

Q 6
노인 스포츠 지도사의
미래 전망은 어떠하다고
생각하시나요?

2007년부터 우리나라는 노인 인구 증가로 고령화 사회에 진입했다고 합니다. 그로 인해 노인을 새로운 수요층으로 하는 실버 산업이 급성장하면서 노인의 건강 및 복지, 여가 활동에 대한 관심이 높아지고 있습니다. 아울러 노인의 특성에 맞게 활동할 수 있는 장소인 공공 체육 시설이나 복지관, 건강관리공단 등의 노인 전문가 수요도 늘어나고 있습니다.

특히 건강 검진이나 노인 복지 사업은 각 지역에서도 활발히 이루어지고 있습니다. 노인 건강에서 가장 중점적인 것은 노인의 활동적인 부분이며, 이것에 대한 전문가들이 필요하므로 종목을 불문하고 전망이 매우 밝다고 할 수 있습니다.

국민체육진흥공단 체육지도자
https://sqms.kspo.or.kr/
index.kspo

레크리에이션과 스포츠 이벤트 전문가로 살아온 한평생

레크리에이션 지도자 및 스포츠 이벤트 기획자

(주)이엘커뮤니케이션즈
박 흥 세

유아에서 노인에 이르기까지
여가를 선용하는 데 레크리에이션은 매우 중요합니다.

Q1
본인 소개
부탁드립니다.

1963년 신촌에서 태어나 유년과 청소년 시절을 연세대학교 옆 신촌동에서 자랐습니다. 당시 신촌동은 연세대학교 뒤 봉원사와 안산이 이어져 녹지가 많아 동네 아이들이 자주 모여 산에 올라 여러 가지 놀이를 하곤 했습니다. 저는 그곳에서 동네 친구들과 뛰어다니며 유소년 시절을 보냈습니다.

저의 부친께서는 연세대학교 앞에서 한의원(진성 한의원)을 운영하셨는데, 바쁜 시간 속에서도 저와 형을 데리고 신촌역에서 기차를 타고

경의선 능곡역까지 기차 여행을 했습니다. 특별한 계획 없이 그냥 능곡역에서 내려 돌아다니다가 중국집에 들어가 우동 한 그릇씩 먹고 다시 신촌역으로 돌아오는 것이 전부였습니다. 그러나 기차 안에서 아버지와 평소에 나누지 못했던 얘기를 나누며 일일 기차 여행을 했던 일은 장년이 된 지금에도 커다란 추억으로 생생합니다. 그 시절은 가족 여행이라는 개념이 없었던 터라 아버지가 함께 동행했던 일 자체가 대단한 일이었습니다.

저는 서울 창서초등학교, 한성중학교, 이대부고와 연세대학교를 졸업했습니다. 어린 시절 동네 친구들과 스포츠를 함께 하는 것을 좋아해서 대학 전공은 체육교육과를 선택했습니다.

체육교육학과에는 레크리에이션 전공 과목이 있었지만, 학과 선배들이 레크리에이션을 주제로 만든 '모람'이라는 동아리도 있어서 동아리를 통해 다양한 프로그램과 봉사 활동을 했습니다. 저는 그 동아리에서 레크리에이션을 이해하기 시작했습니다. 1985년에는 사)한국여가레크리에이션협회, YMCA 중앙회에서 레크리에이션 연수를 받았고, 그 외에도 레크리에이션 강습회가 있다고 하면 어디든지 빠지지 않고 열정적으로 찾아가서 참석했습니다.

행사 진행 모습

연세대학교에서 가까운 곳에 서대문 청소년 감별소가 있었습니다. 이곳은 청소년들이 죄를 지으면 2개월간 수감시켜 교도소로 이송할지 다시 사회로 복귀시킬지를 감별하는 곳입니다. 대학 1학년 1학기, 한참 레크리에이션에 흥미를 갖고 있을 즈음 동아리 회장의 권유로 수업 시간을 빠지면서 청소년 감별소에서 서너 번의 레크리에이션을 진행한 경험이 있습

니다. 기타 통을 메고 감별소에 들어가면 머리를 빡빡 빈 앳된 청소년들이 저를 크게 반겨 맞아주었고 호응도 무척 잘 해주었습니다. 그때 나는 동요 '퐁당퐁당'을 노래 율동과 게임으로 진행했는데, 지금도 그 레퍼토리는 내 머릿속에 남아 있습니다. 레크리에이션을 하면서 이렇게 순수하고 착한 어린아이들이 범죄자라는 것이 믿기 어려웠습니다. 그곳에서의 추억은 레크리에이션 지도자의 첫 경험이었고 자신감도 얻은 소중한 시간이었다.

그 일이 있은 지 몇 달 후, 신촌 정거장에서 버스를 기다리는데, 누군가 다가와 "형 안녕하세요?"라고 인사를 건네왔습니다. 청소년 감별소에 있던 아이가 훈방되어 신촌 거리를 지나가다가 나를 보고 인사한 것이었습니다. 처음 겪는 일이라 인사만 간단히 받고 각자 갈 길을 갔지만, 뭔가 좋은 일을 해서 스타가 된 기분이었습니다.

대학을 졸업하고 학교 체육교사나 회사의 평범한 직장 생활보다는 레크리에이션 전문 회사를 운영해보자는 계획을 세웠습니다. 대학 시절, 학교 축제에서 사회를 보거나 행사를 기획한 경험도 있고, 학생 신분으로 기업의 행사에 참여해 큰 성과를 얻은 경험이 있어 행사 이벤트 기획에 큰 흥미를 갖게 되었습니다.

1985년 연세대학교 100주년 행사에서는 직접 기획에 참여하기도 했고, 5,000명 앞에서 레크리에이션을 진행한 경험도 있습니다.

1989년 3월 5일, '대한레크리에이션문화원'이라는 전문 레크리에이션 회사를 창업했습니다. 창업과 동시에 기업과 대학을 타깃으로 홍보(DM, diret mail)를 시작하자 큰 어려움 없이 많은 곳에서 행사를 의뢰해 왔습니다. 그 뒤 회사를 운영하면서 현장의 경험뿐만 아니라 이론적인 부분을 채우기 위해 연세대학교 스포츠응용산업학과에서 석사와 박사 학위를 받았고, 지금은 제가 설립한 ㈜이엘커뮤니케이션즈에서 고문으로 작은 활동을 하며 후배들을 돕고 있습니다.

Q2
직업으로 레크리에이션 지도자 및 스포츠 이벤트 기획자를 선택하게 된 이유나 계기는 무엇인가요?

레크리에이션 지도자는 많은 사람 앞에서 자신이 준비하고 기획한 대로 프로그램을 진행하거나 연출하는 사람입니다. 한국직업능력개발원(2000)에서 간행한 한국 표준 직업 분류에 의하면 "레크리에이션 지도자는 각종 모임에서 오락 프로그램의 사회를 보고 노래, 율동, 게임 등을 지도하며 새로운 프로그램을 개발하는 자로, 경우에 따라서는 레크리에이션을 홍보하기 위한 프로그램에 참여하며 레크리에이션 지도를 교육하기도 한다"라고 되어 있습니다.

레크리에이션 지도자는 레크리에이션 전문

가로서 사람들의 여가 욕구를 자극해 충족시켜주고 교육하며, 동기를 부여해 주는 역할을 합니다.(Corbin & William, 1991) 저는 대학에서 축제나 행사 진행을 맡으면서 이러한 직업을 알게 되었고, 진행하는 것뿐 아니라 기획하고 연출하는 것들이 적성에 잘 맞는다고 생각했습니다. 내가 기획한 프로그램이 의도대로 진행되고 참여한 사람들의 반응이 좋았을 때 큰 기쁨을 만끽했습니다. 또한 보수가 다른 직업보다 아주 높았습니다. 1990년 당시 일반 직장인 초봉이 월 100만 원 정도였는데, 강사의 경력에 따라 다르겠지만 레크리에이션 강사는 1회 진행비가 보통 30~50만 원 정도였으니 보수 측면에서는 상당히 높은 수준이라고 할 수 있었습니다. 한 달에 2~3회만 진행하더라도 일반 직장인 월급을 벌 수 있었고, 과외로 행사 전체를 일임해서 일을 받으면 월 1회만 진행해도 중견 사원의 급여를 받을 수 있었기에 큰

관심을 끌기에 충분했습니다. 레크리에이션 지도자는 일반 직장인이라고 볼 수 없으며 TV에 나오지 않는 연예인 정도라고 인식되어 있었습니다.

레크리에이션 직업은 정말 매력적인 직업입니다. 왜냐하면 다양한 문화 경험을 하면서 돈까지 벌 수 있는 직업이기 때문입니다. 내가 경험했던 행사 중에는 88 서울올림픽 대한민국 응원단을 이끌고 행사를 진행했던 일, 2001~2006년 매년 8월, 한국에 있는 바다를 중심으로 대학생들과 바다 대장정(SK 그린맵 대장정)을 진행했던 일, 2006년 삼성전자에서 주관한 2006 독일 월드컵 대한민국 삼성 파브 응원단을 이끌고 7일 동안 독일과 프랑스를 여행했던 일, 2017년 3월, KDB 생명보험 시상식으로 마카오에서 행사를 진행했던 일 등이 있었는데, 대부분의 행사가 저에게는 새로웠고 좋은 추억을 경험할 수 있었던 기회였습니다.

키즈런 캠프 캠프 파이어
진행하는 모습

Q3

레크리에이션 지도자 및
스포츠 이벤트 기획자가 되기 위해
무엇을 준비했고
필요한 자격 요건은 무엇인가요?

훌륭한 레크리에이션 지도자가 되기 위해서는 첫째, 확실한 직업관을 가져야 합니다. 레크리에이션 지도자는 본인의 노력 여하에 따라서 결과가 크게 차이가 나는 직업입니다. 단순히 오락 프로그램을 진행하고 사람들을 웃기고 프로그램을 기획하는 것만이 아닙니다. 연예인이 되려다 실패한 사람 또는 다른 일을 해보려고 했지만 잘 안 되는 사람이 하는 일이 아닙니다. 돈을 많이 벌기 위해서 선택하는 직업도 아닙니다. 사람과 만나는 것을 좋아하고 함께 동고동락하며 팀워크를 이루어 갈 수 있

는 사람, 다양한 분야를 폭넓게 이해하고 공부하는 사람, 다른 사람들을 기쁘게 하는 것이 즐겁고 동기 부여를 할 수 있는 사람들이 이런 일을 하면 좋습니다.

둘째는 탄탄한 기본기를 함양해야 합니다. 가장 중요한 능력은 스피치 능력입니다. 많은 사람 앞에서 자기가 준비한 프로그램을 진행하려면 말하는 능력이 중요합니다. 그러기 위해서는 스피치 훈련을 전문적으로 배워야 합니다. 말을 잘한다는 것은 발음이나 목소리 훈련을 강조하는 것이 아닙니다. 물론 그런 것도 중요할 수 있겠지만, 내용 자체가 진정성이 있고 긍정적이어야 하고, 상대방을 이해하고 배려할 줄 알아야 하며 분위기에 맞는 언어를 선택할 줄 알아야 합니다. 그렇게 하기 위해서는 준비된 언어가 있어야 합니다. 즉 여러 대본이 내 머릿속에 준비되어 있어야 하고 순간순간 필요한 언어와

유머가 상황에 맞게 나올 수 있어야 합니다.

또한 자신이 생각한 프로그램을 문서로 표현하여 발표할 수 있는 능력을 길러야 합니다. 즉 프로그램을 잘 진행하려면 좋은 대본을 작성해야 하는데, 좋은 대본을 작성해야 좋은 프로그램이 될 수 있기 때문입니다. 여기서 말하는 대본이란 프로그램 진행 내용입니다. 또 다른 말로는 기획서 작성이라고도 할 수 있습니다. 기획서라고 하면 뭔가 큰 행사를 생각할 수 있으니 그냥 쉽게 대본이라고 합시다. 이러한 내용을 한번에 배울 수 있는 곳을 찾아야 하는데, 그런 곳이 (사)한국여가레크이레이션협회입니다. 이곳에서 다양한 연수 과정을 받아야 합니다.

셋째는 다양한 경험을 하는 것입니다. 인간은 누구나 경험을 통해서 학습하게 됩니다. 실전 경험만큼 좋은 스승은 없습니다. 먼저 유능한 레크리에이션 지도자가 하는 것을 따라가서 보는 것이 제일 좋습니다. 그리고 그 지도자를 똑같이 흉내 낼 수 있다면 최고의 학습 방법입니다. 그런 기회는 본인이 적극적으로 만들어야 합니다. 이런 기회가 쉽게 생기지 않을 때는 유튜브를 통해서 마음에 드는 사회자나 동기 부여 강사나 레크리에이션 시도자가 하는 방송을 많이 보는 것입니다. 그래서 행사장의 분위기를 간접적으로 익히는 것이 중요합니다.

자격증은 민간 자격증과 국가 자격증이 있습니다. 민간 자격증은 (사)한국여가레크리에이션협회에서 일정한 교육을 받고 검증 과정을 거친 후에 받는 레크리에이션 2급, 1급 자격증과 실버 레크리에이션 자격증이 있고, 국가 자격증은 문화체육부에서 발급하고 국민체육진흥공단에서 주관하는 스포츠 지도사 과정 안에 레크리에이션 지도사, 노인 레크리에이션 지도사, 유소년 레크리에이션 지도사, 생활 체육 레크리에이션 지도사 자격증 등이 있습니다.

평창 동계 올림픽 및
장애인 올림픽 출범식

Q4
레크리에이션 지도자 및 스포츠 이벤트
기획자로 살아가면서 언제 행복과
보람을 느끼시나요?

솔직히 말하자면 레크리에이션 지도나
행사를 마치고 나서 많은 강사료나 행사비
가 나에게 들어올 때가 가장 행복합니다.
나에게 행사를 의뢰한 단체에서 많은 금액
을 책정해서 프로그램을 맡겼다는 것 자체
가 나를 인정해 주었다는 뜻일 겁니다. 그

다음으로 프로그램에 참여한 모든 사람이
나로 인해 행복하고 기쁜 시간을 가졌다는
말을 들었을 때입니다. 그리고 내가 만든
프로그램이나 게임들이 많은 사람에게 사
용될 때가 행복합니다.

저는 35년 전부터 소위 명랑 운동 종목
이라고 말하는 소품을 이용한 신체 활동
게임을 개발하고 보급했습니다. 어느 날
초등학교 운동회에서 내가 개발한 프로그
램에 어린 학생들이 참여하는 것을 보고
매우 보람되게 생각했습니다.

Q5

레크리에이션 지도자 및 스포츠 이벤트
기획자로서 잊을 수 없는 일이나
에피소드가 있다면 소개해주세요.

대학을 졸업하고 새로 창업한 이벤트 회사
는 그런대로 잘 운영되는 것 같았지만 어려운
시기가 생각보다 많이 찾아왔습니다. 우선, 행
사 성수기와 비수기가 있었습니다. 봄과 가을
은 체육 행사 및 야유회가 있었고, 12월에는
연말 행사로 눈코 뜰 새 없이 바빴지만 12월이
지나고 1월부터 3월까지는 그야말로 기나긴
비수기 기간이었습니다. 이 시기에는 아무 행
사 문의도 오지 않아서 경제적으로나 심리적
으로 매우 힘든 시기였습니다. 이런 비수기의
경험을 처음 겪는 초보 사업자로서는 매우 당
황하지 않을 수 없었습니다. 사무실 임대료와
운영비, 직원들의 기본 생활비 마련에 걱정이

연세대학교
동문 행사를
진행하는 모습

많았습니다. 이런 상태면 얼마 못 버티고 회사
를 접어야 하는 상황이 올 것 같았습니다. 그
러나 그런 생각은 봄이(4월) 오면서 없어지기
시작합니다. 다시 행사 문의가 들어오기 시작
하니까요. 하지만 다시 비수기가 찾아오면 대
책을 마련해야 한다는 생각에 저는 비수기에
도 진행할 수 있는 겨울 프로그램(스키 캠프, 과학
캠프, 사원 연수 등)을 기획하기 시작했고, 그 기획
은 비수기의 어려움을 충분히 극복할 수 있도
록 해주었습니다.

행사 경력이 쌓이면서 행사 문의도 많이 늘
어났습니다. 매출도 매년 두 배로 성장하고 직
원들도 10명까지 늘어났습니다. 하지만 매년
좋은 일만 있는 것은 아닙니다. 국가적, 사회
적으로 어려운 상황이 찾아오면 행사 진행을
하는 이벤트 회사나 레크리에이션 회사는 그
야말로 회사 운영 정지 상태가 됩니다.

1998년 IMF, 2008 금융 위기, 2009년 노무
현 대통령 서거, 2010년 천안함 침몰, 2014년
세월호 침몰, 2015년 메르스 전염병, 2020 코로
나19 등은 경제적으로 내 의지와 관계없이 잊
을 수 없는 고통의 시간들이었습니다. 세월호
침몰이 일어난 2014년부터 몇 년 동안은 TV를
켜면 자녀를 잃은 부모들의 절규가 뉴스에서
이어지곤 했습니다. 그런 상황 속에서 단합을
위해 행사를 하고 기념 및 축하를 하는 행사들
은 진행하기 어려운 상황이기 때문입니다. 자
식을 잃은 부모들을 생각하면 받아들일 수밖
에 없는 상황이었습니다.

Q 6
레크리에이션 지도자 및 스포츠 이벤트
기획자의 미래 전망은 어떠하다고
생각하시나요?

레크리에이션 지도자는 사람들이 여가 시간을 즐기고 활동하도록 도와주는 역할을 합니다. 이 직업은 사회적으로 중요하며 다양한 연령층의 활동을 지원하는 데 꼭 필요합니다. 유아기나 청소년기의 체계적인 신체 활동과 심성 훈련 활동 등이 레크리에이션 활동 영역에 포함되어 있고, 노인들의 여가를 선용하는 데 있어서 레크리에이션은 매우 중요한 가치로 평가됩니다. 따라서 미래에도 레크리에이션 지도자는 우리 사회에서 계속해서 필요로 하는 직업군입니다. 그러나 레크리에이션 지도자로서의 전망은 자신의 경력이나 노력에 따라 크게 차이 날 수 있습니다. 학력, 관심 분야, 자격증,

경험, 지역 등 여러 가지 요인에 따라 다를 수 있습니다. 지역에 따라 레크리에이션 지도자에 대한 수요가 높을 수 있고 그렇지 않을 수도 있습니다. 관심 있는 분야와 지역에 따른 정보를 더 자세히 조사하고 관련된 자격증이나 교육을 받는 것이 도움이 될 수 있습니다.

또한 사회적인 요인과 트렌드 변화에도 영향을 받을 수 있습니다. 예를 들어 코로나19와 같은 긴급 상황은 레크리에이션 분야에 나쁜 영향을 미칠 수 있으며, 디지털 기술의 발전으로 온라인 레크리에이션 활동이 늘어나고 있는 점도 준비해야 합니다.

레크리에이션 지도자로서의 전망을 정확히 파악하려면 현재의 시장 동향과 관련된 업계 및 단체의 정보를 조사하고 지역별로 어떤 종류의 레크리에이션 활동이 필요한지 확인하는 것이 중요합니다.

레크리에이션 지도자 활동 영역을 소개하면

첫째, 기업이나 기관에서의 사원 연수, 워크숍, 팀빌딩, 창립 행사, 시상식, 체육 대회, 송년회, 신년회, 준공식, 포럼, 기념 행사, 프로모션 등, 둘째, 대학에서 진행되는 입학식, 졸업식, 신입생 오리엔테이션, 환영회, MT, 축제, 체육 대회, 사은회, 발표회 등, 셋째, 초중고에서 진행되는 캠프, 운동회, 소풍, 체험 학습, 방과 후 활동, 생일 파티 등, 넷째, 노인 관련 사회 복지 기관에서의 노인 대학, 대한노인회 연수원, 체육 행사, 야외 활동 행사, 심리 치료, 웃음 치료 등, 다섯째, 스포츠와 관련된 각종 국제대회와 관련된 행사로 개막식, 폐막식, 환영식, 기념식, 프로 스포츠 팬 서비스 행사, 경기장 장내 사회자 등이 있습니다. 이 밖에도 현대 사회에서 레크리에이션 활동은 다양한 분야에서 활용되고 있으며 미래에도 아주 전망이 밝다고 할 수 있습니다.

레크리에이션 지도자로 직업을 선택한다면 다음과 같은 세 가지의 형태로 직업을 가질 수 있습니다.

첫째는 프리랜서로 활동하는 것입니다. 프리랜서로 일하는 것은 초기에는 두 가지의 어려움이 있습니다. 홍보가 안 되어서 나를 초청하는 곳이 없고, 프로그램의 경험과 자료가 부족해서 진행의 어려움을 겪는 것입니다. 혼자 일하는 사람은 조직력이 없기 때문에 기업이나 단체에서 잘 선호하지 않는 것도 어려움이라고 할 수 있습니다.

둘째는 사업자 등록을 내고 레크리에이션 관련 이벤트 사업을 하는 것입니다. 다른 사람들에게 공신력을 줄 수 있는 장점이 있고 적극적인 홍보에 도움이 됩니다. 홈페이지와 SNS를 통해서 홍보하는 것은 프리랜서와도 별반 차이가 없습니다.

셋째는 레크리에이션 관련 이벤트 기획사에 취업하는 것입니다. 안정적으로 급여가 나오기 때문에 정신적으로는 안정이 되지만, 회사의 일정과 계획에 내가 전적으로 맞추어야 하고 레크리에이션 지도자의 자유로운 성향이 조직 생활에는 잘 맞지 않는 면이 있습니다.

사단법인
한국여가레크리에이션협회
http://www.rec1960.or.kr/

㈜이엘커뮤니케이션즈
http://eventlink.co.kr/

다양한 도전을 통해
유아기 아이들의 성장을 지원하다

유아 체육 강사

미소진키즈 스포츠 대표
정 희 동

AI로 절대 대체할 수 없는 직업!
유아 체육을 미리 알았다면 더 일찍 준비했을 것!

Q1
본인 소개
부탁드립니다.

미소진키즈 스포츠 대표 정희동입니다. 저는 중고등학교 학창 시절을 태권도 종목의 학생선수로 활동했습니다. 마냥 뛰어노는 것을 좋아했던 저는 운동 신경이 좋은 편이었습니다. 중고등학교를 체육 특기생(학생선수)으로 활동하며 선수 생활을 열심히 했지만 선수로서의 한계를 느끼게 되었습니다. 선수 생활을 포기하고 태권도 지도자로 나아가기 위해 입시 준비를 했습니다. 태권도학과 입시는 기본적으로 태권도 실기 능력과 수능 점수를 기준으

로 선발합니다. 그동안 해왔던 공부의 양보다 고등학교 3학년 때 약 7개월간 했던 공부의 양이 많을 정도로 열심히 준비하여 한국체육대학교 태권도학과에 최종 합격했습니다. 태권도학과 특성상 해외 태권도 분야 지도자(감독, 코치, 사범)로 취업하는 경우를 많이 봤습니다. 태권도 선수 생활과 태권도학을 전공하며 태권도와 같이 치열하게 1대1 대련을 하는 방식의 스포츠가 아닌 다른 스포츠를 접하고 싶다는 생각이 들었고, 평생 트레이닝복을 입고 살아왔기에 정장을 입고 사회생활을 해보고 싶은 마음이 생겼습니다. 그래서 대학교 졸업 후 체육 분야와 관련이 없는 제약 회사에 약 5년간 근무했고 성공적인 성과를 만들어냈지만

만족스럽지 않았습니다. 그 시기에 제 직업에 대해 다시 생각해보게 되었습니다.

우연히 알게 된 유아 체육 지도자 분야에 관심이 생겼습니다. 평소 아이들을 좋아하는 저의 특성상 유아 체육에 많은 흥미를 느꼈고 자유롭게 차로 이동하며 거래처에 방문하여 일주일에 한 번씩 아이들을 만나는 직업이 매력적으로 다가왔습니다. 그렇게 시작하게 된 유아 체육 지도자란 직업으로 약 7년간 활동하다가 현재는 유아 체육 강사를 파견하는 회사를 운영하고 있습니다.

Q2
직업으로
유아 체육 강사를 선택하게 된
이유나 계기는 무엇인가요?

제약 회사를 다니던 중 우연한 기회에 후배가 몸담고 있는 곳에서 주말에 유아 체육 아르바이트를 하게 되었습니다. 주말이기도 하고 용돈이나 벌자는 마음으로 이마트에 있는 센터에 아이들을 만나러 갔습니다. 당시 아이들은 5~7세였고 약 10명 정도가 있었습니다. 아

르바이트를 하러 왔으니 편하게 일하고 가려 했는데, 아이들과 뛰고 놀이를 하면서 아이들이 즐거워하는 것을 보고 보람과 매력을 느끼게 되었습니다. 그것을 계기로 당시 재직 중이던 제약 회사에 사직서를 내고 유아 체육 강사를 본격적으로 시작하게 되었습니다.

유아 체육 강사로 7년간 근무한 후 2023년 3월경에는 유아 체육 강사를 파견하는 회사를 창업했습니다. 유아 체육 강사로 활동하는 것보다 더 포괄적인 범위에서 유아 시기의 아이들에게 더욱 선한 영향력을 주기 위해 시작해 현재 여러 직원과 함께 매년 많은 아이들을 만나며 다양한 이벤트와 수업을 진행하고 있습니다.

유아 체육 강사를 미리 알았더라면 더 일찍 준비하고 취업했을 것입니다. 학창 시절에는 유아 체육에 대한 정보가 부족했습니다. 주변 지인들과 선후배들 모두 유아 체육 분야에 대해 관심이 없었기에 저 또한 유아 체육을 접하기에는 어려움이 있었습니다. 아이들과 하는 체육을 좋아했던 저는 유아 체육을 접하고부터는 유아 체육 분야에서 활발히 활동하고 있습니다. 이 책을 읽는 많은 분이 유아 체육에 대해 좀더 관심을 가졌으면 좋겠습니다. 저는 이 직업을 통해 보람과 행복을 느낄 수 있었기에 체육인으로서 구직 활동 중인 분들에게 적극 추천합니다.

수업 교구 준비

아이들 수업 지도

Q3
유아 체육 강사가 되기 위해 무엇을 준비했고 필요한 자격 요건은 무엇인가요?

유아 체육 강사에게 가장 필요한 덕목은 아이들을 좋아하는 마음입니다. 아이들을 사랑하고 아이들이 웃는 모습을 좋아한다면 본 직업을 선택할 것을 추천합니다. 하지만 좋아하는 것과 잘하는 것은 거리감이 있을 수 있습니다.

유아 체육 강사가 되기 위한 자격증으로는 유소년 체육 지도자(국민체육진흥공단) 자격증이 있습니다. 본 자격증 없이 현장에서 바로 아이들을 만나게 되면 여러모로 당황할 수 있습니다. 안전을 지키는 방법, 질서를 지키는 방법 등에 관해 무지한 상태에서 아이들을 만나면 어려움을 겪을 수 있습니다. 현재까지 자격증이 없어도 본 직업을 선택하는 것에는 문제가 없지만 향후 자격증이 필수가 될 수 있으며 자격증을 소지한 사람에게 더욱 인센티브가 적용될 수 있다는 점은 분명하기에 자격증을 취득하는 것을 추천합니다.

또한 아이들을 상대로 하는 일이기 때문에 항상 변수가 존재합니다. 흥을 주체하지 못해 아이들이 다칠 수도 있고 안전과 질서를 지키지 않고 수업에 임하다 친구를 다치게 할 수도 있기 때문입니다. 따라서 유아 체육 강사는 아이들이 질서와 안전을 지키는 범위에서 즐겁게 수업을 진행해야 합니다. 분위기가 너무 오르면 차분해질 수 있도록 유도하고 다운되면 수업 분위기를 띄울 수 있도록 하는 능력이 어렵지만 꼭 필요하며, 이 선을 잘 유지하는 강사가 진짜 실력자라고 할 수 있습니다.

수업 활동 장면

Q4
유아 체육 강사로 살아가면서 언제 행복과
보람을 느끼시나요?

　매주 새로운 아이들을 만나는 유아 체육 강사는
대개 20곳 정도의 거래처(유아 체육 수업장)를 상대합니
다. 대략 400명 정도의 아이들을 만난다고 볼 수 있
습니다. 많은 아이가 유아 체육 강사를 좋아하고 잘
따르며 유아 체육 시간을 일주일 중 가장 기다리는
시간이라고 대답합니다. 왜냐하면 매주 새로운 교
구를 가지고 와서 신나게 놀아주니 좋아하지 않을
수 없습니다. 그래서 항상 수업 현장에 가면 아이들
이 환한 미소로 반겨줍니다. 순수하고 맑은 아이들
의 미소를 보면 저절로 웃음이 나고, 실제 산타할아
버지가 된 것 같은 마음으로 아이들을 대할 수 있어
하루하루를 감사히 보내고 있습니다.

　수업을 하다 보면 아이들 중에는 여러 장애물을
지나갈 때 가끔 무서워서 시작하지 못하는 아이들이
있습니다. 그럴 때마다 아이들에게 이렇게 이야기해
줍니다. "못해도 괜찮아. 한 번 해보면 다음에는 꼭
성공할 거야."라고 얘기합니다. 시간이 흘러 실패했
던 과제를 성공한 후 기뻐하며 저에게 뛰어와 자랑
하는 아이들의 모습을 보면 큰 보람을 느낍니다.

Q5
유아 체육 강사로서
잊을 수 없는 일이나
에피소드가 있다면 소개해주세요.

유아 체육 회사와 유아 체육 강사는 다양한 이벤트를 추진하고 진행해야 합니다. 봄에는 새학기 OT 및 봄 운동회, 여름에는 찾아가는 수영장, 가을에는 가을 운동회, 겨울에는 산타 잔치 등 계절에 따라 다양한 행사가 있습니다. 저는 많은 행사가 기억에 남지만, 특히 가을 운동회가 항상 기억에 많이 남습니다. 가을 운동회는 어린이집, 유치원에서 1년 중 가장 큰 행사입니다.

예전에 가을 운동회에서 6세 아이들의 50m 달리기 경기를 진행할 때의 일입니다. 저는 아직 어린 아이들이기에 1등을 하기보다는 완주에 목표를 두고 경기를 이끌었습니다. 그런데 한 아이가 출발선에 선 채로 엄마와 눈을 맞추더니 환하게 웃으며 열심히 달리다가 넘어졌습니다. 즉시 저희 스태프가 달려가 아이를 부축하려고 하니 어머님께서는 잡아주지 말라고 멈춰 세우시고 스스로 할 수 있

도록 시간을 달라고 요청하셨습니다.

동시에 300명이 넘는 원아와 부모님들은 응원의 목소리를 쏟아냈습니다. 모두의 응원에 힘입어 아이는 결승선까지 천천히 달렸고, 엄마는 결승선에 들어오는 아이를 꼭 끌어안으며 같이 울었습니다. 그리고는 "네가 최고다"라고 말해주었습니다. 저는 당시 '분명 저 아이는 앞으로 어떤 시련이 와도 쉽게 무너지지는 않겠구나.'라고 느꼈습니다.

이런 사례들을 통해 저는 책으로 배울 수 없는 교육을 하는 업체가 바로 유아 체육 회사라는 생각이 들었고, 앞으로도 사명감을 가지고 아이들을 지도해야겠다는 마음을 되새겼습니다.

Q6
유아 체육 강사의
미래 전망은
어떠하다고 생각하시나요?

최근 저출산 문제로 인한 인구 감소와 고령화 시대로 유아 대상 사업의 미래는 밝다고만 말하기 어렵습니다. 하지만 최근에는 한 가구당 자녀가 한 명인 경우가 많다 보니 아이의 성장과 발전을 위해서라면 부모는 금전적으로 지출을 아끼지 않습니다. 또한 유아기 체육 활동은 아이의 성장과 발전에 매우 긍정적인 영향을 미치고 아이들이 가장 선호하는 활동이기 때문에 좋은 프로그램과 퀄리티 있는 제품, 훌륭한 강사가 있는 업체는 더욱 성장할 수 있을 것으로 생각합니다.

현재 다양한 분야에서 AI로 많은 것이 대체되고 있지만 아이들을 사랑하는 마음으로 지도하고 소통해야 하는 유아 체육 강사는 절대 대체할 수 없습니다.

제가 좋아하는 말 중에 "어떤 교구도 훌륭한 강사를 넘어설 수 없다"라는 말이 있습니다. 유아 체육은 아이들을 좋아하며 아이들의 올바른 성장을 추구하는 직업이기에 앞으로 더욱 발전해야 하며, 미래 전망이 좋은 직업입니다.

Q7
연봉은 어느 정도 되며
그 연봉에
만족하시나요?

국내의 유아 체육 회사는 다양하고 많습니다. 각각의 회사마다 강사들의 복지나 연봉도 다르기에 유아 체육 강사의 연봉은 고정되어 있지 않습니다. 제가 운영하는 회사 기준으로 가장 높은 연봉을 받는 강사는 약 6,000만 원, 가장 낮은 연봉을 받는 강사는 약 3,000만 원 정도를 받고 있습니다. 유아 체육 강사는 본인이 일하는 만큼, 많은 수업을 하는 만큼 수업료를 받는 구조입니다. 소위 스타 강사가 되면 더 많은 급여를 받을 수 있고 좋은 복지의 회사로 옮길 수도 있습니다.

국민체육진흥공단 체육지도자
https://sqms.kspo.or.kr/
index.kspo

37명의
스포츠 직업인
인터뷰를 통한

스포츠 진로 찾기

CHAPTER

2

공무원
및 경호

체대 준비생에서 체대생으로,
체대생에서 경찰관으로

경찰관

부천 원미 경찰서
김 미 정

초등학생 때부터 꿈꾸었던 경찰,
꿈에 대한 확신을 갖고 3년 만에 합격!

Q1
본인 소개
부탁드립니다.

저는 부천 원미 경찰서에 근무하는 김미정입니다. 어려서부터 운동을 좋아했기에 학창 시절 피구, 달리기, 멀리뛰기 등 학교에서 이루어지는 모든 체육 활동에 적극적으로 참여했습니다. 성인이 된 후에도 풋살, 스쿼시, 복싱, 태권도 등 다양한 체육 활동을 즐겼습니다. 운동, 특히 일반적인 입시 종목에 자신이 있었기에 체대 진학을 희망했으나 고3 대입에서 낙방하고 재수를 거쳐 순천향대학교 스포츠과학과에 입학했습니다. 하지만 대학 생활 1

년여 만에 자퇴한 후 경찰 공무원 시험 준비에 전념하여 2018년 합격했습니다.

Q2
직업으로
경찰을 선택하게 된 이유나 계기는
무엇인가요?

저는 초등학생 때부터 경찰, 그중 형사로서의 삶을 꿈꿔왔습니다. 이 같은 꿈을 가지게 된 특별한 계기는 없지만, 아마 경찰관으로 근무 중이신 아버지의 영향이 크지 않았을까 생각합니다. 어려서부터 가장 좋아하고 잘할 수

원종고등학교 재학 시절
방과 후 학교 체대 진학반에서
운동하던 모습

있었던 것은 운동이었습니다. 그래서 초등학생 때부터 교내 스포츠 클럽뿐만 아니라 경기도 부천시에서 주최했던 높이뛰기, 멀리뛰기, 체력왕 대회에 출전하여 수상했고, 현재에는 태권도 4단, 합기도 1단의 무도 단증을 보유하고 있습니다.

진로에 대한 고민이 많았던 고등학교 시절에도 저는 경찰관이 되겠다는 단 하나의 꿈을 가지고 있었습니다. 그러나 경찰관이라는 꿈은 운동만으로 이룰 수 없었습니다. 합격에 대한 확신이 없었고 오랜 시간 수험 생활을 마친 후 결국 합격하지 못하였을 때의 미래가 막막하고 불안했습니다. 그래서 제가 좋아하던 운동으로 체대에 진학했습니다. 대학 생활과 진로 탐색이라는 강의를 수강하며 저의 진로에 대해 진지하게 고민하게 되었고, 경찰관

이 아니면 안 되겠다는 제 꿈에 대한 확신을 갖게 되었습니다. 그래서 1학년을 마치고 경찰관이 되기 위한 과정을 시작했으며, 약 3년여 간의 기나긴 수험 생활 끝에 경찰 시험에 합격했습니다.

Q3

경찰이 되기 위해
무엇을 준비했고 필요한 자격 요건은
무엇인가요?

경찰 시험은 필기, 체력, 면접 총 3단계의 과정을 거쳐야 합니다.

우선 필기시험 준비를 위하여 노량진 학원에 등록했습니다. 필기시험 합격 후 체력 시험을 볼 수 있는 기회가 주어지는데, 필기시험 후 체력 시험을 보기까지는 약 한 달 정도의 시간이 있지만 체력 시험을 준비하기에는 부족한 시간입니다. 필기시험과 체력 준비를 함께 하면서 스트레스도 풀고 체력도 쌓았기에 필기 합격 후 체력 시험에 대한 부담감은 없었습니다.

저는 부끄러움이 많아 다른 사람 앞에서 말하는 것을 어려워하고 말주변이 부족하여 자신감 또한 없었습니다. 그래서 면접 스터디에서 조원들과 함께 예상 질문을 해보며 면접관의 관점으로 장점과 단점을 파악했고, 하고자 하는 말을 정확하게 전달하려 노력했으며 조원들의 조언 및 동영상 촬영을 통하여 문제점을 꾸준히 확인하는 등 최대한 저의 단점을 보완하고자 노력했습니다.

Q4

경찰로 살아가면서
언제 행복과 보람을
느끼시나요?

112 신고를 통한 빠른 초동 조치, 수사 민원 상담 등 경찰관의 도움이 필요한 민원인에게 경찰관으로서 도움을 주었을 때 보람을 느낍니다. 그리고 경찰관이나 경찰관서에 대한 출입 자체를 두려워하는 일부 민원인들에게 친절한 상담이나 적절한 조치를 통하여 경찰관서에 대한 인식을 변화시켜 줄 수 있을 때 또한 보람을 느꼈습니다.

Q 5
경찰로서 잊을 수 없는 일이나
에피소드가 있다면 소개해주세요.

눈이 내리던 추운 겨울, 얇은 옷가지를 걸친 채 길을 잃어버린 어린아이를 지구대에서 보호한 적이 있습니다. 당시 저는 아이에게 저의 패딩을 입혀준 후 지구대 뒤편에 있는 놀이터로 데려가 아이가 노는 모습을 지켜보고 배고픈 아이를 위하여 팀원들과 피자를 사준 적이 있습니다.

추운 겨울에 부모님을 잃어버렸음에도 씩씩하고 밝게 웃어주던 아이의 미소를 아직도 잊을 수 없습니다.

Q 6
경찰의 미래 전망은 어떠하다고
생각하시나요?

경찰관의 미래 전망은 지금과 큰 차이가 없지 않을까 생각합니다. 국내 인구 감소로 인한 채용 인원 감소가 있을 수 있다는 가정을 하더라도 범죄는 꾸준히 발생되기 때문입니다.

경찰청 홈페이지
https://www.police.go.kr/

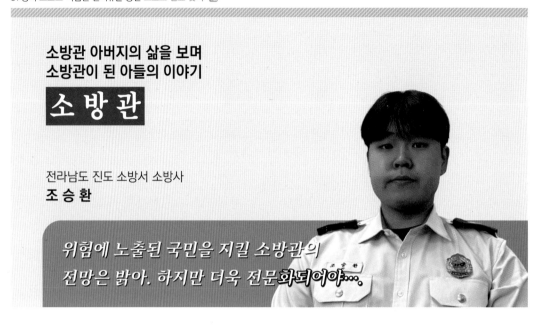

소방관 아버지의 삶을 보며
소방관이 된 아들의 이야기

소방관

전라남도 진도 소방서 소방사
조 승 환

위험에 노출된 국민을 지킬 소방관의
전망은 밝아. 하지만 더욱 전문화되어야….

Q 1
본인 소개
부탁드립니다.

전라남도 진도 소방서 소방사 조승환입니다. 전남 목포시에서 태어나 충주에서 대학교 1년, 제주도에서 군생활 2년을 제외하고 목포에서 줄곧 살고 있습니다.

어렸을 때에는 다른 사람 앞에 나서는 것을 좋아하고 주목받는 걸 좋아해서 중고등학교 시절부터 대학교 때까지 무대에서 노래 부르는 걸 좋아했습니다. 그러다 보니 학우들의 환호 속에 묻혀 꿈도 없이 살았습니다. 그러던 중 밥만 잘 먹고 살면 되겠다는 생각으로 공무

원을 꿈꾸었고 성적에 맞춰 행정학과에 갔습니다. 친구들과 같이 어울리다 보니 1년의 시간이 금방 흘러 입대를 앞두게 되었고, 소방관이신 아버지께서 알려주셔서 의무 소방으로 가게 되었습니다.

복무 기간 동안 꿈이 없던 저에게 소방관이라는 꿈이 생겼습니다. 지금은 꿈을 이루어 임용된 지 약 2년이 되어가는 새내기 소방관으로 지내고 있으며 제 인생 목표는 전라남도 소방본부장입니다.

제 꿈을 이루기 위해 2년의 기간 동안 컴퓨터 활용 능력 1급, 위험물 기능사를 취득했습니다. 최근에는 승진 시험과 소방 설비 기사(전기) 자격증을 따기 위해 열심히 공부 중입니다.

소방관 동료들과 함께

Q2
직업으로
소방관을 선택하게 된
이유나 계기는 무엇인가요?

학창 시절부터 힘든 사람이나 곤경에 빠진 사람을 보면 지나치지 못해 옆에서 왜 나서냐는 말을 들어가면서도 도와주곤 했습니다. 굳이 표현하자면 오지랖이 넓었습니다. 성장하면서 뚜렷한 꿈은 없었지만 안정적인 직장을 갖고 싶다는 소망으로 공무원 시험을 준비하기 위해 행정학과에 진학했습니다. 대학을 간다고 해서 꿈이 생기는 건 아니었습니다. 꿈이 없었기 때문에 주어진 것에 대해서는 열심히 공부하며 다녔습니다. 시간이 내 꿈을 이뤄주리라 생각하면서 말입니다. 그렇게 1학년을 마치고 대한민국의 남성이라면 가야 할 군대에 당당히 입대했습니다. 제가 입대한 곳은 의무소방이었습니다. 의무 소방이란 소방서에서 소방관들의 업무를 보조하는 군인입니다.

그런데 의무 소방 생활 중에 저에게 나름 큰 사건이 하나 생깁니다. 의식이 없는 환자를 이송하는 도중 구급차 내에서 심장 압박 및 구급 활동 보조로서 한 사람의 생명을 살리게 된 것입니다. 그 어르신은 건강이 돌아오자 소방서에 오셔서 웃는 얼굴로 감사 인사를 해주셨습니다. 그때 보람과 행복으로 가득 차는 것을 느꼈습니다. 그때부터 사명감을 갖고 군 생활에 임했고 소방관이라는 꿈을 가지게 되었습니다.

소방관 동료들과 함께

Q 3
소방관이 되기 위해 무엇을 준비했고 필요한 자격 요건은 무엇인가요?

무엇을 준비했는지 말씀을 드리기 전에 시험이 어떻게 나뉘어졌고 어떻게 진행되는지 먼저 설명드리겠습니다. 소방관은 국가 공무원으로서 시험은 매년 시행됩니다. 시험은 크게 자격증과 학위가 필요하지 않은 공채(공개 경쟁 채용)와 학위나 자격증이 필요한 경채(경력 경쟁 채용)로 나뉩니다. 예를 들어 경채 중 구급 분야는 의료인 자격증(예: 간호사, 응급구조사 1급)이 필요합니다. 저는 공채로 시험을 봤기 때문에 학위나 자격증은 따로 필요하지 않았습니다. 시험은 크게 필기시험, 체력 시험, 면접으로 진행됩니다. 필기시험은 4개월간 하루 13시간 이상씩 공부를 했고 체력 시험 준비는 하루 공부 일과를 마치고 난 뒤에 준비했습니다.

Q4
소방관으로 살아가면서 언제 행복과 보람을 느끼시나요?

　요즘엔 여유가 생겨 세상이나 사회를 둘러보게 됩니다. 어디를 보아도 사람의 손길이 닿지 않은 곳을 찾기 힘듭니다. 우리가 걷는 도로, 타고 다니는 차, 살고 있는 집 하다못해 아파트 앞 화단마저도요. 제자리에서 보이지 않게 자기 소임을 다하는 것들을 보면 감사한 마음이 듭니다. 저희가 하는 일도 마찬가지라고 봅니다. 눈에 보이지 않는 국민의 생명과 안전을 지키기 위해 소임을 다하고 있습니다. 공무원으로서 당연한 일이지만 감사한 마음을 가져주시는 것만으로도 저희는 행복과 보람을 느낍니다. 현실적으로 좋은 점은 현장 업무를 하는 소방관은 24시간 근무 후 48시간 휴식이라는 점입니다. 휴식 후에 가족과의 여행, 맛집 탐방, 여가 생활, 경조사 참여 등 다양한 활동을 할 수 있어 그런 부분에 있어 자유롭습니다.

실제 화재를 진압하는 모습

Q5
소방관으로서
잊을 수 없는 일이나
에피소드가 있다면 소개해주세요.

근무 기간이 짧은 새내기 소방관으로서 사실 엄청난 에피소드를
말하기는 어렵지만 제가 겪은 경험담을 말씀드리겠습니다. 한 번은
위급한 환자를 이송하면서 병원 도착 전에 신속하게 심폐소생술 및
구급 처치를 했습니다. 그때 저는 보조 역할을 하며 의식을 되
찾게 한 적이 있습니다. 사람을 살리는 것은 시간과의
싸움입니다. 그때 극적인 상황은 내가 만든다는
것을 깨달았습니다.

또 한번은 3층짜리 주택 화재에서 있
었던 일입니다. 주택은 전소되었지만
다행히도 인명 피해는 없었습니다. 혹시
모를 인명 검색을 위해 들어가던 선임 소방
관들의 모습을 보면서 제가 참 부끄러웠습니
다. 저는 무섭고 자신이 없었기 때문입니다. 그
이후로 배울 수 있을 때 최대한 배워두면 나중에
나를 구해줄 동아줄이 될 수 있겠다는 생각이 들
었습니다. 위험은 언제 찾아올지 모르니까요.

마지막 경험은 일면식이 있는 사람의 죽음을
경험했을 때입니다. 사실 이런 일은 소방관이
아니라면 접하기 힘든 일입니다. 그분은 교통
사고로 돌아가셨는데, 그 순간 사람의 목숨
이 덧없어 보였습니다. 그분의 죽음으로 깨
달은 것이 있다면 죽는 것은 흔한 일이며 흔
한 일과 반대로 살아간다는 것은 소중하다
는 것입니다.

Q6
소방관의 미래 전망은
어떠하다고
생각하시나요?

　시간이 흐를수록 세상은 전문화되고 복삽하게 변합니다. 그렇기에 사고가 발생할 수 있는 위험 요인들도 다양해질 수밖에 없습니다. 다양한 위험에 노출된 국민을 지킬 소방관의 전망은 그렇기 때문에 밝으며 밝은 만큼 더욱더 전문화되어야 할 것으로 보입니다. 로봇은 아직 세부적인 작업을 수행할 수 있을 정도로 발전하지 못했고 상용화되기까진 시간이 걸릴 것으로 보입니다.

소방청
https://www.nfa.go.kr/nfa/

소방청 TV
https://www.youtube.com/@
NFA_119

운동을 좋아하는 여고생에서
군인이 되기까지

군 인

육군 부사관
오 혜 빈

부사관은 장교와 용사들 사이의 중간자 역할,
의사소통이 잘 되지 않으면 어려워….

Q1
본인 소개
부탁드립니다.

저는 부사관으로 군복무를 하고 있는 오혜 빈입니다. 전북 군산에서 태어나 대학까지 졸업하고 군 입대를 하게 되었습니다. 어렸을 때부터 운동하는 것을 좋아했고 관심이 많았습니다. 초등학생 때부터는 쉬는 시간마다 운동장에 나가서 뛰어놀았고 학교가 끝나면 축구도 하면서 시간을 보냈습니다.

그렇게 시간이 흘러 고등학교 시절, 3년 동안 배구부 학교스포츠클럽 활동을 하며 대회도 나가고 주장까지 하면서 리더십과 협동심,

스포츠에 필요한 승부욕과 스포츠 정신 등 많은 것을 배웠습니다. 그러던 도중 입시 설명회 때 부사관 관련 전공에 대한 설명을 듣고 바로 부사관과에 입학했습니다. 처음에는 체육교사가 꿈이었지만, 많은 고민 끝에 군인이라는 직업을 선택했습니다. 2년제 전문 대학 졸업 후 바로 합격하여 입대했습니다. 입대하면서 가족과 처음으로 떨어져 혼자 지내면서 가족의 소중함을 알게 되었고 학창 시절을 그리워했습니다.

저는 장기 복무에도 선발되어 지금은 바쁘게 군 생활을 하면서 살아가고 있습니다. 장래에 여자 주임 원사가 되는 것이 목표입니다. 높은 곳으로 올라가 제가 겪었던 어려움과 애

육군 부사관 교육생 시절

부사관을 수료하면서

로 사항 등을 잊지 않고 후배들에게 알려주어 도움이 되고 의지가 되는 군인이 되고 싶습니 다. 그러기 위해서는 목표를 위해 앞으로도 꾸 준히 노력해 나갈 것입니다.

Q2
직업으로
부사관을 선택하게 된
이유나 계기는 무엇인가요?

고등학교 때 배구를 접하면서 선생님의 영향으로 체육교사를 꿈꾸었습니다. 하지만 어렸을 때부터 관심이 있었던 군인이 저에게는 조금 더 간절했던 것 같습니다. 저의 할아버지는 국가 유공자이셨고 아버지도 군인의 꿈이 있었지만 할아버지의 반대로 이루지 못했습니다. 어렸을 때부터 군에 대한 이야기를 많이 들었고, 군대 관련 프로그램을 접하면서 더욱 호기심을 갖게 되었습니다. 군에 대한 관심을 갖고 입시 설명회를 들으니 "나의 길은 이거다!" 하는 생각이 들었습니다. 같은 배구부 친구도 같이 부사관을 꿈꾸었지만 아쉽게 부모님의 반대로 저 혼자만 입대하게 되었습니다.

고교 시절 배구 학교스포츠클럽 활동을 하면서

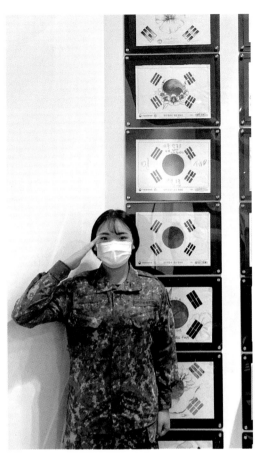

군장대를 하면서

Q3
**부사관이 되기 위해
무엇을 준비했고 필요한 자격 요건은
무엇인가요?**

저는 전문 대학의 부사관과에 입학하여 체력 관리와 제식 등 기본 지식을 열심히 배우고 공부했습니다. 시험 일정에 맞추어 필기시험 준비를 하고 면접 예상 질문지를 뽑아 거울을 보고 연습도 하며 성실하게 준비했습니다. 체력은 체력 인증 센터에 가서 직접 측정해야 합니다. 대학생 시절 노력한 덕분인지 올 1등급, 그중에서도 상위권으로 결과가 나왔습니다. 저는 필기시험 준비하는 것이 조금 많이 힘들었습니다. 지각 능력, 공간 능력 등을 알아보기 위해 짧은 시간 안에 많은 문제를 풀어야 하는 시험입니다. 처음 접했고 흔치 않은 시험 과목이다 보니 이쪽을 중점적으로 많이 준비했던 것 같습니다.

군인이 되기 위해 필요한 학위는 딱히 없습니다. 하지만 졸업장이 있으면 좋습니다. 자격증보다는 단증이나 이런 것이 나중에 더 유리하다고 생각합니다. 자격증은 들어와서 충분히 딸 수 있지만 단증이나 체력은 꾸준하게 준비해야 하는 부분이기 때문에 미리 마음의 각오를 하는 것이 좋습니다. 또 신체 검사도 받아야 하니 평소 몸 관리는 필수입니다.

Q4
부사관으로 살아가면서
언제 행복과 보람을
느끼시나요?

처음 부대에 입대한 신병들이 전역할 때 "행복하게 웃으면서 고맙고 즐거웠다"라고 말해줄 때가 행복하고 많은 보람을 느낍니다. 물론 같은 부대원들이 저랑 있어 행복해하고 즐거워하면 그것도 보람입니다. 이등병 때부터 봐온 용사들이 어느덧 병장 계급장을 달고 군복무를 마치며 웃는 얼굴로 "함께해서 군 생활이 즐거웠다, 연락드리겠다" 이런 말들을 해줄 때 '내가 군 생활을 못하지 않았구나, 용사들에게 좋은 간부였구나'라는 생각이 들면서 힘이 납니다. 부사관은 장교와 용사들 사이에 있는 존재로 의사소통이 잘 되지 않으면 어려움이 많습니다. 그러나 저는 그런 면에서는 소통이 잘 이루어져 즐겁게 군 생활을 하고 있습니다.

Q5
부사관으로서
잊을 수 없는 일이나 에피소드가 있다면
소개해주세요.

얼마 전 이야기입니다. 제가 복무하던 부대의 한 용사가 어느 날 갑자기 면담을 신청해 전문 하사를 하고 싶다고 말했습니다. 그 용사

는 처음 전입 왔을 때부터 "빨리 집에 가고 싶다"고 했던 용사였습니다. 왜 생각이 바뀌었는지 물어보니 그 용사는 저와 같이 근무하는 것이 재미있고 간부님들도 다 좋아서 관심이 생겼다고 답변했습니다. 이 이야기를 듣고 많이 감동도 받고 뿌듯했습니다. 아직은 군생활 3년차 경력이다 보니 에피소드나 기억에 남는 일은 많이 없습니다. 하지만 용사들 관련 이야기가 많이 기억에 남습니다.

훈련을 마치고 휴가 중에

Q6
부사관의
미래 전망은 어떠하다고
생각하시나요?

　최근 용사들의 월급이 오르면서 간부 지원율이 많이 떨어진 것 같습니다. 동기들이나 선임들에게 듣기로는 부사관 지원율이 예전만 못하다는 얘기였습니다.

　간부들의 복지 및 처우 개선이 이루어진다면 다시 부사관 지원율이 높아지지 않을까 생각합니다.

대한민국 육군
https://www.army.mil.kr/sites/
army/index.do

인천 국제 공항의 안전은 내가 책임진다
공항 보안 검색 요원

인천 국제 공항 보안 검색 요원
이 윤 선

범죄 예방과 안전 유지를 통해
사회에 기여하는 의미 있는 일!

Q1
본인 소개
부탁드립니다.

현재 인천 국제 공항에서 보안 검색 요원으로 임무 수행 중인 이윤선이라고 합니다.

저는 부산에서 태어나 동네에서 초등학교와 중학교를 졸업하고 고등학교는 부산의 자랑이자 생활 한복의 멋을 교복에 담은 가야고등학교를 졸업했습니다. 학창 시절부터 스포츠를 좋아해 축구, 농구, 야구, 수영 등 친구들과 함께 야외에서 활동적인 생활을 즐긴 덕분에 대인 관계가 원만했고 친구들도 많았습니다. 야외 활동을 하며 친구들과 행복한 시간을 보낸

만큼 부모님의 잔소리와 숙제 및 과제는 쌓여만 가 큰 고민에 빠지기도 했습니다.

고등학교 졸업 후에는 국방의 의무를 다하고자 대한민국 육군 민간 부사관에 지원하여 병사가 아닌 간부로서 군 생활을 시작했습니다. 입대 후 육군 훈련소를 거쳐 간부 교육을 위해 전북 익산에 위치한 육군 부사관 학교로 입교하여 양성 과정과 초급 과정을 거쳐 자대로 전입했습니다. 서부 전선 최전방을 책임지는 천하제일 1사단 전진 부대로 전입하여 성실히 군 생활에 임했습니다. 그 뒤 7년의 군 생활을 뒤로 하고 민간인으로 전역하여 현재는 인천 국제 공항에서 보안 검색 요원 8년 차로 일하고 있습니다.

Q2

직업으로
공항 보안 검색 요원을 선택하게 된
이유나 계기는 무엇인가요?

어릴 적부터 국민과 안전을 위해 힘쓰는 군인, 경찰, 소방관 등 안전과 보안에 관련된 직업을 동경해왔기 때문에 자연스럽게 선택하게 되었습니다. 어릴 적 가족과 함께 또는 친구들과 함께 여행을 다니며 공항과 비행기에 흥미

를 느꼈고, 비행기 조종사, 객실 승무원, 항공기 정비사 등 항공 관련 꿈을 가졌던 시절도 있었습니다. 이후 군대에 입대하여 간부로 생활하며 갖게 된 안전과 보안에 대한 사명감은 저에게 큰 영향을 미쳤습니다.

7년간의 군 생활을 마칠 때쯤 제대군인지원센터라는 전직 지원 프로그램을 통해 전역 후 군 경험을 살려 입사할 수 있는 곳을 찾던 중에 인천 공항 보안 검색 요원 모집 요강을 확인하게 되었습니다. 이곳은 규정과 절차를 준

국가보훈처 제대군인지원센터

수하고 여객의 안전과 재산을 보호하는 데 큰 역할을 하는 곳이라고 생각되었습니다. 군에서는 안전한 환경과 엄격한 규정이 임무 수행의 핵심이었습니다. 안전하지 않은 상황에서 임무를 수행할 때의 위험성과, 규정을 어길 때 생길 수 있는 심각한 결과에 대해 많은 경험을 했습니다.

이러한 경험으로 인해 안전에 대한 강한 의무감이 있었고, 규정을 철저히 준수하는 습관을 기를 수 있었습니다. 공항 보안 검색 요원으로 일하게 된 이유는 공항 환경에서도 안전을 최우선으로 취급하며 규정과 절차를 엄격하게 준수하고 싶었기 때문입니다. 공항은 많은 사람이 모이는 장소로, 그 안에서 안전과 보안을 유지하는 것은 굉장히 중요한 사항입니다. 저는 이런 환경에서 모든 승객과 직원이 안전하게 이동하고 이용할 수 있도록 하는 데 기여하고 싶었습니다. 이러한 동기로 공항 보안 검색 요원으로서의 역할을 열심히 수행하고 있습니다.

인천 국제 공항 출국장

Q3

공항 보안 검색 요원이 되기 위해 무엇을 준비했고 필요한 자격 요건은 무엇인가요?

인천 국제 공항 보안 검색 요원은 누구나 지원할 수 있지만 아무나 될 수는 없습니다.

보안 검색 요원은 경비업법에 따른 자격 요건을 구비해야 합니다. 그래서 경비업법 제10조 제2항 제1호에 의거, 만 18세 이상, 만 60세 미만인 사람이면 누구나 지원할 수 있고 남성의 경우 병역의 의무를 다하거나 또는 면제자도 지원할 수 있습니다.

팔다리가 완전해야 하고 양쪽의 맨눈 시력은 각각 0.2 이상 또는 교정 시력은 각각 0.8 이상인 사람이어야 합니다.

국토교통부 국가 항공 보안 계획에 따른 항공 보안 검색 요원 자격 기준에도 충족해야 하는데, 국적은 대한민국만 가능하고 정신적, 육체적으로 양호한 상태여야 합니다.

두부 또는 사지에 검색 업무 수행에 지장을 주는 변형 기능 장애가 없어야 하며 색맹 또는 색약은 지원할 수 없습니다.(다만, 색약의 경우 보정 렌즈 등 교정 기구를 통해 교정이 가능한 경우 제외) 후각 및 청력, 말하고 쓰는 능력이 정상이어야 하며 약물 의존 또는 알코올 중독이 없어야 합니다. 또한 신원 조회를 통한 전과 기록이 없고 인사 규정 제21조(결격 사유)에 해당하지 않는 사람이어야 합니다.

Q4

공항 보안 검색 요원으로 살아가면서 언제 행복과 보람을 느끼시나요?

먼저, 여객의 안전을 보장할 때입니다. 여행은 많은 사람에게 흥미로운 경험이며, 그중에서도 항공 서비스 이용은 행복한 여행을 시작하는 시작점으로서 기억에 오래도록 남습니다. 저의 업무로 인해 여객들이 안전하게 비행기를 이용하고 목적지에 도착할 수 있도록 하며 행복한 여행 경험을 할 수 있도록 도울 수 있어 보람됩니다.

둘째, 범죄를 예방하고 안전을 유지시킬 때입니다. 공항 보안 검색 요원은 범죄나 테러 행위를 방지하고, 국가 중요 시설인 공항의 안전을 유지하는 데 기여함으로써 지역 사회와 국가 전체의 안전을 책임지는 역할을 합니다.

셋째, 자기만족과 자부심을 느낄 때입니다. 공항 보안 검색 요원은 매일 같은 반복적인 업무를 수행하며 그 속에서 일어나는 돌발 상황을 경험합니다. 이러한 업무를 성공적으로 수행하면 자기만족뿐만 아니라 자부심도 느낄 수 있습니다. 또한, 다른 사람들의 안전과 편의를 돕는 데에서 큰 보람을 느낄 수 있습니다.

넷째, 전문 역량을 개발할 수 있습니다. 다양한 보안 절차와 기술을 습득하고 연마할 기회가 있으며 전문적인 기술과 지식을 획득함으로써 자기 경력과 역량을 향상할 수 있습니다.

Q5

공항 보안 검색 요원으로서
잊을 수 없는 일이나 에피소드가 있다면
소개해주세요.

다섯째, 사회적으로 기여할 때입니다. 공항 보안 검색 요원은 사회적으로 중요한 역할을 합니다. 범죄 예방과 안전 유지를 통해 사회에 기여할 수 있는 의미 있는 일입니다.

여섯째, 진출 및 승진 기회가 많습니다. 이 직업에서 시작하여 관련 분야에 대한 다양한 경력을 쌓는다면 승진할 기회가 있습니다. 이를 통해 더 높은 책임과 보상을 얻을 수 있습니다.

공항 보안 검색 요원은 안전과 보안을 유지하고 여객에게 안전한 여행을 제공함으로써 행복과 보람을 느낄 수 있는 직업입니다. 여러 측면에서 사회적으로나 개인적으로 만족스러운 경험을 할 수 있는 직업 중 하나라고 생각합니다.

직업의 특성상 사람을 상대하는 업무이다 보니 여러 가지 에피소드를 많이 경험합니다. 보안 검색 업무에 협조적인 사람과 그렇지 못한 사람들을 상대하고 업무를 처리해야 할 때 많은 일이 일어납니다. 보안 검색 업무는 항공 보안법에 의한 정당한 업무임에도 불구하고 반감을 가지는 사람들이 많이 있습니다. 이러한 부분에서 사람들의 인식 개선이 필요해 보입니다. 그 외 공항에서 많은 유명 인사들을 볼 수 있다거나 친구들이나 지인을 만나는 일 등 즐거운 일들도 많이 일어나는 곳입니다. 특별한 에피소드가 있다기 보다는 일어나는 모든 돌발 상황이 새롭습니다. 사람에게 상처받고 사람에게 치유받는 서비스직의 모든 종사자가 그러할 것으로 생각됩니다.

Q6
공항 보안 검색 요원의 미래 전망은 어떠하다고 생각하시나요?

항공 보안 검색 요원은 항상 안전한 공항 운영을 위해 필요한 직업입니다. 공항은 전 세계적으로 계속해서 확장하고 있으므로 그에 따른 보안 요원의 고용 전망은 밝다고 생각합니다. 또한 항공 여행의 여객 증가로 인해 수요가 더 커질 것으로 예상됩니다.

미래에는 항공 보안 검색 장비와 기술이 더욱 정교해질 것으로 예상되는데, 예를 들어 정밀한 스캐닝 장비와 고도화된 얼굴 인식 기술, 바이오 메트릭 인증 등이 더 많이 도입될 것입니다. 이에 따라 보안 검색 요원은 이러한 기술을 습득하고 활용하는 데 중요한 역할을 할 것입니다. 보안 검색 요원은 기술적 역량뿐만 아니라 고객 서비스 및 대처 능력도 향상되어야 합니다. 여객과의 상호 작용은 중요한 부분이며, 친절하고 효율적인 서비스가 더욱 중요해질 것입니다. 또한 공항뿐만 아니라 대형 이벤트, 국경 통제, 국가 중요 시설 보안 등 다양한 분야로 범위가 확대되어 보안 검색 요원의 필요성은 더욱더 중요해질 것입니다. 따라서 보안 검색 요원의 미래 전망은 안정적이며 기술적 발전과 업무 범위의 확대로 더욱 유망한 직업이 될 것으로 예상됩니다.

국가보훈처 제대군인지원센터
https://www.vnet.go.kr/

인천국제공항
https://www.airport.kr/

37명의
스포츠 직업인
인터뷰를 통한

스포츠 진로 찾기

CHAPTER

3

서비스
및 경영

다이빙 선수에서 골프 지도자로
제2의 인생 살아가기

골프 지도자

골프소마틱스 커리어그라퍼
김 시 은

골프 인구 증가로 골프 산업도 동반 성장 중…
골프 지도자는 나에겐 최고의 선택!

Q 1
본인 소개
부탁드립니다.

경기도 성남시에 있는 골프 레슨 아카데미를 운영하는 골프소마틱스 커리어그라퍼 김시은입니다.

딸 셋 중에 막내딸로 태어난 저는 초등학교 시절 누구보다 활달하고 야외 활동을 좋아했습니다. 도전하는 스포츠라면 그것이 무엇이든 흥미를 느꼈으며 넘어지고 깨지더라도 끝까지 성취하려는 욕심도 남달랐습니다. 무언가 새것을 선물 받는 일이 세상에서 제일 부러웠던 어린 시절, 제가 가장 갖고 싶었던 물건

은 새 운동화였습니다. 가정 환경이 어려웠고 어머니 혼자 저를 포함해 딸 셋을 키워야 하셨기에 새 운동화는 그저 꿈에 지나지 않았습니다. 그러던 1988년 서울 올림픽이 열리던 해, 초등학교 6학년이었던 저는 텔레비전 속에서 금메달을 목에 건 선수를 보게 됩니다. 저의 관심은 금메달이 아닌 함께 선물 받은 운동화였습니다.

"아, 금메달을 따면 운동화를 가질 수 있는 거야?"

단순하지만 간절한 저의 작은 꿈을 이루기 위해 선택한 일이 다이빙 선수가 되는 일이었습니다. 높이 10미터에서 멋지게 연기하고 물이 튀지 않도록 입수를 마무리해야 하는 다이

다이빙 선수 시절의 김시은 대표

빙은 정말이지 쉽지 않은 종목이었지만 꿈을 이루기 위해 하루하루 열심히 운동에 전념했던 기억이 선명합니다.

다이빙은 최연소 국가대표의 기록을 세우며 그토록 바라던 운동화를 넘어 전국체전 전관왕 금메달 석권, 세계 선수권 대회 출전, 아시안 게임 KBS 해설 위원이라는 더 큰 꿈까지 이룰 수 있는 도구가 되어 주었습니다.

대표팀을 은퇴하고 새롭게 시작한 일은 자연스럽게 배운 지식과 기술을 전달하며 가르치는 운동 지도사였습니다. 엘리트 선수 지도를 거치는 과정에 제가 진정으로 흥미를 느끼는 대상은 엘리트 선수 그룹이 아닌 일반 생활 체육인이라는 사실을 깨달았습니다. 그에 맞는 종목을 선택하기 위해

다이빙 경기 해설자로 활동하며

골프 스윙을 하고 있는 김시은 대표

다이빙의 운동 기능과 가장 많이 닮은 종목을 찾았는데, 그 종목이 지금의 골프입니다.

현재 골프 레슨과 골프 피지컬 트레이닝을 함께 지도하는 센터를 운영하고 있으며 동시에 저와 같은 운동 지도사들에게 골프 기능의 해부학적 요소를 가르치고 있습니다.

저의 인생 목표는 "내가 못 해내는 일이 도대체 뭔지 찾아보자!"입니다. 뭐든 관심 갖고 열정을 보이면 그 일이 즐거워지고, 그 일이 즐거워지면 도전해야 할 난이도가 쉽게 느껴집니다. 관심이 첫 번째, 그다음은 성의를 보이며 열정을 쏟아보는 것! 그것이 제가 살아가는 인생에 대한 자세입니다!

Q 2
직업으로
골프 지도자를 선택하게 된
이유나 계기는 무엇인가요?

다이빙을 전공했지만 안타깝게도 다이빙은 너무나 엘리트 스포츠의 성격이 강해 아마추어에게 전파하는 데 한계가 있었습니다. 그러다 시작하게 된 운동 과학에 대한 공부! 스포츠에 대한 운동 역학, 운동 생리학 등의 공부를 하면 할수록 사람이 만들어내는 힘의 에너지가 각 종목별 특이성에 따라 모두 달리 개발된다는 원리를 알게 되었습니다. 그래서 제가 해왔던 다이빙과 가장 많이 닮은 운동 에너지가 필요한 종목을 추리기 시작했습니다. 여러 가지 종목 중에 역도와 골프가 2초 남짓한 짧은 시간 안에 몸 안의 파워와 기능을 모두 발휘해야 한다는 점에서 다이빙과 매우 닮았다는 결론을 내렸습니다. 아마추어의 생활 체육 지도에 관심이 많았던 저는 이 결론에 따라 생활 스포츠인 골프를 제2의 종목으로 선택하게 되었습니다.

골프 인구는 해가 갈수록 성장하고 있으며 그에 맞춘 골프 산업도 긍정적 연쇄 반응으로 동반 성장하고 있습니다. 전 세계적으로 늘어나는 노인층에 대한 비율, 팬데믹 이후 더 강조되는 인간적 교감에 대한 중요성, 앞으로의 삶만큼 중요시되는 지금 현재의 가치 기준 등이 골프라는 스포츠가 성장할 수밖에 없는 큰 이유로 보입니다. 제가 선택한 제2의 종목이자 직업인 골프는 저에게는 단연 최고의 선택이

다이빙 경기장 앞에서

었습니다. 현재 이 일은 저 스스로를 도전하게 만들고 끊임없이 움직이게 하며 그 안에서 행복과 건강을 함께 가져다 주는 매우 매력적인 친구가 되었습니다.

Q 3
골프 지도자가 되기 위해 무엇을 준비했고 필요한 자격 요건은 무엇인가요?

골프와 관련된 스포츠 직업인이 되기 위해 크게 세 가지의 길이 존재합니다. 하나는 프로 골퍼로서 선수 자신이 직접 돈을 버는 직업인이 되는 길입니다. 이는 모든 엘리트 운동선수와 마찬가지로 남다른 훈련과 시간, 실패의 과정을 겸허히 견뎌냈을 때 좋은 결실을 맺을 수 있습니다. 골프는 보통의 종목과 조금 다른 특징이 있습니다. 약 5시간이라는 긴 시간의 스포츠를 플레이해야 한다는 것과 그 행위가 야외에서 진행될 수밖에 없다는 사실입니다. 장시간 그것도 멀리 나가 운동해야 하는 특징 때문에 학교 수업을 소홀히 하게 만드는 원인이 되기도 합니다. 따라서 누구보다 더 열심히 학교 수업의 진도를 따라가기 위한 노력을 늦춰서는 안 됩니다.

전 세계 유소년 골프 선수 중 유독 대한민국 골프 선수들만 공부의 기회가 조금씩 부족해지는 안타까운 현실 속에 있습니다. 이러한 상황을 심각하게 받아들이지 않는다면 훌륭한 골프 선수가 되더라도 그 기술을 오래도록 유지하고 주변에 전파시킬 수 있는 능력을 얻지 못하게 됩니다. 반드시 공부하는 골프 선수를 꿈꾸시기 바랍니다.

두 번째는 그렇게 걷게 된 골프 프로 선수의 길을 은퇴하고 골프 기술을 가르치는 티칭 프로가 되는 길입니다.

티칭 프로가 되기 위해 대한민국에서 가장 폼을 낼 수 있는 자격증은

2018년 LPGA 챔피언십 때
브룩핸더슨(2024 세계 랭킹 1위) 선수와 함께

단연 선수 시절 도전해서 얻을 수 있는 타이틀인 KPGA(한국남자프로골프투어)/KLPGA(한국여자프로골프투어)입니다. 물론 이 이외에도 다양한 티칭 프로 자격을 취득할 수 있지만, 무엇보다 중요한 자격은 골프 티칭을 잘 지도할 수 있는 지도자의 역량입니다. 그러기 위해서는 물체의 운동 원리를 이해하고 도구의 활용법에 대한 과학적 이해가 있어야 합니다. 골프는 과학입니다. 따라서 내가 했던 방식을 그대로 누군가에게 입혀서는 발전할 수 없는 종목입니다. 반드시 티칭을 위한 별도의 공부, 그에 대한 노력이란 투자가 필요합니다.

세 번째는 골프 기술이 아닌 골프에 필요한 운동을 가르치는 골프 피지컬 트레이너 직업군입니다. 보통 이 안에서도 피지컬 트레이너, 골프 상해 재활 트레이너 등 세세하게 구분되기도 합니다.

골프 피지컬 트레이너는 헬스 트레이너나 필라테스 트레이너와 분명 구분되는 기술과 지식을 겸비해야만 합니다. 골프는 운동 특성상 매우 짧은 시간에 아주 강력한 운동 능력을 보여야 하며 약 4시간이라는 매우 긴 시간 동안 유지해야 하는 포인트를 갖고 있습니다. 이로 인해 많은 부상이 발생하며 피로를 잘 관리하지 않을 경우 장시간 플레이를 하는 내내 좋은 운동 능력을 기대하기 어렵습니다.

골프 선수들의 몸은 근육이 크게 발달하지 않았지만 매우 효율적인 근육 성질을 유지하고 있어야 합니다. 이러한 특징을 매우 잘 살

려 지도하고 기량을 성취시키기 위해서 골프 피지컬 트레이너는 마치 의사와 같은 눈으로 볼 수 있는 운동 기능 해부학 지식과 운동 생리학 지식을 함께 겸비해야 합니다.

과거에는 크게 중요시되지 않았던 골프 피지컬 파트가 날이 갈수록 중요해지고 이제는 골프를 잘하기 위해서는 반드시 골프 피지컬을 단련해야 한다는 기본 지식이 번져가고 있습니다. 그에 따라 점점 더 많은 골프 트레이너가 전문성을 갖기 시작했으며 이러한 발전은 앞으로 골프 시장이 발전하면서 동반 성장이 불가피한 비전을 보여주기도 합니다.

골프 트레이닝 중에

Q4
골프 지도자로 살아가면서 언제 행복과 보람을 느끼시나요?

스포츠 관련 직업은 사람들이 살아가는 방식 안에서 건강과 즐거움을 알려줄 수 있는 멋진 직업이라고 생각합니다.

어떠한 목표이든 그것을 이루기 위해서는 체력이 동반되어야 합니다. 기본적인 체력이 없이는 아무리 훌륭한 꿈을 꾸어도, 아무리 멋진 목표를 계획해도 멋진 결과는 맛보지 못할 것이기 때문입니다. 그 기본이 되는 체력을 가르치고 좋은 체력을 바탕으로 특정한 기술을 입혀 그 종목 분야에서 최고가 되도록 도

울 수 있는 것은 바로 스포츠 직업인만이 할 수 있는 일입니다. 저로 인해서 몸의 움직임이 좋아지고 실력이 늘고 점수가 높아지는 모습을 볼 때 보람을 느끼며, 무엇보다 그 안에서 꿈을 꾸는 다양한 사람들의 각기 다른 목표들에 가깝게 갈 수 있는 안내자 역할을 할 수 있다는 부분이 가장 신이 나고 행복한 부분이라고 생각합니다.

가끔 골프가 재미없어지고 골프에 흥미를 잃어 우울하다는 중년층 골퍼에게 저의 골프 피지컬 트레이닝이 감동을 줄 때가 있습니다. 바로 골프 피지컬 트레이닝을 통해 짧아졌던 드라이버 비거리가 늘면서 잃었던 재미와 흥미를 되찾으며 다시 친구들과 한 팀을 이뤄 라운딩을 다니게 되었다는 소식을 접하는 순간입니다. 이러한 변화는 단순히 골프 기능의 성

장만을 의미하는 것이 아니라 삶 전체의 행복을 되찾는 더 큰 의미의 긍정적 변화입니다. 이러한 변화에 스포츠 직업인이라면 충분히 기여할 수 있습니다.

Q5
골프 지도자로서
잊을 수 없는 일이나 에피소드가 있다면
소개해주세요.

너무나 많은 에피소드가 있지만 한 가지 생각나는 것은 제가 골프의 기술을 몸 안에서 찾아내자는 의미의 골프 서적을 출간했을 때입니다. 이 책은 저를 포함한 스포츠 의학 교수님, KPGA 프로님과 함께 기술적 이론부터 의학적 상관 관계 그리고 기능 평가와 골프 부상 재활의 파트까지 전반적으로 모두를 담고자 했던 골프 바이블입니다.

한번은 이 책을 읽으신 어느 중년의 여성분이 찾아왔습니다. 식사를 대접하겠다며 연락이 와서 몇 차례 사양했으나 어렵게 만나게 되었습니다. 그 여성분의 손에는 저의 책이 들려있었고 그 책은 실제 두께인 500페이지보다 약 1.5배 두꺼워 보이는 느낌이었습니다. 그냥 딱 봐도 여러 번 읽은 흔적이 바로 보였습니다.

빼곡히 적힌 포인트 메모와 질문, 그리고 공감한 부분까지 완벽히 정독한 모습에 너무나 감동이 몰려왔습니다. 중간중간 미처 체크하

골프 소마틱스 책 출간

지 못하고 인쇄한 오타 수정까지 꼼꼼히 알려주시더군요. 바로 그 순간! 그간의 어려웠던 책 출간까지의 스트레스가 다 사라졌습니다.

스포츠를 가르치는 직업은 기본적으로 건강을 테마로 이뤄지는 직업입니다. 누군가가 단 한 사람이라도 저의 가르침에 영향을 받아 건강이 좋아지거나 성적이 좋아지거나 상위권 순위로 우승한다면 그 자체만으로 가장 희열 넘치는 에피소드라 할 수 있습니다.

Q6
골프 지도자의
미래 전망은
어떠하다고 생각하시나요?

스포츠 산업 분야는 나라가 건강하게 성장하면 할수록 동반 성장할 수밖에 없는 분야입니다. 의식주가 해결되면 개인의 건강에 관심을 갖게 되고 이것이 성장하면 함께 즐거워지

는 일에 집중하게 됩니다. 이미 대한민국은 어떻게 하면 보다 즐거운 삶을 함께 오랫동안 살 수 있는지에 관심을 갖는 웰니스(wellness) 산업에 많은 투자를 하고 있습니다. 이는 앞으로 더욱더 성장할 것입니다.

잘 사는 방법에 대한 핵심 키워드는 단연 '체력'입니다. 몸을 이야기하고 몸을 가르치고 성장시키는 일을 하는 스포츠 직업인의 미래는 매우 밝을 수밖에 없겠죠. 특히나 제가 몸담고 있는 골프 지도자 분야는 더욱이 성장세와 미래 전망이 좋다고 볼 수 있습니다. 여러 가지 요인 중 한 가지는 고령화되어 가는 사회 분위기입니다. 물론 매우 안타까운 사실이기는 합니다만 운동 비전으로만 봤을 때 골프와 고령화는 비례합니다.

나이가 들수록 할 수 있는 운동군이 줄어들고 유산소와 근력을 함께 사용해야 하는 4시간짜리 골프 스포츠는 이 모두를 다 충족시켜 주는 최적의 운동이 되어 주기 때문입니다. 이들은 골프를 기술로만 배우길 원하지 않습니다. 골프 체력도 함께 키워서 더 나이가 들어도 18홀을 완주할 수 있기를 소망합니다.

이러한 니즈는 시간이 갈수록 더 커져 갈 것이며 그 중심에 스포츠 직업인이 있습니다. 실력 있는 지도자, 똑똑한 지도자, 융화가 잘 되는 지도자로 성장하는 길을 준비한다면 그 미래 비전 안에 여러분의 꿈도 함께 클 수 있을 것입니다.

대한골프협회
https://www.kgagolf.or.kr/

한국골프장경영자협회
http://www.kgba.co.kr/

사단법인한국프로골프연맹
http://www.kpgf.or.kr/

삶의 질을 향상시킬 수 있는
헬스의 매력

헬스 트레이너

광명 밸런스 PT센터
강 석 주

다이어트, 성인병, 체형 불균형으로
트레이너에 대한 수요는 더욱 늘어날 전망!

Q1
**본인 소개
부탁드립니다.**

헬스 트레이너 강석주입니다. 저는 경기도 안양에서 태어나 현재까지 안양에서 살고 있습니다.

어린 시절에 체육을 매우 좋아했습니다. 특히 축구, 야구 등 구기 스포츠와 술래잡기, 구슬치기 등 신체를 움직여서 활동하는 것을 좋아했습니다. 초등학교 3학년 때 친구의 초대로 갔었던 태권도장에서 태권도의 매력에 빠져 태권도장에 등록했습니다. 하루도 빠짐없이 태권도장에 다니며 수련한 끝에 1품을 따고 이

후 안양시 태권도 대회에 나가 1위를 하는 등 태권도에 소질을 보이면서 태권도 선수 활동을 시작하게 되었습니다. 태권도 선수로 활동하며 좋은 성과를 얻어 단국대학교 태권도학과에 진학했고 체육 지도자의 꿈을 가지고 재활 및 해부학 분야에도 많은 공부를 했습니다. 이런 성장 과정을 통해 현재는 헬스와 재활 트레이닝을 함께 진행할 수 있는 트레이너가 되어 PT센터를 운영하고 있습니다.

Q2
직업으로
헬스 트레이너를 선택하게 된
이유나 계기는 무엇인가요?

초등학교 시절 태권도장을 다니면서 남들보다 운동 신경이 좋다는 것을 알았고, 태권도 시합에서 입상한 뒤로 전문적인 태권도 선수가 되고 싶다는 생각이 들었습니다. 하지만 훈련량이 많은 엘리트 체육 선수(태권도)를 하면서 크고 작은 부상을 당했습니다. 체계적으로 체력을 관리하고 좋은 컨디션을 유지하기가 매우 힘들었습니다. 그로 인해 좀 더 체계적인 근력 강화, 체력 증진, 영양학 등에 대해 관심을 갖게 되었고 선수들의 컨디셔닝 트레이닝법에 대해서도 궁금해졌습니다.

저는 단국대학교에 진학하여 인체 해부학, 선수 트레이닝법, 웨이트트레이닝 등의 내용을 공부하면서 체계적으로 부상 없이 건강하게 할 수 있는 운동법을 배웠습니다. 이 내용에 더욱 흥미를 느끼게 되어 건강한 신체 활동을 위한 체형 교정을 배우면서 근력을 키워 건강을 되찾게 해주는 헬스 트레이너라는 직업이 있다는 것을 알게 되었습니다. 헬스를 통해 회원들의 아픈 통증을 개선하고 나아가 삶의 질을 되찾는 모습을 봤을 때 뿌듯함, 성취감, 자부심을 느꼈습니다.

학창 시절 태권도 선수로 활동하면서 나중에는 전문 체육 지도자가 되어 후진 양성을 하

태권도 선수 시절 경기 장면

는 것이 목표였습니다. 하지만 대학교 교육 과정에서 생활 체육 활동을 통해 건강 관리 능력과 삶의 질이 향상된다는 내용을 듣고 생활 체육의 필요성을 인식하여 생활체육지도사에 많은 관심을 가졌습니다. 대학생 시절 장애 학생들에게 태권도를 지도하는 봉사 활동을 하면서 장애 학생들이 체육 활동을 통해 신체적으로 건강해지고 성격이 활발해지는 것을 보았습니다. 이것을 계기로 '체육은 운동선수에게만 국한되지 않고 일반인과 장애인 등 모든 사람에게 필요하다'는 것을 느끼고 생활 체육 지도자가 되기 위해 지식과 경험을 쌓으며 열심히 준비했습니다.

건강을 목적으로 하는 체육을 지도하기 위해 실생활에 필요한 근력 강화와 체력 증진에 도움이 되는 보디빌딩 종목에 관심을 가졌습니다. 그후 보디빌딩 종목에 대한 공부와 실기를 병행하여 생활 스포츠 지도사(보디빌딩) 자격증을 취득하여 트레이너의 꿈을 이룰 수 있었

습니다. 웨이트트레이닝을 통해 고객들이 건강을 되찾는 모습을 보고 많은 성취감을 느꼈고 더욱 노력하여 트레이너로 멈추지 않고 PT 센터장이 되어 건강한 가치를 추구하는 센터를 운영해야겠다는 생각을 하게 되었습니다.

Q 3
헬스 트레이너가 되기 위해
무엇을 준비했고
필요한 자격 요건은 무엇인가요?

먼저 생활 스포츠 지도사 2급(보디빌딩) 자격증을 취득해야 합니다. 일반인들에게 스포츠를 지도하기 위해서는 꼭 필요한 국가 자격증입니다. 생활 스포츠 지도사 자격증을 취득하기 위해서는 필기 과정, 실기 구술 과정, 연수를 순서대로 통과해야 합니다. 1년에 한 번 있는 시험이기 때문에 공부를 열심히 하여 철저히 준비하는 것이 좋습니다.

둘째, 운동 영양학을 배워야 합니다. 근육은 근력 운동만 해서 성장하는 것이 아닙니다. 양질의 영양소를 어떻게 효율적으로 섭취하느냐에 따라 근육 성장이 달라지기 때문에 무엇을 섭취해야 하는지, 얼마나 섭취해야 하는지 등을 고려하여 식단을 설계할 줄 알아야 합니다. 고객들의 운동 목적이 다르므로(예: 다이어트, 벌크업 등) 고객의 생활 패턴과 체중을 고려하여 적절하게 식단을 설정하여 트레이닝한다면 더욱

효과적으로 운동 효과가 나타날 수 있습니다. 그렇기 때문에 영양학 공부를 통해 고객들이 처음 가졌던 목표를 성공할 수 있도록 교육시켜야 합니다.

셋째, 인체 해부학을 배워야 합니다. 근력 운동을 진행할 때 해당 근육의 움직임이나 근육의 위치를 알아야 정확한 자세를 찾을 수 있고 해당 근육의 수축과 이완을 통해 근섬유의 자극을 효과적으로 줄 수 있습니다. 고객들에게 근육의 움직임을 정확히 설명하여 정확한 자세를 이해하고 운동을 수행해야 효과적인 운동을 할 수 있기 때문에 인체 해부학을 반드시 공부하는 것을 추천합니다.

Q4

헬스 트레이너로 살아가면서
언제 행복과 보람을
느끼시나요?

보통 PT센터를 방문하는 경우는 다이어트가 목적인 경우도 있지만, 현재 성인병을 가지고 있거나 체형 불균형으로 인한 관절의 통증 때문에, 또는 사고로 인한 재활 치료 목적으로 오는 경우도 있고, 근육이 너무 부족해서 체력이 저하되어 근육 증가를 목적으로 방문하는 경우도 많습니다. 건강의 문제로 인해 방문한 회원들이 본 센터의 교육을 통하여 건강을 회복하고 통증 없고 활기찬 일상생활을 영위하며 삶의 질이 높아지는 것을 보면 굉장한 보람과 자부심을 느낍니다.

Q5

헬스 트레이너로서
잊을 수 없는 일이나
에피소드가 있다면 소개해주세요.

PT 센터를 운영하면서 많은 회원을 만납니다. 저는 최고령인 96세 회원님을 지도했던 경험이 있습니다. 그분은 다리의 가동성이 제한되어 다리 절뚝거림, 좁아진 보폭으로 인하여 허리 통증과 고관절의 통증을 가지신 분이었습니다. 체형 검사를 통해 확인한 결과 고관절의 움직임을 담당하는 근육들에 문제가 있어 거동이 불편했던 것입니다. PT를 통해 거동이 점점 좋아지고 건강을 회복하시는 모습을 보면서 매우 뿌듯했고 이 직업이 매우 보람되다는 것을 새삼 느꼈습니다.

웨이트트레이닝 지도

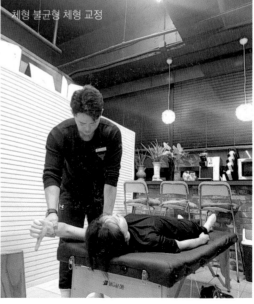
체형 불균형 체형 교정

Q6
헬스 트레이너의
미래 전망은 어떠하다고
생각하시나요?

트레이너에 대한 수요가 늘어날 것으로 전망합니다. 현대인들은 움직임이 많이 제한되어 있고 근육의 감소와 척추의 퇴화가 진행되어 건강을 잃는 분들이 상당히 많습니다. 특히 자동화된 생활(엘레베이터, 자동차), 좌식 생활(컴퓨터)로 움직임 결여 현상이 지속되고 있습니다.

우리 몸은 움직이도록 설계되어 있습니다. 사용하지 않는 근육은 몸 자체에서 쓰지 않는 근육이라고 생각하여 근육을 없애버립니다. 그 결과는 근육 감소로 이어지고 체력 감소와 근육 감소증을 초래하여 일상생활의 무기력증과 우울증을 가져옵니다. 따라서 건강 회복을 위해 근육량을 증가시키고 건강한 체형을 다시 회복시키는 직업인 트레이너의 전망은 밝다고 생각합니다. 그리고 무엇보다 트레이너라는 직업은 굉장히 보람차고 좋은 직업임이 분명합니다.

Q7

연봉은 어느 정도 되며
그 연봉에
만족하시나요?

트레이너의 연봉은 일반화할 수 없습니다. 물론 기본급이 존재하지만 결국은 회원들을 얼마나 교육하느냐에 따라 연봉이 높아지는 구조이기 때문에 본인의 티칭 역량을 키우는 것이 중요합니다.

일반적인 정직원 기본 급여 구조는 기본급 + 인센티브가 가장 보편적인 연봉 구조라고 할 수 있습니다. 월평균 300~600만 원 정도라고 생각하면 좋을 것 같습니다.

웨이트트레이닝하는 모습

공부하는 박사 트레이너로 살아가기

전문 트레이너

트루코치 피티짐
정 명 숙

트레이너는 '선한 영향력'을 미칠 뿐 아니라
다른 사람의 인생을 바꾸기도 해…

Q1
본인 소개
부탁드립니다.

서울시 가락동에 있는 '트루코치 피티짐'이라는 개인 피티 숍에서 전문 트레이너로 일하고 있는 정명숙입니다. 서울에서 태어나 유소년 시절은 용산구와 강남구에서, 성인이 된 이후로는 송파구에서 거주하고 있습니다. 어린시절 동네 골목길에서 친구들과 고무줄놀이, 사방치기, 숨바꼭질 등을 하며 놀았습니다. 초등학교 저학년 때 부모님의 권유로 피겨 스케이트를 배웠습니다. 그 시절에는 빙상장이 아닌 물을 얼려서 만든 임시 스케이트장이었기

에 피겨 스케이팅을 하기에 좋은 환경은 아니었지만, 동작을 하나씩 익히는 것이 재미있었습니다.

부모님의 전근으로 초등학교 5학년부터 중학교 2학년까지 일본 동경에서 거주했습니다. '靑南(세이난)' 초등학교에는 교내 수영장이 있었고 전교생이 수영 급수를 따야 했습니다. 수영을 접해보지 못한 저는 뒤늦게 수영을 배웠지만, 초등학교를 졸업할 때쯤 교내 수영 대회에서 입상할 정도로 실력이 향상되었습니다. '靑山(아오야마)' 중학교는 전교생을 대상으로 방과 후에 체육 활동을 하나씩 선택하도록 했는데, 저는 테니스반에 가입하여 친구들과 테니스를 배웠던 기억이 있습니다.

대학원 구성원들과 함께

음악을 좋아하시는 어머니의 영향으로 6세 때부터 피아노를 배우고 즐기게 되었습니다. 중학생이 되면서 음대에 진학할 결심을 하고 1986년 경희대학교 음악 대학에 진학했습니다. 대학을 졸업하고 전업주부의 삶을 살다가 운동의 중요성을 절감하고 집 근처에 있는 다목적 체육관에 다니게 되었습니다. 매일 체육관에서 운동하면서 웨이트트레이닝이라는 종목이 저

와 잘 맞는다는 생각이 들었고 스포츠 지도사 2급 시험에 도전하게 되었습니다. 경희대학교 생활 스포츠 지도사 연수원에서 연수를 받으면서 공부에 흥미를 느껴 경희사이버대학 스포츠 경영학과 3학년에 편입했습니다. 이후 시립대학교 스포츠과학과 석사 과정을 거쳐 박사 과정에 진학했습니다. 현재는 전문 트레이너와 학교 공부를 병행하고 있습니다.

Q2

직업으로
트레이너를 선택하게 된
이유나 계기는 무엇인가요?

학창 시절 저는 운동을 좋아하는 학생이 아니었습니다. 체육 시간에 달리기, 제자리멀리뛰기, 멀리 던지기, 윗몸 일으키기, 턱걸이 버티기 등의 항목을 평가했고 이 밖에도 단체 운동으로 피구를 하는 시간이 많았습니다. 저는 평가에서 늘 하위 성적을 받아 체육에 흥미를 느끼지 못했고, 공을 무서워해 체육 시간이 두렵기까지 했습니다.

결혼하고 아이들과 신체 활동을 하면서 운동의 중요성을 깨닫게 되었습니다. 운동하면서 체력이 향상되고 자신감을 얻기 시작했습니다. 또한 웨이트트레이닝이라는 종목이 소소한 목적을 달성하기 좋아하는 저와 잘 맞는 운동이라는 것도 알게 되었습니다. 한번은 체육관의 트레이너 선생님으로부터 웨이트트레이닝의 기본 동작에 관한 책을 선물 받았는데, 그 책을 읽으면서 하나씩 익혀 나가는 작은 성취감이 생겼습니다. 이후 같은 선생님으로부터 자격증 시험에 도전해보라는 권유를 받아

피티짐 트레이너들과 함께

뒤늦게 체육인의 길로 들어섰습니다. '선한 영향력을 미치는 사람이 되자'라는 좌우명을 갖고 있는 저에게 운동을 지도하는 일은 이러한 생각을 실천하기에 매우 적합하다고 생각했습니다. 트레이너로 일하는 것은 선한 영향력을 미칠 뿐 아니라 다른 사람의 인생을 바꾸는 계기를 제공하기도 합니다. 저는 다른 사람들보다 스포츠 직업인의 꿈을 가지게 된 시기가 늦었습니다. 육아를 하면서 몸과 마음이 지쳐 있던 중 우연한 기회에 웨이트트레이닝을 접하게 되었습니다. 2012년부터 웨이트트레이닝에 꾸준히 참여했으며, 2017년 자격증 취득을 계기로 인생의 전환점을 맞이했습니다. 그리고 여기에 안주하지 않고 진정한 스포츠 지도사가 되기 위해 공부했습니다. 상위 학교에 진학하면서 배움에 대한 열망이 커지면서 배움에는 끝이 없다는 것을 알게 되었습니다. 요즘은 과거와 다르게 트레이너라는 직업의 수명이 길어졌습니다. 노년층 인구가 증가함에 따라 연륜과 경험이 많은 트레이너의 수요가 늘어난 것입니다. 저는 이 직업을 선택하길 잘했다고 생각합니다. 자신의 건강을 챙길 수 있을 뿐 아니라 운동 지도를 하며 경제적으로도 생산적인 일을 할 수 있기 때문입니다.

Q3
트레이너가 되기 위해
무엇을 준비했고
필요한 자격 요건은 무엇인가요?

첫째, 스포츠 지도사 자격증을 취득해야 합니다. 저는 2017년 스포츠 지도사 2급 자격증을 취득했습니다. 이후 2018년 노인 스포츠 지도사, 2019년 유소년 스포츠 지도사 자격증을 추가로 취득했습니다. 국가에서 시행하는 스포츠 지도사는 체육 분야의 국가 자격증으로 필기 5과목과 실기, 구술, 연수 90시간을 이수하면 합격하는 자격증입니다. 스포츠 지도사는 동계, 하계 종목을 포함하여 65개 종목의 자격증이 있습니다. 이 자격증을 소지하고 있으면 공공 체육 시설, 학교스포츠클럽, 지역 사회 체육 시설, 사설 체육 시설 등에서 일할 수 있습니다.

둘째, 스포츠 지도사 자격증을 취득하기 위해서는 스포츠 교육학, 스포츠 사회학, 스포츠 심리학, 스포츠 윤리, 운동 생리학, 기능 해부학, 운동 역학, 한국 체육사 등의 과목을 공부해야 합니다. 이러한 과목들은 자격증을 통과하기 위해서만이 아닌 운동을 지도하기 위해서도 필수적으로 알아야 하는 내용입니다. 저는 더욱 전문적으로 공부하고 싶어 대학원에 진학했습니다.

셋째, 전문 트레이너라는 이름에 부합할 수 있도록 '공부하는 트레이너'가 되기 위해 노력해야 합니다. 저는 제가 근무하는 피티짐 선생님들과 매주 한 번씩 세미나를 열어 발표, 사례 소개, 토론한 내용을 토대로 카페, 블로그, 인스타에 자료를 올리고 있습니다. 전문 트레이너가 되기 위해서는 현재에 안주하지 말고 꾸준하게 공부하는 것이 중요합니다.

운동을 지도하는 모습

Q4
트레이너로 살아가면서
언제 행복과 보람을 느끼시나요?

제가 지도하는 회원들이 자신감을 얻고 변화되어 가는 모습을 확인할 수 있을 때 큰 보람을 느낍니다. "선생님 덕분에 예쁜 웨딩 촬영했어요", "운동이 재밌어졌어요", "전보다 체력이 좋아졌어요" 등의 말은 제게 행복감이라는 선물을 안겨줍니다.

회원들과 마라톤 대회에 참가한 모습

또한 저를 모델로 운동하고 자격증을 획득하여 트레이너 직업까지 얻게 된 지인들이 있습니다. 제가 지인들이 공부하는 데 안내 역할을 해주었습니다. 축적된 경험을 바탕으로 '트루코치 피티짐'에서 트레이너 양성 과정도 운영하고 있습니다. 제가 목표로 하는 선한 영향력의 결과물이 나오는 것이 뿌듯합니다.

저는 회원들과 정기적으로 달리기를 하고 있습니다. 회원들과 월 2회 토요일 오전 7시에 모여 달리는데, 1년에 2~3회 마라톤 10km 대회에 도전하고 있습니다. 10km를 완주하고 기쁨의 눈물을 흘리는 회원에게 성취감을 안겨 주었을 때 보람과 자부심을 느꼈습니다.

Q5

트레이너로서
잊을 수 없는 일이나
에피소드가 있다면 소개해주세요.

2020년부터 18개월 동안 83세 할아버지의 운동 지도를 맡았습니다. 배우자인 할머니가 의식이 없는 상태로 6개월간 병원에 누워 있는 것을 보고 할아버지께서 운동을 결심하게 되었다고 합니다. 처음에는 근력이 너무 부족하여 눕거나 앉아서 하는 형태의 운동을 진행했습니다. 꾸준히 운동을 진행하면서 할아버지의 근력이 향상되고 표정도 밝아졌습니다. 운동은 사람의 신체뿐 아니라 마음도 건강하게 해준다는 사실을 다시 한번 확인할 수 있었습니다.

또 하나 기억에 남는 일은 대학원에서 웨이트트레이닝 참여자들을 대상으로 논문을 써서 올해 최우수 논문으로 선정되어 총장님께 '최우수 논문상'을 수상한 것입니다. 웨이트트레이닝이라는 종목에 대한 지식과 이해가 뒷받침되었기 때문에 가능했던 일이라고 생각합니다.

최우수·우수 논문상 수상자들과

Q 6
트레이너의 미래 전망은
어떠하다고 생각하시나요?

스포츠 강사의 전망을 전체적으로 논하기는 어렵습니다. 저출산으로 학생 인구는 계속 줄어들고 있지만, 우리나라의 노령 인구 증가세는 전 세계 평균과 비교했을 때 매우 빠르게 증가하고 있습니다. 저는 이 점에 주목하여 노인 스포츠 지도사 자격증을 취득했습니다. 국민의 기대 수명이 늘어나고 있지만 건강 수명이 함께 증가하지는 않았습니다. 또한 우리나라 국민 대다수가 체육 활동에 참여하지 않는 이유로 '시간이 없어서(70.6%)'라는 답변을 내

놓았고 가장 많은 여가 활동으로 'TV 시청(36.8%)'을 꼽았습니다.(문화체육관광부, 2022) 국민을 운동에 참여시키기 위해 국가에서는 여러 스포츠 정책과 스포츠 복지를 펼치고 있습니다. 하지만 여전히 다수의 국민은 체육 활동에 참여하지 않고 있습니다.

국민의 건강을 지키는 일이 스포츠 직업인의 역할 중 하나라고 생각합니다. 우리는 행복지수를 국가 발전 척도로 삼는 시대에 살고 있습니다. 유엔은 2012년부터 '세계행복보고서'를 발간하여 국가의 행복 지수를 산출하고 있습니다. 행복과 건강은 연관성이 높기 때문에 스포츠 직업인의 미래 전망은 희망적이라고 기대합니다.

육체를 발전시키는 건강 전도사
보디빌더

육체 발전소 공동 대표
고 석 현

다양한 고객 지도를 위해 체력뿐만 아니라 전문 지식도 필수!

Q1
본인 소개 부탁드립니다.

현재 화성시 반월동에서 피티 전문 숍인 육체 발전소 공동 대표로 일하고 있는 고석현입니다. 고향은 수원으로 어린 시절에는 크게 운동에 관심이 없는 삶을 살다가 중학생 때 우연히 보디빌딩 운동을 하게 된 것이 현재 트레이너라는 직업을 가지는 데 영향을 미쳤습니다. 보디빌딩 대회 입상 경력으로 안성에 있는 중앙대 체대에 진학할 수 있었고, 대학교 졸업 후 더 전문적인 트레이너 및 강사가 되고 싶어 대학원에 진학했습니다. 현재는 차대학원에서

통합 의학 박사 과정에 재학 중입니다. 현재 목표는 제 사업을 성공시키는 것과 박사 과정을 졸업하여 여러 단체에서 강의하는 것, 그리고 좋은 남편이 되는 것입니다.

Q2
직업으로 보디빌더를 선택하게 된 이유나 계기는 무엇인가요?

보디빌더의 꿈은 중학생 때부터 있었습니다. 선천적으로 비만했던 저는 몸에 대한 콤플렉스로 근육질 남자를 동경했고 그때부터 운동을

하게 되었습니다. 운동에 대한 재능은 없었지만 다행히 훌륭한 지도자를 만나 고등학교 때 좋은 성적으로 대학에 진학할 수 있었습니다.

보디빌더의 꿈을 이루기 위해 돈이 필요해 그동안 배웠던 운동을 활용한 트레이너 일을 이때부터 시작하게 되었습니다. 22세 때 프리랜서 트레이너로 일했지만, 저의 관심은 트레이너보다 보디빌더에 있었습니다. 단순히 보디빌더 시합에 나가기 위한 목적이었습니다. 그러나 일을 하면서 난관에 부딪칠 때마다 회원들이 칭찬과 격려로 잘 해결해 나갈 수 있도록 해주셔서 트레이너라는 직업에 대한 꿈을 갖게 되었습니다. 트레이너 일을 하면서 내가

알고 있는 것을 알려주는 것에서 그칠 것이 아니라 더 고민하고 공부해야겠다는 생각이 들었고, 28세 때부터 트레이너 전문 교육 기관을 찾아가 운동에 관한 지식을 쌓았습니다. 그리고 이것이 전부가 아니라는 생각으로 관련 대학원에 진학해 현재 통합 의학 대학원 박사 과정에 재학 중입니다.

어떤 일이든 최선을 다하고 진심을 다하면 고되고 힘들어도 좋은 결과를 얻을 수 있습니다. 이 일이 다소 힘들지만 고객님이 전보다 더 건강한 삶을 영위하는 것을 보면 보람되고 만족스럽습니다. 앞으로도 계속 이 일을 해 나갈 것입니다.(현재 트레이너 경력 15년)

Q3
보디빌더가 되기 위해
무엇을 준비했고
필요한 자격 요건은 무엇인가요?

처음에는 생활체육지도사 보디빌딩 자격증을 취득해서 일하게 되었습니다. 이 자격증이 기본적으로 필요하다고 해서 준비했습니다만 일하는 도중 부족함을 느껴 다양한 자격증을 취득하다 보니 30개 이상을 소유하게 되었습니다. 제가 생각했을 때 트레이너 일을 하기 위해 자격증과 학위는 필수라고 생각합니다. 자격증은 문화체육관광부에서 주관하는 생활체육지도사(보디빌딩)가 있고 사단 법인으로는 퍼스널 트레이너 자격증을 취득할 수 있는 KIPEE, 대한운동사협회, 머슬

아카데미, 코치 아카데미 등이 있습니다. 요즘은 해외 유명 단체인 NSCA, NASM 등의 자격증을 취득하는 것이 추세입니다.

트레이너의 업무는 단순히 머신 이름을 설명하거나 헬스장 기구를 관리하는 것이 아닙니다. 고객의 운동을 지도하는 전문가로서 트레이너 이상의 이론과 체력을 겸비한 고객이나 두 가지 이상의 건강상 문제를 가진 고객 등 다양한 고객을 지도해야 하기 때문에 전문적인 지식이 필수적입니다. 개인적으로 보았을 때 체육만 전공한 트레이너보다 체육과 다른 전공을 겸한 사람이 더 좋은 지도를 할 수 있다고 생각합니다. 왜냐하면 하나의 관점이 아닌 두 개의 관점으로 사람을 연구하고 설명 가능하기에 그렇습니다.

Q4

보디빌더로 살아가면서
언제 행복과 보람을 느끼시나요?

고객님의 격려와 칭찬을 받을 때 가장 기분이 좋습니다. 세상 사람들의 인정도 좋지만 내가 열심히 지도한 고객들의 건강이 호전되었을 때 큰 보람을 느낍니다. 엘리베이터만 이용하셨던 고객이 운동 삼아 계단도 이용하고 더나아가 등산도 다니신다는 이야기를 들으면 제가 건강 전도사처럼 느껴지며 이 직업을 선택하길 잘했다는 생각이 듭니다.

한번은 대학 보디빌딩 대회에 참여하고 싶어 하는 학생과 대회 준비를 한 적이 있습니다. 이 학생은 체지방이 5% 미만으로 다리 근육을 구분짓는 작업을 하는 데 있어(근육의 데피네이션) 어려움이 있었습니다. 여러 전문가들에게 조언도 받아 보았지만 뚜렷한 결과를 보지 못했습니다. 다른 전문가들은 '다리 운동을 더해라', '매일 포징을 해라' 등 근육을 성장시켜서 다리의 근육을 만들라고 조언했지만 제가보기에 이미 다리는 충분히 준비가 되어 있었습니다. 저는 근육의 협응 문제라고 생각하고 저강도 사이클을 하게 하여 근육이 한 번에 같이 쓰이는 상황을 유도했습니다. 다행히 저의생각이 맞았고 그 학생은 멋진 근육질의 다리를 가질 수 있었습니다. 학생이 좋은 결과를거두었을 때 저 역시 자신감이 생기고 뿌듯했습니다. 그때가 가장 보람 있었던 때가 아닌가생각합니다.

Q5
보디빌더로서
잊을 수 없는 일이나
에피소드가 있다면 소개해주세요.

매 순간이 잊을 수 없는 순간입니다. 어떤 분은 수업이 끝나면 "전보다 몸이 가벼워진 것 같아요."라고 말씀해 주시고, 어떤 분은 "저를 건강하게 만들어주신 겁니다."라며 좋은 피드백을 해주실 때마다 저도 많은 에너지를 얻습니다. 한번은 다이어트에 여러 번 실패하고 마지막이라는 심정으로 저를 찾아온 고객이 있었습니다. 정말 열심히 노력하셨고 저도 최선을 다해 지도했던 분인데, 나중에 시간이 맞지 않아 시간을 바꾸셨습니다. 그런데 몇 달 후

제가 못 알아볼 정도로 다이어트에 완전히 성공하여 나타났습니다.

그 고객은 이후 저와 했던 프로그램을 열심히 수행하여 다이어트에 성공했다며 저에게 변화된 모습을 보여주고 싶어 찾아오셨다고 했습니다. 제 근무 시간에 방문한 그분을 제가 못 알아봐서 한참 웃었던 일이 생각납니다.

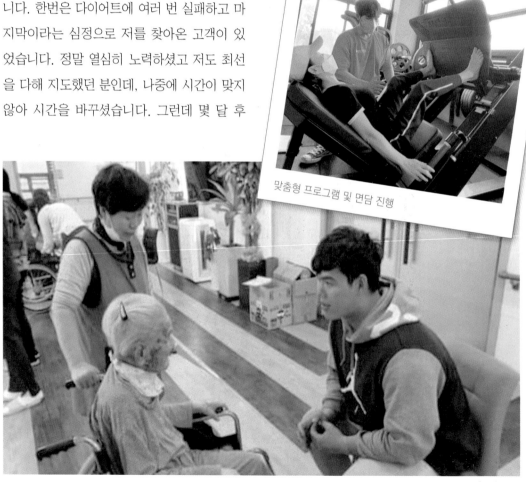

맞춤형 프로그램 및 면담 진행

Q6
보디빌더의 미래 전망은
어떠하다고
생각하시나요?

운동에 대한 수요와 부상 또는 통증을 호소하시는 분들이 점진적으로 늘고 있습니다. 운동은 어쩔 수 없는 선택이 되고 있습니다. 인터넷 자료나 유튜브도 있지만 피드백의 한계 때문에 결국 전문 지도자에게 지도를 받을 수밖에 없습니다. 그러므로 저는 이 직업이 전망이 밝다고 생각합니다.

트레이너를 희망하신다면 일단 기본적으로 체육에 관한 지식이 필요하기 때문에 체육 관련 대학을 권해드리며 시간과 여력이 된다면 좀 더 전문적인 지식 습득을 위해 스포츠 의학 대학원 진학을 추천드립니다.

대한보디빌딩협회
https://bodybuilding.sports.
or.kr/

바이오메카닉스 연구자에서
바이오메카닉스 사업가로

바이오메카닉스 사업가

SSTC 야구과학연구소 대표
조 준 행

지도자의 경험과 감에 의존하는 스포츠 현장,
이제는 과학과 전문성으로 승부해야….

Q1
본인 소개
부탁드립니다.

서울 강남구 압구정동과 부산 사상구 학장동, 이 두 곳에서 SSTC 야구과학연구소를 운영 중인 SSTC 대표 이사 조준행입니다. 경기도 이천시 마장면에서 태어나 7년간 살다가 8세 때 서울 은평구 신사동에서 33세까지 살았으며, 현재는 경기도 용인시 수지구에서 약 10년간 거주하고 있습니다.

학창 시절 공부에는 전혀 관심이 없었습니다. 하지만 운동에는 매우 소질이 있어서 운동장에서 축구와 농구 등을 많이 했습니다. 학업에는 뜻이 없었지만 다행히 군 제대 후 명지전문대 사회체육학과에 진학했고 졸업 후에는 천안 호서대 사회체육학과에 편입했습니다. 그런데 호서대에서 4학년 때 제 인생을 바꿔주신 당시 운동 역학 강사셨던 이세용 교수님(현 연세대학교 체육교육학과 교수)을 만났습니다. 그분 덕분에 연세대학교 체육학과 일반 대학원 운동 역학 전공 석사 과정을 밟을 수 있게 되었습니다.

인생에 목표가 없었던 저는 운동 역학에 흥미와 재미를 느꼈지만, 기초 지식이 너무나도 부족해 그 누구보다도 더 많은 노력을 해야 했습니다. 몸의 움직임을 연구하는 운동 역학을 배우며 실질적인 지식도 필요하다는 생각이 들었고, 이론과 실기 모두에서 전문가가 되고 싶다는 생각에 박사 과정에 들어가기 전 대한임상운동사협회(KACEP), 대한선수트레이너협회(KATA) 자격도 취득했습니다. 박사 과정 동안 연세대학교 럭비부 팀 트레이너로 2년간 선수들의 재활 트레이닝도 병행하며 박사 과정을 수료했습니다.

박사 과정 수료 후 한성대학교에서 교양 학부 교수로 재직하며 체육 강의를 진행했습니다. 그때 저는 그 누구도 다루지 않고 관심도 없었던 컴퓨터 프로그래밍 랩뷰(Labview)에 관심을 갖게 되었고 이를 기반으로 사업 구상도 하게 되었습니다.

현재는 운동 역학 과정 동안 배운 3D 바이오메카닉스(Biomechanics)와 프로그래밍을 기반으로 SSTC를 설립하여 야구 선수들의 기량을 향상시키는 전문 기관을 운영 중에 있습니다. SSTC의 전문성을 인정받아 2023년에는 KBO 정규 리그 우승 팀인 LG 트윈스, 2위인 KT 위즈, 4위인 NC 다이노스 구단의 공식 바이오메카닉스 트레이닝 협력 파트너로 자리매김할 수 있었습니다.

SSTC의 업무 협약

Q2
직업으로
스포츠 역학 사업가를 선택하게 된
이유나 계기는 무엇인가요?

중학생 시절부터 운동에 관심을 갖기 시작했고 고등학교 시절부터 NBA 스타 마이클 조던의 영향을 많이 받아서 농구를 좋아하게 되었습니다.

대학에는 관심이 없었지만 주변에서 네가 좋아하는 일을 잘하기 위해서는 대학에 가야 한다고 조언해주어 대학에 진학하려 했습니다. 하지만 3수까지의 노력에도 불구하고 실패하고 말았습니다. 군 제대 후 명지 전문대 사회체육학과에 진학했고, 수많은 노력 끝에 연세대학교에서 운동 역학을 전공하여 체육학 박사가 되었습니다. 이를 바탕으로 10여 편의 KCI 논문을 게재했고, 졸업 후에는 서울 한성 대학교 기초 교양 학부 조교수로 임용되었습니다.

교수 생활을 할 당시 운동선수였던 제자들로부터 자신의 기량을 향상시키기 위해 필요한 방법들을 알려달라는 전화를 자주 받았습니다. 대한민국 최고 전문가의 입장에서 많은 선수에게 도움이 될 수 있겠다는 생각에 착안하여 약 2년간 창업을 준비했습니다. 2년간 아이디어 및 기술을 정리하고 사업화 구상을 하여 투자를 받을 수 있었고, 창업 전 초기 창업자 패키지에 선정되어 7천만 원의 정부 지원도

받았습니다. 6억 6천만 원의 투자금, TIPS에 선정되어 지원 받은 6억 원, 예비 창업자 패키지로 선정되어 지원 받은 1억 원 등으로 무사히 창업에 성공할 수 있었습니다.

우리는 21세기 최첨단 과학의 시대에 살고 있습니다. 그러나 스포츠 현장에서는 과학보다는 지도자의 경험과 감에 의존해 지도되고 있는 경우가 많습니다. 자칫 선수들에게 역효과(부상 및 기량 저하)가 발생할 수 있는 지도 방법을 보며 개선책을 고민하게 되었습니다. 그때부터 저는 제가 알고 있는 기술과 전문성을 바탕으로 선수들의 기량을 향상시키고 대한민국 스포츠 발전에 이바지하는 더욱 큰 사람이 되어야겠다는 생각을 했습니다.

SSTC는 야구 선수들 중 투수들의 구속 향상을 위한 다양한 연구를 진행했으며, 많은 결과물을 내고 있습니다. 현재 SSTC는 국내에서 유일하게 LG 트윈스, KT 위즈, NC 다이노스의 공식 바이오메카닉스 트레이닝 협력 파트너로서 20여 명의 NPB 일본 프로 야구 야쿠르트 스왈로스 선수들과 200여 명의 KBO 한국 프로 야구 선수 및 초, 중, 고, 대, 독립 리그 선수들의 빅 데이터를 누적할 수 있었습니다. 우리는 그 빅 데이터를 통해 대한민국 야구 선수들의 구속 향상을 꾀하고 있다고 자부합니다. 더불어 현재는 3D 바이오메카닉스 분야의 선도자(First Mover)로서 지금까지 없었던 전문 직업을 만들어 냈으며 전문가들을 육성하고 있습니다.

SSTC 야구과학연구소 시설과 장비

Q3

스포츠 역학 사업가가 되기 위해 무엇을 준비했고 필요한 자격 요건은 무엇인가요?

저는 연세대학교 운동 역학 전공으로 석사와 박사 학위를 받았습니다. 하지만 실전 경험이 부족하다고 느껴 대한임상운동사협회(KACEP) 트레이너 자격증과 대한선수트레이너협회(KATA)의 트레이너 자격증을 취득함으로써 이론과 실기 모두에서 전문성을 인정받을 수 있었습니다.

박사 과정 동안 연구 및 결과물에 대한 효율성을 극대화시키기 위해 고심하던 중 이 분야에서 아무도 관심을 주지 않았던 컴퓨터 프로그래밍을 배움으로써 많은 좋은 결과물들을 얻을 수 있었습니다. 사람보다 컴퓨터의 실행 능력과 효율성이 매우 뛰어나기 때문입니다. 이 때문에 저는 동종 업계 분들에 비해 많은 성과를 낼 수 있었습니다.

현재 SSTC는 3D 모션 캡쳐(Motion capture) 기술을 통해 한 동작에서 수십만 개의 데이터를 수집해 랩뷰(Labview) 프로그램을 기반으로 빅 데이터를 추출함으로써 투수들의 구속 향상을 위한 많은 솔루션을 제공하는 기업입니다. 빅 데이터를 통해 선수들의 기량 향상에 도움을 주기 때문에 현재 수많은 프로 야구 선수들과 프로 지망생들이 SSTC를 방문하고 있습니다. SSTC에서는 전문 트레이너 자격증 및 운동 역학 학위 소지자를 우대하고 있으며 무엇보다도 야구 및 동작 분석에 대한 열정을 소중하게 생각합니다.

Q4
스포츠 역학 사업가로
살아가면서 언제 행복과 보람을
느끼시나요?

많은 스포츠 선수가 자신의 기량을 향상시키기 위해서 다방면으로 노력하고 탐구하고 있습니다. 기존 지도자의 경험과 감으로 진행하는 훈련 방식은 리스크가 크기 때문입니다. 그래서 선수들과 지도자들 간 갈등도 심한 것이 사실입니다. 선수 인생을 지도자의 경험과 감에 맡기는 것 자체가 선수에게 리스크가 될 수 있습니다.

SSTC는 1,000여 명의 빅 데이터를 기반으로 구속을 향상시키기 위한 솔루션을 실행해 많은 선수들이 도움을 받고 있습니다. 인생을 걸고 공을 던지는 선수들은 문제가 해결이 되지 않을 때 많이 힘들어합니다. 하지만 SSTC에서 분석을 받은 후 기량이 향상되는 모습을 보면 매우 보람되고, 크게는 대한민국 야구 발전에 SSTC가 큰 힘이 되고 있다는 생각이 들어 보람차고 행복합니다.

일본 야쿠르트 스왈로스의 호시 토모야(Hosi Tomoya) 선수는 22년 평균 직구 구속이 145km 정도였습니다. 하지만 22년 11월 SSTC 구속 향상 솔루션을 받은 후 평균 구속이 7~8km 향상되어 153km 이상의 구속을 자랑하고 있습니다. 현재도 SSTC의 도움을 받고자 지속적으로 한국을 방문하고 있으며 SSTC에 고마움을 전하고 있습니다. 그때마다 매우 보람을 느낍니다. 그밖에도 구속이 빨라져 SSTC를 계속 찾는 선수들을 볼 때마다 자부심을 느낍니다. 박사 과정 동안 했던 평생 해보지 않았던 많은 공부와 노력이 선수들에게 도움이 되고 있다는 사실을 느낄 때마다 매우 행복합니다. 더불어 대한민국에 없었던 패러다임을 처음으로 SSTC가 만들었다는 것에 큰 보람을 느끼고 있습니다.

임성철 선생님이 운영하는
학교체육tv 인터뷰를 마치고

Q5

스포츠 역학 사업가로서
잊을 수 없는 일이나 에피소드가
있다면 소개해주세요.

일본 프로 야구는 세계 최강입니다. 대한민국에 비해 월등하게 높은 수준을 자랑하고 있습니다. 그 때문에 일본 야구는 대한민국의 야구를 높게 평가하지 않습니다. 그럼에도 불구하고 NPB 일본 프로 야구 야쿠르트 스왈로스 선수들이 자신들의 기량을 향상시키기 위해

대한민국을 찾고 있습니다.

SSTC에서 분석을 받아 솔루션을 제공받은 선수들의 기량이 더욱 향상되는 것을 보면 큰 보람을 느낍니다. 한국은 지도자 역할에 대한 비중이 매우 높습니다. 최첨단 과학 기술과는 동떨어진 느낌을 줍니다. 하지만 SSTC의 등장으로 스포츠의 과학화가 가속화되고 있는 모습을 보면 놀랍다는 생각이 듭니다. 2024년 신인 드래프트에서 SSTC 출신이 14명 이상 배출되어 더욱 더 큰 보람을 느끼고 있습니다.

SSTC 서울 본사 모습

Q6
본 사업의 미래 전망은 어떠하다고 생각하시나요?

기존 대한민국 스포츠 시장에서 없었던 새로운 패러다임을 SSTC가 만들었습니다. 그 때문에 새로운 동작 분석 전문가들이 육성되고 있으며 전문가로서의 역할을 맡고 있습니다. 이제는 3D Biomechanics와 같은 전문 분석 장비를 통해 보다 선수들에게 도움이 될 수 있는 전문 영역이 활발하게 부흥할 것으로 기대하고 있습니다.

스포츠 동작은 작게는 몇 개의 관절, 크게는 온몸을 빠르게 회전시켜 퍼포먼스를 극대화시키는 동작들이 많습니다. 사람의 눈으로 수십 개의 관절을 매우 빠르게 회전시키는 동작을 정확하게 분석하는 것은 불가능에 가깝습니다. 그러므로 지도자의 경험과 감으로 지도하는 방식이 아닌 사람의 눈으로는 확인할 수 없는 정확한 수치를 통해 지도할 수밖에 없는 세상이 되었습니다. 앞으로 다양한 스포츠 종목에서 스포츠 동작 분석 전문가들이 필요할 수밖에 없을 것으로 생각됩니다.

대한민국 스포츠도 이제는 급속도로 과학화가 진행되고 있습니다. 더욱더 많은 분야에서 스포츠 동작 분석 전문가들이 필요할 것으로 생각합니다.

SSTC 야구과학연구소
http://www.sstckorea.com/

SSTC 야구는 과학이다.
https://www.youtube.com/
@sstc-baseball

SSTC 조준행 대표 인터뷰
https://www.youtube.com/
watch?v=5aDKltRE9Gl&t=46s

스포츠 사회적 협동조합으로
지역 사회 스포츠 발전을 소망하다

스포츠 사회적 기업 운영자

사회적 협동조합 학교체육진흥원 이사장
전 영 관

체대 입시 알바에서 체대 입시 체인 사업
그리고 공교육과의 협력….

Q1
본인 소개
부탁드립니다.

체·덕·지 교육을 실현하고자 하는 사회적 협동조합 학교체육진흥원 이사장을 맡고 있는 전영관입니다. 현재 군에 있는 장남, 운동 처방사를 준비하는 차남, 농구 선수를 꿈꾸는 초등 막내딸까지 3남매를 둔 아빠입니다. 저는 전라북도 고창에서 2남 중 장남으로 태어나 군인이셨던 아버지를 따라 청주, 부산에서 초등학교 시절을 보냈습니다. 일반 아이들보다는 빠른 주력과 축구 실력으로 초등학교 시절부터 달리기는 늘 학교 전체에서 1~2등이었고,

학년 축구 대표도 했습니다. TV가 많지 않았던 시절, 가끔 국가대표 축구 경기를 보며 변병주 선수처럼 빠른 주력을 살린 축구 선수를 꿈꾸었습니다.

초등학교 6학년 때 부산 동래중학교 축구부 진학이 결정되어 축구화와 축구공을 선물 받으며 기뻐한 것도 잠시, 아버지의 직장 이전으로 부천으로 이사를 오며 축구 선수의 꿈을 접어야 했습니다. 이후 부산 축구부 코치 선생님의 추천으로 서울 동북중학교에서 테스트를 받았지만, 부모님의 반대와 어려웠던 집안 사정으로 운동을 계속할 수 없었습니다. 중학교 이후 야구부, 육상부, 핸드볼부, 럭비부 등 다양한 종목 선생님들의 운동 권유가 있었지만,

육상부에 들어가 100~200m 단거리 시 대표로 활동하며 도 대회에도 출전했습니다. 입상은 했지만 선배들의 잘못된 관행이 싫어 운동부를 그만두었습니다.

대학은 일반 학과로 진학했습니다. 하지만 학과에 대한 흥미가 없고 적성에 맞지 않아 부모님과 상의도 하지 않은 채 자퇴했습니다. 등록금을 환급 받아서 평소 하고 싶었던 광고 음악 학원에 등록했지만 그것도 얼마 지나지 않아 아버지에게 들켜 호된 질타를 받으며 후기 대학을 지원하게 되었습니다. 고등학교 시절까지 상위권 성적이었기에 아버지의 기대는 서울권이나 국립 대학 정도였지만, 저는 학교 상담 후 체육 선생님의 권유로 경기대학교 사회체육학과를 지원했습니다. 운이 좋게도 장학생으로 합격했지만 한동안 아버지께 법학과라고 숨길 수밖에 없었습니다.

입학 이후에도 여전히 변하지 않은 체육과의 잘못된 관행으로 선배들과 마찰이 있었지만, 부모님과의 약속 때문에 그만둘 수는 없었습니다. 많은 고민을 하던 차에 서울 YMCA 자원 지도자 연합 동아리에 들어가게 되었고 수영, 농구 교실, 축구 교실, 스키, 캠프 활동 등 다양한 사회 체육 종목과 지도법을 접하면서 배우게 되었습니다. 이 당시 체육대학 진학을 위해 체대 입시를 전문적으로 지도하는 학원이 있음을 처음 알게 되었습니다.

제 인생의 목표는 체육 활동으로 '같이'의 가치와 스포츠 공정을 누구나, 언제나, 어디서나 배울 수 있고 땀 흘릴 수 있는 스포츠 대안 학교를 설립하는 것입니다. 기분 좋은 최고의 여가 생활은 막내딸 농구 레슨과 여자 프로 농구 관람입니다. 내 아이와 함께 하는 시간이 가장 행복한 여가 생활입니다.

Q 2
스포츠 사회적 협동조합을 설립하게 된 이유나 계기는 무엇인가요?

군 제대 후 등록금을 마련하기 위해 어쩔 수 없이 과외와 아르바이트를 시작했습니다. 오전에는 수영장 파트타임 일을 하고 저녁에는 부천 중앙 공원에서 어머니 지인의 딸을 대상으로 주 1회 2시간씩 체대 입시 과외를 시작했습니다. 그렇게 시작한 체대 입시 과외는 3개월 만에 10명이 넘고 금액도 커졌습니다. 시간과 횟수를 늘리며 개인 과외가 아닌 주 수입원이 되었습니다.

새벽과 주간에는 수영장 일, 저녁에는 체대 입시 과외, 주말에는 이벤트 회사에서 대학생 MT나 직장인 대상 동강 래프팅과 레크리에이션을 진행하며 등록금을 마련했습니다. 이 시절의 경험이 현재의 직업이 되었고 학교체육진흥원 설립의 근간이 되었습니다.

복학 이후 IMF 영향으로 학업을 중단해야 할 위기 상황에서 평소 잘 챙겨주시던 교수님의 도움으로 3학년부터 취업계를 쓸 수 있게 되었고, 하던 일들을 계속 진행할 수 있었습니다. 덕분에 대학교를 무사히 졸업할 수 있었습니다.

대학교 3학년 때 취업계를 내고 본격적으로 아르바이트를 하던 중 가장 수입이 좋았던 체대 입시 학원을 본격적으로 시작하게 되었습니다. 체대 입시 과외의 성적이 좋았기에 부천 지역에서 입소문이 나기 시작해 학생들이 30명선이 되었고, 혼자 할 수 없어 대학교 친구와 첫 제자들을 모아 학교별 정보를 모으기 시작했습니다. 사실 아무런 입시 정보도 수업 계획도 없이 어깨너머로 배워온 운동 방법을 무식하게 시켰습니다. 지금 생각하면 무책임한 입시였습니다. 지금처럼 인터넷이 없었기에 각 학교별 입시 종목을 학교 동기, 선후배를 통해, 그리고 대학교 학과에 직접 찾아가거나 통화해서 실기 종목과 합격 커트라인을 수집했습니다. 그다음 연도에도 운이 좋아서 많은 학생이 합격했습니다. 이듬해 이제는 더 이상 야외 수업만으로는 안 되겠다는 생각이 들었고 수업 환경적인 면에서 학생들에게 미안한 마음이 들어 체육관과 헬스장을 갖춘 선배와 함께 체대 입시 학원을 열게 되었습니다. 이것이 모두가 한 번쯤 들어본 ○○체대 입시 학원의 시작입니다. 부천을 거점으로 20여 년간 인천 목동, 구로, 영등포 지역에서 연 200여 명 이상의 체대 입시 지도를 했으며, 부산, 인천 연수동, 분당, 김포, 일산 등에도 체인점을 두고 체대 입시 체인 사업을 진행했습니다.

체대 입시 체인 사업의 밑바탕에는 해마다 쌓이는 대량의 데이터와 학교별 고사장의 정보를 수업 계획서로 만들어 지도에 활용한 입시 자료 및 지도교사들의 노력이 있었습니다. 입시에서는 모집 요강이 해마다 변경되고 그에 따라 지원율이 변하기에 100%의 합격률이란 있을 수 없습니다. 그러나 우리는 한 해에만 도 다양하고 놀라운 결과를 만들어냈습니다.

동국대 체육교육과 32명 정원 모집에 15명 이상을 합격시켰고, 2013년에는 현재의 동국 대 실기 방법으로 변화를 만들기도 했습니다. 수원대는 7등급 이하의 학생들로 매년 20명 이 상을 합격시켰고, 경기대 야간에는 40 명 이상 합격시키기도 했습니다. 2002 년 이후 SKY 전문반을 만들어 수능 이후 포항, 광주, 부산, 제주 등의 지 방 학생들로 실기 연습반을 만들어 정 원의 20% 내외를 합격시키기도 했습 니다. 이화여대는 농구 전공으로 150cm도 되지 않는 4~5등급의 여학 생들을 10여 년간 합격시켰으며, 부천 소명 여고 한 반에서 4명의 친구가 전 원 이화여대에 합격하는 일도 있었습 니다. 사범대반을 별도로 운영해 수도 권 8개 대학별로 운영해서 수능 이전 에 육상, 체조, 농구, 배구 실기를 완 성시켜 놓고 수능에 전념할 수 있도록 했습니다. 2023년까지 100% 수치는 아니지만 체육교 사로 임용된 제자들이 부천에만 14명이고 전 국적으로 300여 명이 넘는 걸로 기억합니다. 저의 두 아들이 모두 계남중학교에서 제자들 을 담임 선생님과 체육교사로 만나기도 했습 니다. 2010년을 기점으로 수시가 증가되며 실 기 전형 이외에도 학생부 전형과 특별 전형에 체육대학 인원 선발이 늘어났습니다.

2002년을 시작으로 매년 체대 입시 진학–진 로 설명회를 진행했는데, 우리나라에서는 처 음이지 않나 싶습니다. 처음에는 학원 특강비 를 벌기 위한 학원의 홍보 전략이었으나 2023 년 지금은 교육청, 학교, 학부모, 학생, 지도자, 교사 등에 입시 정보를 제공하는 허브 역할을

하고 있습니다.

2013년 학생부 종합 전형으로 광명 ○○고 축구부 학생을 서울대 체육교육과에 진학시키 며 본격적으로 학생부 전형을 준비하게 되었 습니다. 이때까지만 해도 자신감도 정보도 많 이 부족했습니다. 체육대학을 실기로만 진학 하는 시기가 지났다는 것을 알았고, 그것에 대 비해야 했습니다. 서울대와 수도권 대학교 입 학처를 직접 찾아가서 준비 방법과 학생부 종

합 평가에 대한 설명을 듣고 일선 학교에 있는 선후배들을 찾아다니며 20여 년간의 실기 자료와 모든 정보를 학교와 교육청 담당자에 드리면서 학생부 전형에 대한 노하우와 준비 방법을 얻었습니다.

광문고 체대 진학 설명회

학생부 전형을 준비하며 다양한 특별 전형을 들여다보게 되었고, 내신과 수능 성적과 상관없이 진학시킬 수 있는 방법들도 알게 되었습니다.

현재의 체대 입시는 학교의 내신 관리를 위해 학교 교사(체육교사 포함)와의 협력이 꼭 필요합니다. 일선 학교의 체육 입시반, 또는 체육 중점 학교에 체대 입시 경험과 노하우를 전달하기 위해 사교육인 체대 입시 학원이 교육청과 연계하는 것을 좋지 않은 시선으로 바라보았기에 2019년 교육부 비영리 인가 법인을 설립하고 시도 교육청과 일선 학교에 입시 자료를 전달하고 입시 설명회를 개최할 수 있었습니다.

현재 교육 시스템은 사교육을 버릴 수가 없습니다. 공교육, 사교육으로 구별 짓기보다는 함께 협력하는 방안을 찾아 우리 아이들이 빨리 진로를 선택하도록 하고 진학에 도움이 되도록 해야 합니다. 무엇보다 학교육진흥원의 설립 목적은 공존과 공생입니다. 학교와 교육부 협력 기관과 때로는 사교육 전문가들도 함께 10년 후 교육의 미래에 대해 준비하고 고민하지 않으면 우리 아이들의 미래는 없습니다.

전영관 이사장이 진행하는 교육청 학생 심판 연수

Q3
스포츠 사회적 협동조합 대표가 되기 위해 무엇을 준비했고 필요한 자격 요건은 무엇인가요?

체육 관련 2년제 이상 대학을 졸업하고 관련 종목 생활체육지도사 자격증이 있으면 됩니다. 중등 교원자격증을 취득하면 학교나 체육 유관 기관 스포츠 교실과 스포츠 강사 운영에 유리합니다. 무엇보다도 성실하고 지속적으로 수업을 연구하는 정신이 가장 중요합니다.

이제는 내가 지도해야 할 학생들을 제자가 아닌 고객으로 생각하고 교육 서비스를 한다는 마음가짐이 필요합니다. 체대 입시 학원을 하며 체육대학 및 엘리트 선수 진로 결정에 있어서 유소년/유소녀 스포츠 클럽의 중요성을 알게 되었습니다. 2013년 부천시 농구협회 부

회장을 역임할 당시부터 부천 하나 외환 여자 프로 농구단 산하 유소녀 농구단 단장을 맡으며 여자 농구 클럽 활성화를 위해 2023년 현재까지 노력하고 있습니다. 현 하나원큐 유소녀 팀은 유소녀 전국 농구 대회에 연령대별 우승 후보입니다. 여자 프로 구단에서 아직 주전은 아니지만 다수 진출해 있습니다. 막내 ○○ 양도 하나원큐 유소녀 팀의 가드를 맡고 있으며 농구 선수가 꿈이라고 합니다. 13~14년 동안 학교스포츠클럽 활성화를 위해 부천시 교육지원청과 함께 학교스포츠클럽 대회를 주관하며 스포츠 클럽 농구, 축구 대회를 진행하고 학생 심판 연수를 진행했습니다. 이러한 프로그램은 현재 대한체육회 스포츠 클럽 학생 심판 연수의 근간이 되었습니다.

2015년 부천 FC와 학교스포츠클럽 활성화 방안으로 학교 축구 클럽을 개설하고 선수들

교육청 학교스포츠클럽 학생 심판 연수

재능 기부, 축구 전용 홈구장에서의 유소년 축구 대회 등의 다양한 홍보를 함께 진행했습니다. 25개 학교 1,000여 명 이상의 학교 축구 클럽 인원을 확보하며 유소년 엘리트 팀의 기반을 만들었습니다. 그러나 아쉽게도 일부 몰지각한 어른의 욕심으로 축구 클럽은 2년을 운영하지 못했습니다. 돌이켜보면 전문적인 관리 시스템의 부재가 원인이었다고 생각됩니다.

체대 입시, 농구와 축구를 통해 다양한 사람들과 인연을 맺었습니다. 개콘 축구팀 주축이 된 헬스보이 이종훈, 연애인 농구 NO.1 핸섬 타이거즈 뮤수이 등이 그들입니다. 체대 입시 학원의 경험, 스포츠 센터, 이벤트 회사, 프로 산하 스포츠 클럽 운영, 교육청 스포츠 클럽 대회 운영 및 체육 관련 유관 기관 임원을 지내며 체육 산업과 더불어 다양한 인맥과 정보를 얻을 수 있었습니다.

이러한 자산을 토대로 뜻을 같이하는 선후배들과 2019년 사회적 협동조합 학교체육진흥원을 설립하게 되었습니다.

Q4
스포츠 사회적 협동조합 대표로 살아가면서 언제 행복과 보람을 느끼시나요?

오늘 수업하고 있는 이 순간이 가장 행복하고 보람됩니다. 언제까지 현장에서 수업할 수 있을지 모르지만 지금 마음으로는 80세까지 하고 싶은 마음입니다. 체육관에서, 운동장에서 함께 땀 흘리고 체육 나눔을 하는 순간순간에 느껴지는 따뜻함과 즐거움은 행복과 보람이라는 단어 이상입니다. 아이들을 지도해온 26년간은 수많은 행복과 좌절, 아쉬움, 안타까움의 연속이었습니다. 그 덕분에 공황 장애를 5년간 안고 살아가고 있습니다.

체대 입시 학원을 운영하며 누군가의 인생을 설계해주는 시발점에서 누구나 본인이 원하는 인생대로 살아 갈 수 없다는 것을 알기에 한 명 한 명, 한순간 한순간 바라고 원하는 진로를 찾아주기 위해 애쓰고 노력했습니다. 하지만 모든 학생이 원하는 바를 이룰 수 없기에 기쁨은 잠시뿐 고민과 안타까움이 한해 한해 반복되었습니다. 뒤돌아보면 참 어렵고 무거운 길이었습니다. 하지만 절대로 후회는 없습니다. 20여 년간 저에게 자신의 인생을 잠시 맡겨 주셨음에 감사드립니다. 그리고 행복했고 보람되었습니다.

경기도 교육청 꿈의 학교 교장으로 스포츠 BTS를 운영하며 체육 현장에서 경험했던 어

린 유소년, 유소녀 아이들의 맑은 웃음소리를 잊을 수 없습니다. 농구와 탁구를 처음 접해보는 외국인 주민 아이들의 환한 웃음과, 비록 몸은 조금 불편하지만 경기컵 전국체육대회 컬링 대회에서 장애인 가족 팀이 우승한 순간은 여느 스포츠 경기보다 큰 감동을 주었습니다. 장애인과 비장애인, 내국인과 외국인 주민이 차이와 차별 없이 스포츠 나눔을 하고 아이들과 체육 수업을 하는 순간이 곧 행복이며 보람의 순간입니다. 이런 느낌을 앞으로 80세까지 쭈욱 느껴보려 합니다.

Q5
스포츠 사회적 협동조합 대표로서 잊을 수 없는 일이나 에피소드가 있다면 소개해주세요.

해마다 즐겁거나 그렇지 않은 에피소드는 늘 있었습니다. 체대 입시 학원에 3급 지적 장애를 지닌 학생이 있었습니다. 고1까지 어려운

집안 환경과 장애로 너무나 내성적이었던 이 친구는 학교와 집 주변에서 심한 따돌림을 당했습니다. 담임 선생님이 이 아이가 그저 친구들과 어울릴 수 있는 의사 표현만이라도 할 수 있었으면 좋겠다고 고민하며 찾아 왔습니다. 고심 끝에 아이를 만나게 되었는데, 너무 착하고 귀엽게 생긴 아이였습니다. 둥글둥글한 얼굴에 뽀얀 피부의 아이는 참하고 착해 보여 담임 선생님에게 함께해보자고 확답을 주고 운동을 지도하기 시작했습니다.

체육대학 진학을 위한 운동이 아닌 이 아이가 하고 싶었던 운동들을 가르쳐 주었습니다. 배드민턴, 농구를 좋아했는데, 주 2회 수업 이후 실력이 늘고 자신감도 늘어가는 게 보이기에 운동 시간과 횟수를 늘리며 1년을 보냈습니다. 어느 순간 이 아이의 주변에 친구들이 늘어 있었고 반 대표로 농구와 배드민턴 스포츠 클럽 대회에 참가하고 있었습니다.

어느날 이 아이는 체육교사와 군인이 되고 싶다며 입시 운동을 해보겠다고 상담을 요청했습니다. 가능성이 있느냐고 물어왔고, 가능성을 보았기에 2학년 주장을 맡겨 보았습니다. 이 순간 이 아이는 장애를 가진 아이가 아니었습니다. 이 아이에게는 자신을 끝까지 지켜봐 주고 믿어 줄 사람이 필요했던 것입니다. 2학년이 지나 3학년이 되자 학원 제일의 몸짱이 되어 있었고 자신감은 이미 하늘에 닿아 있었습니다. 하지만 내신 성적과 모의고사 성적은 어찌 할 수가 없었습니다. 비록 지방 대학이지만 천안권 대학교에 입학하여 학사 장교를 했고 지금은 어엿한 대한민국 육군 대위가 되어서 두 아이의 아빠로 가정적으로도 행복하게 잘 살고 있습니다. 믿음과 지속적인 관심은 누구든 어떠한 환경이든 변화시킬 수 있다는 것을 보여준 일이었습니다.

Q 6
본 직업의 미래 전망은 어떠하다고 생각하시나요?

이대로라면 대한민국 스포츠 산업의 미래는 밝지 않습니다. 앞으로는 문화체육관광부가 아닌 체육부가 별도의 부처로 개별 운영되어야 합니다.

대한민국 학교 체육은 교육부, 노인 체육은 보건복지부, 유아 체육은 여성가족부, 생활 체육과 전문 체육은 문체부, 스마트 체육은 중소벤처기업부로 다 흩어 놓았기에 예산이 있다 해도 전문성과 지속성이 부족합니다. 체육부가 신설되어서 각기 갈기갈기 찢어져 있는 체육을 한군데로 통합시켜 운영해야 합니다. 지금 이대로의 대한민국 체육은 10년 전과 다르지 않고 10년 후에도 달라지지 않을 것입니다. "새 술은 새 부대에"란 말이 있듯이 전문적인 인재 육성을 위해 체육부를 별도로 신설 운영하는 체육의 봄이 왔으면 합니다.

Q7
연봉은 어느 정도 되며
그 연봉에
만족하시나요?

대한민국의 체육 산업은 크게 시설업과 서비스업으로 분류할 수 있습니다. 체대 입시 학원이나 스포츠 교실은 교육 관련 학원업으로 분류가 되어 있지 않습니다. 일반 교육 학원(국영수, 음악, 무용, 미술 포함)은 비과세 대상 학원 교수업이지만 체육은 서비스업 일반 과세 대상으로 분류되어 있습니다. 태권도를 포함한 도장과 스포츠 센터, 헬스장 등은 시설업으로 분류되어 있습니다. 체육 관련 직업은 아직까지는 불안정한 직업군에 포함됩니다. 저는 현재 체육 교육 관련 사업자를 교육 관련 학원업으로 변경하는 조례를 만들고자 노력 중이며, 스포츠 클럽, 입시 학원 등의 직업을 창업하는 선후배들에게 운영 방법이나 사업 방법 등을 컨설팅해주고 있습니다.

2000년대 스포츠 센터에 재직 중일 때 연봉이 2,000만 원 정도였습니다. 20년이 지난 지금

개인이 운영하는 스포츠 센터는 전무하고 시설관리공단 계약직이나 헬스장은 2,800만 원 정도로 시작해서 10년이 지나면 4,000만 원 이상 가능해집니다. 스포츠 클럽(축구, 농구 등), 헬스장이나 도장 등은 개인 레슨의 부업이 있지만 일정한 수입이 아니기에 개인이 직접 운영하지 않으면 일반적인 경제 활동이라고 볼 수 없을 정도로 열악합니다. 학원업 등은 최소 80명 이상 10년 이상 운영한 원장들은 최소 1억이상 연봉이 가능합니다. 저의 연봉을 시기별로 나누어 보면 2000년대 체대 입시만 했을 당시 2억 원 이상 되었으며, 2010년 이후 스포츠 클럽과 함께 운영하면서 되려 2억 원 이하로 감소했습니다. 부가적인 인력 증가와 체육관 대관 및 차량 운행에 지출이 증가하여 부득이하게 수익이 줄어들게 되었습니다. 2020년 이후 지금은 연봉 1억 원 정도 됩니다. 대부분 강의와 스포츠 관련 업종 컨설팅 그리고 스포츠 클럽 수업 및 체육 관련 기관 연수, 공모 사업 운영 및 컨설팅, 체대 입시 컨설팅이 주 사업이며 체육 관련 수업 교구 제작 및 판매, 스포츠 인권 센터 운영 등이 주 수입이 되고 있습니다.

태권도를 통해
나의 삶에서 자신감을 얻다

태권도장 경영자

홍익 태권도 관장
정 민 철

태권도는 신체와 정신을
수련할 수 있는 최고의 운동,
성인에게도 충분히 매력 있어···

Q1
본인 소개
부탁드립니다.

경기도 화성시 봉담읍 소재 홍익 태권도 관장 정민철입니다.

저는 서울 동대문구에서 태어나 은평구에서 중학생부터 성인이 될 때까지 지냈습니다. 어렸을 때 몸이 약하고 키가 작아서 7세 때부터 태권도를 시작했는데, 이후 자신감을 갖게 되었고 중학교에 입학하며 전문 체육 학생선수(태권도) 활동을 시작했습니다. 고등학생 때까지는 땅콩이란 별명을 가질 정도로 키가 작고 왜소하여 키와 신체 발달을 위해 꾸준히 노력했습니다. 중학교 입학 당시 1m 31cm의 키가 고등학교에 입학하며 1m 45cm, 대학교 입학 때는 1m 65cm, 군대 입대 때까지 1m 74cm까지 성장했는데, 신체 발달과 성장을 위한 후천적인 노력을 지속한 덕분이라고 생각합니다.

대학교 재학 중 생활 체육 분야를 공부하며 다양한 자격증과 운동을 배웠습니다. 고등학교 때까지 태권도 종목에 집중하느라 많이 경험하지 못한 다른 운동들도 해보고 전공 종목인 태권도도 꾸준히 공부하고 연구하며 졸업 후 태권도장 경영을 위한 준비를 했습니다. 졸업 후에는 여러 태권도장에 근무하며 많은 경험을 쌓다가 2019년 7월에 경기도 화성시에 태권도장을 오픈하게 되었습니다. 태권도장에서 항상 아이들에게 "꾸준하게 노력하자"를 상기시키며 아이들의 성장과 운동의 재미를 위하여 즐겁게 땀 흘리고 있습니다.

저는 체육관을 경영하며 수련생들이 태권도 활동에 국한되지 않고 다양한 스포츠 활동을 경험하도록 하고 있으며 태권도 분야에서도 시범, 품새, 겨루기 등 다양한 분야를 수련할 수 있도록 많은 기회를 제공하고 있습니다. 특히, 제가 대학에서 여러 레저 스포츠를 배웠기 때문에 여름에는 레프팅과 수상 스키, 겨울에는 스키와 스노보드 등을 즐기며 여가 시간을 보냅니다. 체육관 수련생들이 다양한 레저 스포츠를 경험할 수 있도록 계절에 따라 레저 스포츠 체험 프로그램도 운영하고 있습니다. 앞으로도 수련생들이 다양한 경험을 할 수 있는 프로그램을 추진할 것입니다.

수련생들과 함께 운동하고 지도하는 모습

Q2

직업으로
태권도장 경영자를 선택하게 된
이유나 계기는 무엇인가요?

학창 시절 키가 작고 허약해 또래 아이들에게 괴롭힘도 당했습니다. 당시 관장님께서 "약한 사람을 보호하고 내 몸을 지켜야 된다"라고 가르쳐주신 말씀이 와 닿았기에 초등학교 때부터 열심히 공부하고 운동해서 저와 같은 어려움을 겪는 아이들에게 힘이 될 수 있는 태권도 관장이 되고 싶었습니다. 초등학교 1학년 때부터 태권도 관장님을 동경하여 초등학교 생활기록부에 태권도 관장이 장래 희망으로 적혀 있을 정도였습니다.

저는 중고등학교 시절에 전국, 지역 규모의 다양한 시합을 경험하며 태권도 분야에 대해 전문성을 키웠고, 성인이 되어서도 꾸준히 노력한 결과 군인 선수로 시합에 출전하여 1군 사령부 2등을 했습니다. 이를 계기로 제 스스로에 대한 자신감이 생기며 한 단계 성장한 것 같습니다. 군 제대 후 학업을 병행하며 태권도장에서 교육 사범을 하면서 아이들과 함께 땀 흘리는 태권도 관장에 대한 확신이 생겼습니다. 그러다 보니 점점 더 태권도가 좋아지게 되었고, 태권도가 재밌다는 것을 전파하고 싶고 무언가에 꾸준히 노력하면 꼭 이룰 수 있다는 것을 아이들에게 느끼게 해주고 싶었습니다. 태권도 종목은 초중고등학생, 성인 구분 없이 다양한 연령대의 사람들이 함께 즐길 수 있고, 신체적, 정신적으로도 매우 건강한 운동입니다. 그래서 이 직업의 매력에 점점 더 빠지게 되었습니다. 또한, 저를 통해 아이들이 실패를 성공으로 바꿔나가는 모습을 보면서 혼자가 아닌 함께라면 무엇이든 할 수 있겠다는 자신감이 생겨 이 직업을 선택했습니다.

Q3

태권도장 경영자가 되기 위해 무엇을 준비했고 필요한 자격 요건은 무엇인가요?

중고등학교 재학 시절에 태권도 선수(겨루기) 활동을 하며 태권도 겨루기 기본 기능 및 전술, 기초 체력 향상 트레이닝, 각종 대회 출전 등 태권도 종목에 대한 다양한 경험을 쌓았습니다. 대학교에 입학해서는 태권도 선수 활동을 중단하고 태권도 지도자가 되기 위한 준비를 시작했습니다.

태권도 관장이 되기 위해서는 필요한 자격증이 있습니다.

첫째, 문화체육관광부에서 발급되는 생활체육지도사 2급 태권도 자격증을 취득해야 합니다. 현재 생활체육지도사(태권도) 자격증 취득 기준으로는 필기, 실기, 연수 과정을 모두 통과해야 하는데 필기시험은 전공 과목인 스포츠 심리학, 운동 생리학, 운동 역학, 스포츠 사회학, 한국 체육사 등이 있으며 합격 기준에 도달해야 합니다. 필기시험 합격 대상자는 실기 시험에 응시가 가능한데, 제시된 기본 동작, 품새, 겨루기의 실기 능력을 평가하기 때문에 꾸준히 운동해야 합니다. 실기 시험에 합격하면 90시간의 연수를 이수해야 하고 모든 과정을 마치면 문화체육관광부에서 발급하는 생활체육지도사 자격증을 취득할 수 있습니다.

둘째, 3급 국제 태권도 사범 자격증을 취득해야 합니다. 사범 자격증의 모든 취득 절차는 국기원에서 주최합니다.(사이트가 변경되어 '티콘'이라는 플랫폼에서 사범 자격증을 신청할 수 있음) 자격증 취득을 위해서는 실기 시험과 집합 연수 및 구술 시험을 모두 통과해야 합니다. 실기 시험은 기본 동작, 품새, 겨루기의 내용으로 구성되어 있고 합격 대상자는 집합 연수에 참여할 수 있습니다. 집합 연수는 4일간 약 27시간의 과정을 수료해야 하고, 수료 대상자는 기본 동작, 품새, 겨루기, 격파, 호신술의 지도법에 대한 내용으로 구성된 구술 시험에 응시가 가능하며 최종 합격해야 사범 자격증 취득이 가능합니다.

셋째, 태권도 5단 이상을 취득해야 합니다. 5단을 취득하기 위한 조건은 만 22세 이상, 4단 보유자여야 하며 4단 취득 기간이 4년 이상이 지난 대상만 심사 신청이 가능합니다. 태권도 5단 심사는 개인 신청은 불가하며 5단 이상의 자격을 가진 관장의 추천을 통해서만 신청이 가능합니다. 심사 내용은 품새, 겨루기, 필기시험이며 모두 통과해야 합니다.

Q4

태권도장 경영자로
살아가면서 언제 행복과 보람을
느끼시나요?

현재 운영하고 있는 태권도장 아이들이 월 1회 도장에서 심사를 보는데 지난달보다 신체적, 정신적으로 성장한 모습이 보일 때 굉장히 뿌듯하고 보람을 느낍니다. 또한, 평소 부정적인 용어를 사용하거나 불량스러운 행동을 보이는 아이들이 점점 긍정적인 단어를 사용하거나 밝은 모습을 보일 때면 저도 모르게 흐뭇한 미소를 짓습니다. 저는 태권도 교육자로서 아이들이 바르게 성장해 나가는 모습에 무엇보다 보람을 느끼고 있습니다. 앞으로도 아이들의 성장을 위해 적극 지원할 것입니다.

Q5

태권도장 경영자로서
잊을 수 없는 일이나
에피소드가 있다면 소개해주세요.

제가 태권도 사범으로 근무하면서 부득이하게 체육관을 옮기게 되는 상황이 종종 있었습니다. 성격상 정이 많아 아이들이 저에게 의지하는 경우가 많았고 저도 그러한 관계를 위해 노력했습니다. 그래서 항상 근무했던 체육관에서 다른 체육관으로 이직하면 제가 지도한 수련생 아이들이 무척 서운해하고 아쉬워하는 일이 많았습니다. 그 순간 아이들의 표정을 잊을 수 없어서 항상 마음에 담아 놓고 아이들의 성장을 멀리서 응원하고 있습니다. 아이들의 그런 관심과 사랑이 지금까지 제가 체육관에서 아이들을 진심으로 대하고 있는 원동력이라고 생각합니다. 생각해보면 저의 욕심과 미래를 위해 이직하는 것인데도 떠났던 저를 응원해주는 아이들에게 미안한 마음이 듭니다. 태권도 교육자로서 저를 응원해준 아이들에게 부끄럽지 않은 존재가 되겠다고 다짐합니다.

Q 6
태권도장 경영자의
미래 전망은
어떠하다고 생각하시나요?

태권도 분야에서 약 25년 이상 활동하면서 느낀 점은 태권도 종목은 유아 체육뿐만 아니라 청소년, 성인을 대상으로 활성화되어야 한다는 것입니다. 이 바람이 이루어진다면 미래 가능성이 매우 높다고 생각합니다. 유치원, 초등학교 아이들이 인성 교육과 체력 향상 등을 위해 태권도를 많이 경험합니다.

아이들이 태권도 분야 직업을 가지기 위해 또는 어릴 때만 하는 운동이라고 생각하며 도전하기보다 '신체와 정신을 수련할 수 있는 최고의 운동'으로 생각하고 접근한다면 태권도의 매력에 충분히 빠질 수 있고 성인 태권도 활성화에도 많은 도움이 될 것입니다. 또한, 태권도는 호신술을 통한 자기 방어 능력 향상에도 많은 도움이 되기 때문에 다양한 연령, 성별에 상관없이 모두가 즐길 수 있는 운동입니다. 태권도 교육자로서 많은 사람에게 태권도를 통한 긍정적인 영향력이 전해지길 소망합니다.

Q 7
연봉은 어느 정도 되며 그 연봉에
만족하시나요?

요즘 사범은 약 3,000~4,000만 원 전후로 봅니다. 태권도장마다 차이가 있겠지만 각종 추가 프로그램을 통해 별도 인센티브도 받고 있습니다. 태권도장 경영자(관장)는 사범 및 직원 인건비, 임대료, 차량 유지비 등을 제외한 금액으로 수입이 형성됩니다. 따라서 태권도 관장의 연봉은 체육관 경영 상황 및 형태에 따라 차이가 있습니다. 저는 아이들과 함께 뛰고 즐겁게 일할 수 있는 현재와 같은 환경에 매우 만족하고 있습니다.

대한태권도협회
https://www.koreataekwondo.co.kr/

국기원
https://www.kukkiwon.or.kr/base/main/view#none

운동선수들의 마음을 돌보는

스포츠 심리 상담사

마인다즈 심리케어센터 대표
서 지 예

신체 기술과 체력 수준의 상향 평준화 시대엔
운동선수의 심리 영역이 더욱 중요!

Q1
**본인 소개
부탁드립니다.**

운동선수들의 마음을 돌보는 서지예입니다. 저는 경기도 안산에서 태어나 서울에서 자랐습니다. 초등학교 때 태권도 선수 생활을 시작하게 되면서 엘리트 체육에 발을 들였지만 대학 시절 은퇴했습니다. 어린 시절부터 운동을 꽤나 좋아했던 터라 동성 친구들이 인형을 가지고 놀 때 이성 친구들과 뛰어다니며 신체 활동을 했던 기억이 많이 남아 있습니다. 많은 운동 종목 중 태권도를 선택한 계기는 2000년 시드니 올림픽에서 금메달을 딴 정재은 선수

를 보고 올림픽 금메달리스트의 꿈을 갖게 되었습니다. 부모님을 설득해 태권도 학원에 다니기 시작해 실제로 선수 생활까지 하게 되었습니다. 크고 작은 슬럼프도 있었지만 좋은 성적을 내어 용인대학교에 체육 특기자로 입학했습니다.

대학 학생선수 당시 선수 생활을 하면서 여전히 보장받지 못하는 자율성이나 학습권 등의 인권 이슈에 관심을 가지기 시작했습니다. 하지만 선수로서 인권을 스스로 지키는 것이 현실적으로 어려웠고, 선수 집단에서 빠져나오는 것, 즉 은퇴만이 나를 지킬 수 있는 방법이라고 생각했습니다. 다만 열심히 공부하고 힘을 길러서 후배 선수들은 조금 더 나은 세상에

서 운동할 수 있도록 돕겠다고 결심했습니다.

은퇴 후 기초 과목을 수강하면서 스포츠 심리학이라는 학문을 공부하게 되었는데, 선수 생활을 하면서 겪었던 심리적 어려움과 그 어려움을 해결할 수 있는 방법들이 이론화되어 있는 것이 흥미로웠습니다. 그렇게 처음 스포츠 심리학을 만났습니다.

Q2
직업으로
스포츠 심리 상담사를 선택하게 된
이유나 계기는 무엇인가요?

대학교 3학년 때 처음 스포츠 심리 상담사라는 직업에 관심을 가지게 되었습니다. 스포츠 심리학이라는 학문이 생소했을 때입니다. 지금은 어린 선수들한테 멘탈 코치 혹은 스포츠 심리 상담사라는 직업에 대해 들어본 적이 있느냐고 물으면 대부분 한 번쯤은 들어봤다고 하더라고요. 그런데 제가 선수 생활을 했을 때는 한 번도 들어본 적 없는 직업군이었습니다.

선수 생활을 하면서 크고 작은 심리적 어려움들을 경험했는데, 그런 경험을 똑같이 하고 있을 선수들을 도울 수 있다는 점에서 제가 잘할 수 있는 일이라고 생각했습니다. 학부생 때부터 스포츠 심리학 교수님 연구실에 들어가서 대학원 수업을 청강하고 진학을 위해 영어 공부도 열심히 해 리우 패럴림픽 선수들을 대

상으로 심리를 지원하는 프로젝트에 보조 연구원으로 참여하기도 했습니다. 큰 역할은 아니지만 대학원생들이 하는 공부와 일들을 차근차근 배워 나갔습니다.

모든 선수가 연습 때만큼 실전에서 기량을 발휘할 수 있다면 얼마나 좋을까요? 안타깝게도 본인의 기량을 100% 발휘할 수 있는 선수는 극소수에 불과합니다. 마음의 준비가 부족했기 때문입니다. 긴장이 최고조에 달하는 경기 상황에서 불안을 잘 조절하고 이용할 줄 아는 선수가 본인의 기량을 100% 발휘합니다. 따라서 이런 심리적인 요소의 준비를 돕는다는 점에서 꽤 매력적인 직업으로 다가왔습니다.

스포츠 심리 상담사
프로필 촬영

Q3
스포츠 심리 상담사가 되기 위해
무엇을 준비했고
필요한 자격 요건은 무엇인가요?

특기자 전형으로 대학에 진학했기 때문에 '대학 진학' 자체에 대한 노력을 따로 기울이진 않았습니다. 매 시즌 운동에 집중했고 좋은 성적을 거두어 용인대학교에 입학했습니다. 은퇴 이후 대학 시절 스포츠 심리학 관련 대학원 수업을 청강했고, 대학원 진학을 위한 이론 시험과 영어 시험(TEPS)을 준비했습니다. 대학원 입학 시험 준비와 영어 시험 점수 등은 가고자 하는 대학원 입시 요강에 맞춰 준비하기를 추천드립니다.

대학원 재학 시절 도서관에서

서울대학교 체육교육과에서 스포츠 심리학 석사 학위를 받았습니다. 이후 2년간 스포츠 심리 상담을 전문으로 하는 민간 기업에서 선수들을 만났습니다. 선수들을 만나면서 생각보다 많은 선수들이 '수행력 향상'뿐만 아니라 슬럼프, 우울, 불안, 대인 관계 문제 등을 해결하기 위해 상담사를 찾는다는 것을 알게 되었습니다. 따라서 '상담'을 전문적으로 배워서 조금 더 체계적이고 과학적으로 선수들을 돕고 싶다는 생각에 다시 대학원으로 돌아왔습니다.

서울대학교 교육학과에서 교육 상담으로 석사 학위를 받았고, 현재 같은 전공으로 박사 과정 재학 중에 있습니다. 상담학을 전공하면서 코스웍과 동시에 서울대학교 교내 심리상담센터에서 체계적인 슈퍼 비전 시스템하에 심리 상담, 심리 검사 등을 수련받았습니다. 이러한 과정을 거쳐 현재 스포츠 심리 상담 전문 기관인 서지예 심리코칭랩을 열게 되었습니다.

먼저, 꼭 운동선수 경험이 있어야 되느냐고 묻는 사람들이 많더라고요. 선수 경험이 충분조건이 될 수는 있지만, 필요충분조건은 아닙니다. 즉, 반드시 선수 생활을 해야 하는 것은 아닙니다. 현재 필드에서 활동하고 있는 스포츠 심리 상담사들 중 선수 경험이 없는 분들이 상대적으로 더 많습니다. 다만, 스포츠에 대한 어느 정도의 이해도와 관심, 전문 체육이라는 특수성에 대한 문화적 배경 등은 잘 알고 있어야 할 필요가 있습니다.

스포츠 심리 상담사가 되기 위해 꼭 갖추어야 할 조건으로는 체육학 학사 학위 및 스포츠 심리학 전공 석사 학위(또는 그 이상)입니다. 현재 필드에서는 최소 석사 학위 이상의 자격을 요구합니다. 따라서 학사 취득 이후에 '스포츠 심리학'을 전공할 수 있는 대학원에 진학해야 합니다. 석사 학위를 받게 되면 한국스포츠심리학회에서 취득할 수 있는 스포츠 심리 상담사 자격증 2급을 취득할 수 있습니다. 자격 요건과 수련 내용은 변동 가능성이 높기 때문에 '한국스포츠심리학회' 홈페이지를 참고하여 자격증 취득 준비를 해나가시면 됩니다.

서울대학교 대학원(석사) 졸업을 기념하며

Q4
스포츠 심리 상담사로 살아가면서
언제 행복과 보람을
느끼시나요?

오랫동안 슬럼프, 혹은 해결하지 못하던 심리 문제에 빠져 있던 선수들이 상담을 통해 원인을 찾고 그 원인을 견뎌낼 수 있는 힘을 길러 더 높이 뛰어올랐을 때 보람을 느낍니다. 심리적으로 불안정할 때, 환경이 좋지 못할 때, 옆에서 지지해주고 이를 해결하기 위해 함께 고민해줄 사람이 한 명이라도 있다면 그 선수의 앞으로의 삶이 완전히 달라질 수 있다고 생각합니다. 좋은 상태, 좋은 환경에서는 누구나 잘 버팁니다. 그렇지 않은 상황에서도 잘 버티고 이겨나갈 수 있는 힘을 길러주는 일, 제가 가장 잘할 수 있는 일이고 행복을 느끼는 일입니다.

Q5
스포츠 심리 상담사로서
잊을 수 없는 일이나
에피소드가 있다면 소개해주세요.

COVID-19가 기승을 부리던 2020년, 도쿄 올림픽 개최가 예정되어 있던 해입니다. 올림픽을 위해 전 세계 수많은 선수들이 4년간 고통을 감내하고 시합을 준비했습니다. 하지만 전례 없는 전염병의 영향으로 올림픽 개최 여부가 불확실해졌습니다. 결국 IOC에서 1년 연기를 선언했지만, 이마저도 불확실한 상황이었습니다. 4년을 기다리고 준비하던 간절한 마음이 불안과 분노로 바뀌며 많은 선수들이 방황하기 시작했습니다.

봉황대기 야구 대회 현장을 모니터링하며

전국체육대회 선수를 상담하며

이때 선수들의 불안함을 함께 견뎌주며 비록 개최가 불확실하지만 그럼에도 불구하고 과정에 집중할 수 있도록 도왔습니다. 만약 올림픽이 열리지 않더라도 긴 시간 준비하고 노력한 그 시간 자체에 의미를 부여할 수 있도록 노력했습니다. 선수들에게도 선수들의 심리를 상담하는 저에게도 처음 있는 일이라 함께 아팠고 힘들었지만, 그 시간을 잘 견뎌준 선수들께 존경의 마음을 표하고 싶습니다.

Q6
스포츠 심리 상담사의 미래 전망은 어떠하다고 생각하시나요?

과학 기술의 발전으로 신체 기술과 체력의 수준이 상향 평준화되었습니다. 따라서 운동선수들의 심리 영역의 중요성은 더욱 강조되고 있습니다. 이러한 변화로 스포츠 심리학의 발전 가능성과 수요는 기하급수적으로 늘어나고 있는 실정입니다. 다만 후학들에게 당부하고 싶은 말은, 스포츠 심리학의 영역을 체육학에 제한하지 말고 신경 과학, 상담학, 교육학 등 다양한 학문 분야와 융합을 시도하시길 바랍니다. 이러한 노력들이 많은 선수에게 의미 있게 활용될 것입니다.

한국스포츠심리학회
http://www.kssp.or.kr/

한국 뉴스포츠의 세계화를 꿈꾸는

뉴스포츠 발명가

한국뉴스포츠발명연구소장
김 창 원

한국의 뉴스포츠로
스포츠 한류에서 올림픽 종목까지 가보자!

Q1
본인 소개
부탁드립니다.

　뉴스포츠 발명가, 한국뉴스포츠발명연구소장 김창원입니다. 저는 1971년도에 서울시 영등포구 신길동에서 태어나서 양천구에서 성장했고 지금은 경기도 안산에서 거주하고 있습니다. 저의 어린 시절 추억이 가장 많은 동네는 초등학교 4학년까지 살았던 양천구 신정동과 목동입니다. 신정동과 목동은 바로 옆 동네이고 그 당시 목동은 아파트가 지어지기 전으로 대부분 논밭으로 이루어져 있었습니다. 그당시 초등학생이였던 저는 야구광이었습니다.

주로 투수 포지션을 맡았고 제법 잘하기도 했습니다. 우리 신정동 초등학생 아이들은 목동 친구들과 함께 야구 시합을 하러 논둑길을 따라 오목교 아래에 있는 공터까지 함께 걸어갔습니다. 야구 경기에서 이긴 날은 친구들과 형들에게 경기에 대해 칭찬을 받으며 흥분과 기쁜 마음으로 함께 논둑길을 걸어 집으로 돌아온 행복한 추억이 있습니다. 겨울에는 방학 내내 동네 아이들과 함께 목동 논에 만들어 놓은 스케이트장에 스케이트를 타러 다녔습니다.

　초등학교 5학년 때 발산동으로 이사를 했습니다. 그때는 친구들과 우장산을 누비며 놀던 추억이 있습니다. 그리고 교련장(현 화곡고)에서 야구 시합을 했던 기억이 납니다.

그러나 성장하면서 중학교, 고등학교로 진학할수록 점점 더 야구 경기를 할 기회가 줄어들고 경기할 수 있는 장소 또한 구하기 어려워 많이 아쉬워했던 기억이 납니다. 그때의 아쉬운 마음들이 제가 성장하여 뉴스포츠 발명가가 되어서 야구형 뉴스포츠를 많이 개발하게 된 계기가 되었습니다. 한 가지 더 말씀드리면 성장하여 우연히 EBS 어린이 프로그램 '나도

발명가'를 보게 되었습니다. 그때부터 지금까지 뉴스포츠 발명가의 길을 걷게 되었습니다.

현재 저는 '투투볼', '줄바토런', '필풋', '바운스파이크볼', '스포빙고' 등 16개 뉴스포츠 종목과 스포츠용품들을 개발했고 '한국뉴스포츠발명연구소장', '사단법인 사단법인 한국뉴스포츠진흥원장', '주식회사 에이블스포' 대표 이사를 맡고 있습니다.

전국 2 on 2 필풋 대회를 진행하며

Q2

직업으로
스포츠 발명가를 선택하게 된
이유나 계기는 무엇인가요?

1992년 4월에 우연히 'EBS 나도 발명가'라는 초등학생 대상 어린이 발명 프로그램을 보게 되었습니다. 그날 소개된 발명 이야기는 한 일본 사람이 등산 중에 길을 잃고 헤매다가 '뚜껑에 나침반이 달린 물통'을 개발한 내용이었습니다. 당시 발명은 우주선, 로켓, 자동차, 비

행기 등 대단한 것만 하는 것이란 고정 관념이 있었고, 소개된 발명품은 초등학생이 발명했다면 그냥 지나쳤을 물건이었습니다. 그런데 간단한 발명품이 대단한 것처럼 소개되어 저의 생각을 바꾸어 놓았습니다. 생활 중에 일어나는 사소한 일들이 계기가 되어서 발명이 이

루어지는 것을 보고 나도 저런 물건들을 충분히 만들어 낼 수 있겠다는 자신감이 생겼습니다. 그날부터 발명가가 되기로 결심하고 발명 관련 책들을 많이 읽고 공부했습니다. 발명 관련 책들을 읽어 보니 지우개 달린 연필, 휘는 빨대 등 정말로 간단하지만 실생활에 편리함을 주는 대단한 발명품들이 많다는 것을 알게 되었고 자신감도 생겼습니다.

발명을 본격적으로 시작하여 학용품, 생활용품, 스포츠용품, 전자 제품, 악기, 자동차용품, 영구 발전기 등 발명 아이디어를 공책에 구체적으로 기록했고 밤에는 옥탑방에 올라가서 찰흙이나 종이 등 각종 재료들을 가지고 직접 만들어 보곤 했습니다. 매일 그렇게 노력하다 보니 6개월 정도 지나자 발명 아이디어 기록 공책이 여러 권이 되었습니다.

내가 생각한 발명품 중 하나를 기업에 소개해야겠다는 생각이 들어서 자서전 《세계는 넓고 할 일은 많다》로 유명했던 대우그룹 김우중 회장님을 만나러 서울역 맞은편에 있는 대우 빌딩으로 찾아갔습니다. 세상 물정도 모르고 겁 없고 철없던 시절이라 김우중 회장님을 찾아가서 발명품을 소개하러 왔다고 말하면 당연히 만나 주실 것이라고 순진하게 생각했습니다. 그때 소개하려고 한 발명품은 '목걸이 카세트'였습니다. 1992년에는 미니 카

세트 워크맨을 허리에 차고 다니며 음악을 듣던 시절이었습니다. 저는 워크맨을 기존보다 더 작게 만들어서 목걸이처럼 목에 걸고 다니며 음악을 듣는 것이 편리할 것 같다는 생각으로 '목걸이 카세트'를 그림으로 그려서 소개하고자 찾아갔습니다.

그런데 대우 빌딩 로비에 들어서니 크고 화려함에 위축되어 직감적으로 김우중 회장님을 만나기 어려울 것이란 걸 알았습니다. 그러면 어떻게 해야 할까 고민하면서 로비에서 계속 빙빙 돌고 있는데 벽에 붙은 '17층 대우 전자 특허부' 안내판을 발견하고 특허부라는 이름에 이끌려 17층으로 올라갔습니다.

그곳에서 부장님, 과장님 명판이 붙어 있는 곳에 가서 발명품을 소개하러 왔다고 이야기하니 대꾸도 하지 않고 귀찮다는 듯 손짓으로 나가라고 했습니다. 나갈까 말까 망설이는 중에 대리님 한 분이 저를 휴게실로 데려가서 정

말 동생 같아 보여 안타까운 마음이 들어서 설명을 조금 해주겠다고 하더니 두 시간 동안 본인의 발명 경험 등 여러 가지 도움이 되는 이야기들을 해주었습니다. 결론은 개인 발명가는 절대 성공하기 어려우니 발명을 포기하고 다른 길을 모색하라는 이야기였습니다. 그리고 제가 소개한 목걸이 카세트와 몇 개월 동안 개발한 발명 아이디어들에 대해 이미 있는 것도 있고 기능적으로 현실화할 수 없는 것도 있고 비용 문제로 대기업도 만들지 못하는 것도 있다며 하나씩 자세히 평가해주었습니다. 저는 이야기를 듣고서 좌절된 마음에 집까지 두 시간 넘게 걸어오며 그 대리님이 해준 이야기들을 곰곰이 되새겨 보았습니다. 개인 발명가로서 비용과 기술 문제를 혼자서 해결해 나가기는 어렵겠다는 생각이 들면서 설명해주신 대리님에게 감사한 마음이 들었습니다. 그러면서 투자 비용은 적게 들면서 유익한 결과를 가져올 수 있는 발명품이 무엇이 있을까 수없이 생각하고 연구하다 보니 어린 시절 추억들이 생각이 났습니다. 축구, 야구같이 모두 함께 즐기는 스포츠 종목을 발명하여 우리나라와 전 세계에 보급하게 되면 사람들에게 건강과 생활에 큰 도움을 줄 수 있겠다고 생각했습니다. 그래서 그동안 다양한 분야로 발명하던 것을 정리하고 스포츠 종목 하나로 집중하기로 결정했고 그것이 뉴스포츠 발명가가 된 계기입니다.

그러나 발명가는 회사원처럼 매달 받는 수

입이 없습니다. 발명 비용과 생활비를 벌기 위해서 군대 제대 후에 제빵 기술을 배워 안산에서 제과점을 열었습니다.

그때도 행복한 추억이 많습니다. 제과점을 하면서 매주 토요일 오후가 되면 빵을 양손에 한 보따리 잔뜩 챙겨서 자전거를 타고 인근 초등학교로 갔습니다. 초등학생 아이들에게 빵을 나누어 주면서 제가 개발한 야구형 뉴스포츠 바운드볼 종목을 가르쳐 주고 발명한 용품도 테스트해보는 시범 경기를 했습니다. 시간이 지날수록 토요일 오후만 되면 저를 기다리는 초등학생들이 점점 많아졌고 멀리서 제가 자전거를 타고 오는 모습이 보이면 아이들이 빵집 아저씨 온다고 소리치며 우르르 달려오곤 했습니다. 어느 날 비가 많이 오는 토요일에 당연히 아이들이 나오지 않으리라고 생각하고 오늘 하루는 쉬어볼까 하다가 혹시나 하는 마음에 빵을 들고 학교에 가보니 한 아이가 아무도 없는 운동장에서 비를 피해 단상 아래에서 저를 기다리고 있었습니다. 비가 오는데도 나와서 운동하려고 오랫동안 기다리고 있었던 초등학생의 모습은 저에게 큰 감동이었습니다.

빵과 뉴스포츠를 통하여 초등학생들과 매우 친해지게 되었고 그 학생 중의 한 명은 후에 중학교 야구 선수가 되어서 야구 유니폼을 입고 빵집으로 감사 인사를 하러 온 아이도 있었습니다.

Q3
스포츠 발명가가 되기 위해
무엇을 준비했고
필요한 자격 요건은 무엇인가요?

뉴스포츠 발명을 하기 위해서는 특별한 학위나 자격이 필요하진 않습니다. 저는 뉴스포츠 발명가의 길로 들어선 후에 야구 교본, 축구 교본, 족구 교본 등 스포츠 관련 책들도 읽고 스포츠 영상도 보면서 많은 연구를 했습니다. 또한, 제가 개발한 뉴스포츠와 유사한 운동이 있는지 확인하기 위해서 전 세계의 뉴스포츠, 이색 스포츠 등 수백여 개의 종목들을 찾아서 비교해 보았습니다.

발명을 잘 하기 위해서는 본인이 생각한 아이디어를 바로 실행에 옮겨서 만들어 보고 직접 경기를 해보면서 경기방법과 규칙 그리고 스포츠용품의 문제점을 찾아내고 수정 보완하며 발명품을 완성해 가는 과정이 중요합니다. 수많은 시행착오가 있더라도 지치거나 포기하지 않고 끝까지 해내고 말겠다는 인내와 의지가 가장 중요합니다.

또한, 주변을 관심 있게 보고 기록하는 것도 발명에 매우 중요한 요소입니다. 저는 이것저것 구경하면서 걷는 것을 좋아하기에 화곡동 집에서 동대문 야구장까지 종종 걸어갔습니다. 걷다 보면 을지로와 청계천을 지나가게 되는데 그곳에서 물건을 만드는 업체들을 눈여겨 보았고 제가 개발한 뉴스포츠 용구 샘플들을 그곳에서 만들 수 있었습니다.

김창원 소장이 발명한 뉴스포츠용품들

197

Q4
스포츠 발명가로 살아가면서 언제 행복과 보람을 느끼시나요?

학교에서 체육 수업 시간에 제가 개발한 여러 뉴스포츠들로 수업이 진행되는 것을 보면 보람을 느낍니다. 수업 시간에 학생들의 표정을 보면 새로 접하는 뉴스포츠를 재미있어하며 즐겁게 웃고 있습니다. 학생들이 하나가 되어서 수업에 참여하고 선생님들이 한국 뉴스포츠가 해외에서 수입된 뉴스포츠보다 교육적으로 더욱 우수하다고 평가해 주실 때도 매우 자부심을 느낍니다.

일부 종목이 체육 교과서에 수록되었을 때는 우리나라 학생들의 건강 증진에 도움을 주

었다는 생각에 뿌듯했습니다. 그리고 인도네시아, 말레이시아에서는 투투볼이 보급되자 반응이 좋아서 학교 수업 과정에 포함되고 투투볼 대회가 열리기도 했습니다. 말레이시아 체육교사들은 한국에 방문하여 투투볼을 직접 배우고 돌아가서 투투볼을 학생들에게 가르치고 투투볼 대회를 개최하여 여러 사진을 찍어 보내주었는데, 우승 트로피에 'Korean Sports twotwoball'이라 새겨져 있는 것을 보고 가슴이 벅찼습니다. 또한, 2014년에 EBS 다큐멘터리 3부작 '뉴스포츠의 세계' 2부, 3부에 출연하여 뉴스포츠 발명에 대한 인터뷰를 하고 제가 개발한 한국 뉴스포츠 파워 발야구를 현정화 탁구 감독님과 함께 배워보는 시간을 가졌습니다. 앞으로도 새로운 스포츠를 세계에 더욱 알리며 건강 증진에 도움을 주고 싶습니다.

체육교사들과 함께 '한국 뉴스포츠' 연수 중에

아프리카 말라위에서
투투볼 경기를 하는 모습

"KOREAN SPORTS TWO TWO BALL"이라고 표기된
말레이시아 투투볼 대회 트로피

Q5

스포츠 발명가로서
잊을 수 없는 일이나 에피소드가 있다면 소개해주세요.

2014년에 EBS 다큐멘터리 '뉴스포츠의 세계' 2부, 3부에 출연한 일입니다. 처음에는 저를 취재할 계획이 아니었는데 우연히도 체육교사 연수 때 제가 개발한 뉴스포츠 파워 발야구를 본 담당 PD가 지금까지 취재한 내용은 모두 해외에서 수입된 뉴스포츠인데 파워 발야구는 한국의 뉴스포츠라는 이야기를 듣고서 저희 집으로 직접 방문했습니다. 그 PD는 제가 1992년부터 개발한 기록들이 축적되어 있는 개발 공책들과 정리해 놓은 수많은 자료를 보고 감탄하며 뉴스포츠 발명가인 저와 가족들을 인터뷰했습니다.

그 내용이 2부에 구성되어 방송되었고, 제가 개발한 한국 뉴스포츠 파워 발야구를 현정화 탁구 감독님이 직접 배워서 경기하는 영상이 3부에 방송되었습니다. 저뿐만 아니라 가족들까지 처음으로 방송에 출연했는데, 그 일은 제가 개발한 한국 뉴스포츠가 방송에 소개된 잊지 못할 에피소드입니다.

학생선수 진로 지도를 위한 교육부 제작 프로그램에 출연하여 인터뷰하는 모습

Q6
스포츠 발명가의 미래 전망은 어떠하다고 생각하시나요?

저는 뉴스포츠의 전망은 매우 밝다고 생각합니다. 지금 뉴스포츠는 점점 더 많이 학교 현장에서 체육 수업으로 진행되면서 널리 알려지고 있습니다.

그리고 남녀노소, 장애인과 비장애인 누구나 할 수 있는 운동으로 대상의 제약이 없다는 것도 장점이라 생각합니다. 그리고 해외에서 수입된 티볼이나 플라잉 디스크가 국내에서 퍼지고 있는 것을 볼 때 반대로 한국에서 개발한 한국 뉴스포츠도 해외에 널리 보급하여 한류 스포츠로 확산시킬 수 있습니다. 태권도처

럼 전 세계에 보급되어서 올림픽 종목으로 지정되는 꿈을 꾸어 봅니다. 또한 특허, 디자인, 상표, 저작권 등 지식 재산권을 보유하여 독점권이 부여되면 한국 스포츠 산업 발전에 크게 이바지할 수 있다고 생각합니다.

한국 뉴스포츠 도서들

사단법인 한국뉴스포츠진흥원
http://www.k-newsports.kr

소통과 배려를 경험하는 뉴스포츠
투투볼을 아시나요?
https://www.youtube.com/
watch?v=SbJ6ATDtvSQ

체육행사 중 줄바토런에
모두가 심취한 이유
https://www.youtube.com/
watch?v=QQLl3JzqS9I

37명의
스포츠 직업인
인터뷰를 통한

스포츠 진로 찾기

CHAPTER

4

공공 행정
및 경기

한국대학스포츠협의회(kusf)에서
대학 스포츠의 혁신을 소망하다

스포츠 기획자

한국대학스포츠협의회 기획 총괄팀
권 오 석

'공부하는 학생선수, 운동하는 일반 학생'이라는
목표 아래 대학에 스포츠 전파!

Q1
본인 소개
부탁드립니다.

한국대학스포츠협의회 기획 총괄팀에 근무하고 있는 권오석 대리입니다.

인천 부평구에서 태어나서 초중고 모두 인천에서 살았습니다. 대학에 진학하면서 인천을 벗어나 처음 멀리 학교를 다녔습니다. 저는 2009년 단국대학교 법학과에 입학했습니다. 대학교 졸업 후에 진로를 고민하다가 대학원에 진학했고, 석사 과정을 마치고 한국대학스포츠협의회에 지난 2017년 입사하게 되었습니다.

국가대표 선수촌에서 수업을 들을 수 있는 사업에 대한 설명회

Q 2
한국대학스포츠협의회 기획 총괄팀에
근무하게 된 이유나 계기는
무엇인가요?

저는 운동이라는 활동에 대해 관심이 많았습니다. 조금 특이한 점이라면 직접 체험하고 활동하는 것보다는 주로 관람하는 걸 좋아했습니다. 스포츠 중계를 보고 다양한 종목을 배우면서 제가 대학 때 전공한 법이라는 학문과 연결해서 직업을 찾으면 더 좋지 않을까 생각했습니다.

스포츠 안에서 법이라는 저의 전공 과목과 연결할 수 있는 부분은 생각보다 무궁무진했습니다. 스포츠에서 정의하지 못하는 부분을 법이라는 전공을 통해 이어갈 수 있는 점이 가장 매력적이었습니다. 스포츠를 규정화하고 이를 바탕으로 다양한 정책으로 이어갈 수 있어서 더욱 즐거웠습니다. 특히나 대학의 경우에는 초중고 시절과 비교해서 학생선수-일반 학생 간 거리

가 멀었습니다. 그래서 제가 기억하는 학생선수들은 항상 거리감이 있었습니다. 많은 직업 중에 대학의 스포츠를 담당하는 기관에서 일을 시작하게 된 것은 특히나 이러한 거리를 줄이는 데 법이라는 객관적인 학문이 도움이 되지 않을까 싶어서입니다.

저는 제가 다니고 있는 회사에 대해 항상 추가적으로 설명해야 합니다. 대학스포츠협의회라는 이름으로는 어떤 일을 하는지 정확히 설명하기 어렵기 때문이죠. 저희는 대학에서 운영하는 운동부를 지원하기도 하고, 운동부 학생선수들을 위해 공부하도록 지원하기도 하며 일반 대학생들을 위해 클럽 대회를 개최하기도 합니다.

사실 저는 오랜 기간 이 직업을 원하지는 않았습니다. 대학원을 마치고 직업에 대한 고민을 시작하면서 우연히 이 기관에 대해 알게 되었는데, 많이 알고 있지 않았던 점이 오히려 저에게는 이 직업을 더 좋아하고 알아가는 기회가 되었습니다.

대학생들의 클럽 대회인
KUSF 클럽 챔피언십 대회

Q3
한국대학스포츠협의회
직원이 되기 위해 무엇을 준비했고
필요한 자격 요건은 무엇인가요?

한국대학스포츠협의회에서 근무하는 직원분들의 대학과 전공은 다양합니다. 다만, 체육 관련 전공을 가진 분들이 아무래도 조금 더 많습니다. 그렇지만 저처럼 스포츠와는 전혀 관계 없어 보이는 전공도 누구나 도전할 수 있습니다. 언제나 열린 마음으로 스포츠에 대해 도전할 수 있는 마음이 있다면 누구나 가능한 직업이라고 생각합니다.

대학 운동부를 지원하는 대학 운동부 지원 사업 설명회

Q4
한국대학스포츠협의회
직원으로 살아가면서
언제 행복과 보람을 느끼시나요?

제가 담당하는 업무 중에 가장 큰 부분은, 대학의 운동부를 운영할 수 있게 예산을 지원하는 업무입니다. 때때로 대학 현장에 방문하여 제가 지원해드리는 예산으로 대학에서 유용하게 활용하고 있다는 이야기를 들을 때마다 보람을 느끼고 있습니다. 그리고 추가적으로 일반 대학생들이 클럽대회에서 상대를 배려하면서 최선을 다해

경쟁하는 모습을 볼 때면 스포츠의 본 모습을 보는 거 같아서 매번 흐뭇하고 행복합니다.

Q 5
한국대학스포츠협의회 직원으로서 잊을 수 없는 일이나 에피소드가 있다면 소개해주세요.

저희 협의회에서는 2개 학기의 성적이 C⁰ 학점이 넘지 못하면 저희가 주관하는 대회에 참가할 수 없도록 하고 있습니다. 학생선수들의 학습권을 보장하기 위해 시작된 제도입니다. 지난 2017년부터 적용하고 있습니다. 처음에는 학교 성적이 좋지 못해서 출전하지 못하는 학생들이 많았습니다. 그러면서 많은 불만을 들었습니다. 몇 년

동안은 솔직히 두려웠습니다. 정말 강하게 항의하고 반발하시는 분들도 많았고 크게 소리치면서 항의하는 전화도 다수 받았습니다. 그렇게 2년 정도 지나자 학생들이 수업도 들어가고 시험도 보더니 놀라울 정도로 성적이 좋아져서 처음 제도를 도입할 당시보다 참가하지 못하는 학생선수가 5분의 1 수준으로 줄어든 것을 보면서 감회가 남달랐습니다. 그 일이 기억에 남습니다. 그동안은 운동하는 학생선수들이 공부를 못하는 게 아니라 못할 수밖에 없는 환경이었다는 것을 깨닫는 계기가 되었습니다.

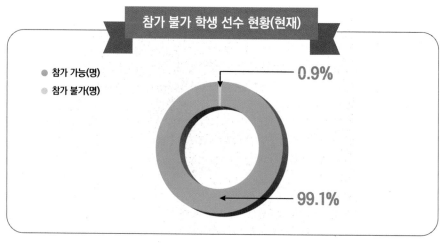

참가 불가 학생 선수 현황(현재)

● 참가 가능(명)
● 참가 불가(명)

0.9%

99.1%

대학 운동부 학생선수의 학습권 보장을 위한 C⁰ 규정 적용 현황

Q 6
**한국대학스포츠협의회 직원의
미래 전망은
어떠하다고 생각하시나요?**

대학 지체만 봤을 때는 과거에 비해서 학생 수가 많이 줄어들고 있습니다. 이런 점은 어쩔 수 없다고 생각합니다. 다만, 저희 협의회는 공부하는 학생선수, 운동하는 일반 학생이라는 목표를 가지고 더 많은 대학생에게 스포츠를 전하고 있습니다.

대학에서 경험하고 체험하는 스포츠는 평생 스포츠의 기반이 될 거라고 생각합니다. 그래서 다양한 스포츠에 대한 변화를 수용하고 스포츠에 대한 목표를 가지고 있다면 여전히 성장이 가능한 직업이라고 생각합니다.

한국대학스포츠협의회
https://kusf.or.kr/

학교체육진흥회에서
스포츠 행정가의 삶을 시작하다

스포츠 행정가

학교체육진흥회 직원
강 보 미

*스포츠를 좋아하는 사람으로서
스포츠를 즐기는 사람들을 위해 일하고 싶습니다.*

Q1
본인 소개
부탁드립니다.

여름에는 야구장, 겨울에는 스키장을 다니면서 스포츠를 즐기며 살고 있는 강보미입니다. 현재 학교체육진흥회라는 단체에서 근무하며 학교 체육, 학교스포츠클럽, 체육 인재 육성 발전과 관련된 사업을 하는 체육 행정가로 일하고 있습니다. 저는 어렸을 때부터 쇼트트랙, 수영, 농구, 에어로빅 등 다양한 활동을 배우며 자연스럽게 스포츠와 친해지게 되었습니다. 뜀틀을 성공했을 때의 성취감, 반 대표로 계주를 뛸 때의 긴장감, 피구를 이겼을 때

스키장에서 보드를 즐기는 필자

의 쾌감! 그 모든 게 좋았습니다. 그 느낌을 좇아 스포츠경영학과에 진학하게 되었고 줄곧 스포츠는 제 삶과 함께였습니다. 여느 학생처럼 체육 수업을 제일 좋아했던 여학생이 커서 체육 수업 활성화를 목표로 하고 있는 곳에 몸담아 열심히 일하고 있습니다.

Q 2
직업으로
스포츠 행정가를 선택하게 된
이유나 계기는 무엇인가요?

2008년 베이징 올림픽은 대한민국 야구 국가대표가 9전 전승을 하며 금메달을 딴 올림픽입니다. 특히 극적인 병살타로 경기를 마무리한 결승전은 야구 규칙도 모르던 사람을 끌어들이기에 충분히 극적인 경기였습니다. 그 이후 우리나라에서 야구의 인기가 급상승하게 되었는데 저도 그때 야구에 입문하게 된 여고생이었습니다. 한창 하나에 꽂히면 열정을 쏟는 나이였기 때문에 급속도로 야구를 좋아하게 되어 직접 플랜카드를 만들거나 야구 선수 사인회를 찾아갈 만큼 열성이었습니다.

지금 생각해 보면 야구 선수를 더 좋아해서 그랬던 것 같기도 하지만 체육 진로를 결정하기엔 충분한 자극제가 되었습니다. 단순히 스포츠와 체육 수업을 좋아하기만 했던 학생에게 스포츠 행정가가 되고 싶다는 꿈을 꾸게 해

주었기 때문에 2008년 베이징 올림픽은 저에게도 남다른 의미가 있다고 할 수 있습니다.

연예인들이 활동하기 위해 소속사와 매니저들이 필요하듯 운동 선수, 학생선수, 체육교사들이 스포츠 대회, 행사 등의 활동을 하기 위해서는 체육 행정가가 필요합니다. 처음에는 그저 내가 좋아하는 종목의 협회에서 해당 경기를 보며 일하는 것이 좋았습니다. 내가 좋아하는 종목 스포츠 선수들을 보고 그들을 위해 대회를 준비해 주는 것에 자부심을 느꼈습니다. 그런데 이제는 하나의 종목에 국한되지 않고 스포츠와 체육 수업을 좋아하는 학생들, 그 학생들을 위해 일하는 체육교사들을 위해 일하는 것이 저에게는 또 다른 행복입니다. 앞으로도 스포츠를 좋아하는 사람으로서 스포츠를 즐기는 사람들을 위해 일하고 싶습니다.

Q3
학교체육진흥회 직원이 되기 위해 무엇을 준비했고 필요한 자격 요건은 무엇인가요?

스포츠 쪽은 누구나 스포츠에 큰 열정을 품고 오는 곳이기 때문에 스포츠에 대한 열정을 어떻게 발전시켜왔는지를 잘 보여주는 것이 중요합니다. 그것을 보여주기 위해서는 나만의 스포츠 이야기를 만들어야 합니다.

첫째, 스포츠 관련 학과에 진학합니다. 스포츠 행정 쪽에 입사 지원을 할 때 스포츠 전공자는 가산점을 받는 경우가 많기 때문입니다. 저는 남서울대학교 스포츠경영학과를 졸업하고 유소년 체육 지도자 자격증을 취득했습니다.

둘째, 행정에 필요한 자격증을 취득합니다. 요즘엔 컴퓨터 관련 자격증은 필수이고 그 외에 사무에 필요한 자격증을 챙겨야 합니다. 저는 컴퓨터 활용 능력, 포토샵을 다루는 그래픽 기술 자격 GTQ, 워드 프로세서, 전산 회계, 스포츠 마케팅 전문가 양성 과정 자격증을 취득했습니다.

셋째, 아르바이트나 인턴을 할 때도 스포츠와 관련된 곳에서 경험을 쌓습니다. 저는 마라톤, 철인 3종 경기 등 스포츠 행사 스태프 아르바이트로 얻은 경험을 바탕으로 독립 야구단 연천 미라클, 대한민국 배구 협회에서 인턴 생활을 했습니다. 특히 내가 좋아하는 종목에서 인턴 생활을 한다면 자기소개서와 면접 때 풀어나갈 나만의 스포츠 이야기가 생깁니다.

마지막으로 진심으로 좋아하는 스포츠를 만듭니다. 그럼 자연스럽게 취미가 생기고 관련 정보를 자세하게 알게 되어 그와 관련된 직업을 갖기 위해 여러모로 노력하게 됩니다. 그런 노력들이 쌓인다면 스포츠에 대한 나만의 진심을 전달하기 쉬워집니다.

Q4
학교체육진흥회 직원으로
살아가면서
언제 행복과 보람을 느끼시나요?

학교체육진흥회는 체육교사, 학생선수, 스포츠를 좋아하는 일반 학생들에게 필요한 사업을 기획하여 수행합니다. 그 사업들이 실제로 체육교사, 학생선수, 일반 학생들에게 도움이 될 때 가장 보람을 느낍니다.

학교체육진흥회의 사업에는 체육교사들에게 우수한 체육 수업 사례를 공유하고 소통의 장을 만들어 주는 사업, 학생선수들에게 공부에 대한 흥미를 일깨워주는 사업, 새로운 활동과 놀이를 소개해주며 다양한 체육 수업을 제공해주는 사업, 스포츠 클럽을 즐길 수 있게 해주는 사업 등이 있으며 몇 개월에 걸쳐 열심히 준비해 온 이러한 사업들이 성공적으로 마무리되고 사업의 대상자들이 만족감을 느낄 때 저의 행복감도 높아집니다.

대한민국 체육 교육 축전 기조 강연

Q 5

학교체육진흥회 직원으로서 잊을 수 없는 일이나 에피소드가 있다면 소개해주세요.

올해 초등 교원 생존 수영 직무 연수 운영을 위해 여수 해양 경찰청 연수원에서 일주일 동안 근무한 적이 있습니다. 입사 후 타지에서 하는 가장 긴 출장이기도 했고 처음 운영해 보는 사업이었기 때문에 긴장을 많이 했습니다. 처음에는 선생님들의 중요한 연수를 원활하게 운영해야 한다는 점, 안전을 책임진다는 점 등 여러 이유로 많은 걱정과 부담감이 있었습니다.

그때 첫 기수 선생님들의 문화 체험이 아직도 기억에 남습니다. 문화 체험은 여수 케이블카를 타며 여수의 야경을 관람하는 시간이었지만, 대기 줄이 너무 길어 과감히 포기하고 관광버스 기사님의 추천으로 여수와 고흥을 잇

는 다리를 보는 시티 투어로 변경하게 되었습니다. 이는 여수의 밤바다를 기대하고 온 선생님들께 적잖은 실망감을 안기며 오랜 시간 버스로만 이동하게 하는 아쉬운 선택으로 마무리되었습니다. 선생님들께 너무 죄송한 마음이었지만, 한 선생님께서 학교에서도 원래 처음 담임을 맡은 반 학생들에게는 미흡한 점이 많아서 아쉬운 것 투성이라 가장 미안한 마음이 든다며, 하지만 그로 인해 성장하게 될 테니 너무 신경 쓰지 말라고 위로해주셨습니다.

실제로 두 번째 기수 선생님들께는 성공적인 문화 체험 시간을 경험하게 해드렸습니다. 두 번째 기수 선생님들과 여수 케이블카 전망대에 올라가서 본 노을은 정말 잊히지 않습니다. 그날따라 노을은 너무 아름다웠는데, 이 풍경을 첫 기수 선생님들께 보여주지 못했다는 사실에 참 많은 생각이 들었습니다. 지금은 같은 실수를 반복하지 않기 위해 노력하고 있으며, 성장했다는 것에 의의를 두고 있습니다.

Q6
스포츠 행정가의
미래 전망은
어떠하다고 생각하시나요?

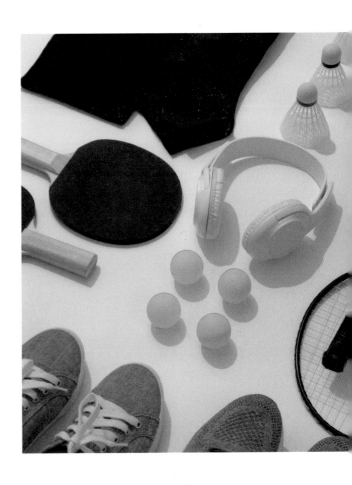

여가의 중요성이 높아지면서 스포츠에 대한 관심이 전 세계적으로 높아졌습니다. 스포츠 활동은 우리 삶에 긍정적인 영향을 미칩니다. 스포츠를 통해 유대감이 강화되고 팀워크와 리더십, 사회적 능력까지 키울 수 있습니다. 그 때문에 스포츠 관련 기관들은 앞으로도 계속 발전할 것이며 기관을 발전시켜 나갈 스포츠 행정가들은 앞으로도 중요한 직업군이 될 것으로 기대합니다. 또한 점차적으로 학생선수들의 학업 필요성이 중요해지면서 학생선수들을 위한 사업을 하는 학교체육진흥회 또한 우리 사회에 꼭 필요한 기관이라고 생각합니다.

학교체육진흥회 포털
https://www.cspep.or.kr/

학교체육진흥회tv
https://www.youtube.com/
@cspeptv

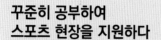

꾸준히 공부하여
스포츠 현장을 지원하다

스포츠 행정가

수원FC
유 용 준

스포츠 행정 분야는 다양한 전공자들의 집합소,
자기 분야의 전문성 갖춰야….

Q1
본인 소개
부탁드립니다.

축구 선수 출신 행정가 유용준입니다. 저는 서울특별시에서 태어났지만, 유년기는 충북 청주에서 줄곧 생활했습니다. 지금은 세종시 조치원에 거주하고 있고, 경기도 수원에 있는 수원FC에서 근무하고 있습니다. 초등학교 재학 당시 훈련 후 간식, 숙제 면제 등의 사유로 육상부 선수로 활동하다가 훈련하는 모습을 지켜보시던 체육 선생님과 축구부 코치님께 운동 소질을 인정받아 축구부 일원으로 발탁되어 초등학교 5학년 때부터 축구 선수의 길에

들어섰습니다.

이후 남들과 같이 상급 학교로 진학하며 평범하게 선수로 활동하다 고등학생 때 가족의 희생과 배려로 브라질로 축구 유학을 떠났습니다. 그곳에서 우수한 능력을 갖춘 선수들과 겨루며 유럽 진출, 월드컵 출전 등의 꿈을 갖게 되었습니다. 그러다가 병역 이행과 기타 사항 등으로 어쩔 수 없이 국내로 복귀할 수밖에 없었고 이후 대학에서 선수 활동을 하다 운이 좋게 프로 팀에 입단했습니다. 그러나 기량 부족으로 1년 만에 방출되었고 실업팀에서 3년간 활동하다 더 이상 선수로 크게 성장할 수 없다고 판단되어 이른 나이에 진로를 변경하게 되었습니다.

당시를 회상해보면 뛰어난 재능 없이 노력만 했던 선수로 기억됩니다. 이후 학교 현장에서 학생을 가르치는 교육자를 꿈꾸며 체육교육학과로 편입하여 체육이란 전문 분야를 깊이 있게 공부하게 되었습니다. 공부에 재미를 느껴 대학원까지 진학했으며, 현재는 박사 학위 취득을 앞두고 있습니다. 저는 과거에 공부는 지루하고 어려운 과정으로 생각하며 학업보다는 운동에 더 많은 시간을 보냈습니다. 그러나 은퇴 후 집중해서 공부하니 배움에 즐거움을 느끼게 되었고 학업 도중 평생의 동반자인 아내도 만나게 되었습니다. 축구단의 특성상 쉬는 시간이 많지 않고, 특히 시즌 중에는 많은 경기로 취미 생활을 즐기는 데 한계가 있긴 하지만, 아내와 함께할 수 있는 스포츠인 골프를 가끔 즐깁니다.

Q 2
직업으로
스포츠 행정가를 선택하게 된 이유나
계기는 무엇인가요?

현장 지도자는 시즌이 종류되는 겨울, 재계약 등의 이유로 많은 스트레스를 받습니다. 그래서 현장 지도자들은 겨울을 따뜻하게 보낼지 춥게 보낼지를 일을 할 수 있느냐 없느냐로 결정짓게 됩니다. 즉 나의 성과와 남의 결정에 내 가족의 생계 문제가 달린 거죠. 그에 반해 행정직을 수행하는 경우 정년이 보장되는 경우가 많습니다.

저는 원래 교수 혹은 축구 지도자가 목표였습니다. 그런데 현재 근무 중인 이곳의 공고를 보고 행정이란 분야는 자신도 없고 생소했지만,

함께 선수 생활을 했던
브라질 축구 국가대표 선수인 티아
고 실바와 함께

축구와 관련된 행정이라면 해볼 만하다는 생각에 지원하게 되었습니다. 현재는 아주 가끔 현장에서 지도자로 활약하는 모습을 상상하지만, 행정가로 성공하는 모습을 그려보기도 합니다.

Q3
스포츠 행정가가 되기 위해 무엇을 준비했고 필요한 자격 요건은 무엇인가요?

제가 담당하는 업무는 학위나 자격증이 필요하진 않지만, 축구라는 종목의 특성을 잘 이해하고 있어야 합니다. 제가 일하는 이곳은 다양한 분야 전공자들의 집합 장소입니다. 회계, 홍보, 의료, 통역, 분석가, 축구 지도자 등이 포진되어 있습니다. 그러므로 자신이 좋아하는 분야의 전문성을 갖춰야 합니다. 제가 담당하고 있는 업무의 경우 축구인과 비축구인이 공존합니다. 축구인은 선수를 전문적으로 볼 수 있고 비축구인은 축구인이 챙기지 못하는 부분을 지원해주기도 합니다. 서로 의존도가 높고 원활한 소통이 되어야 팀 구성 시 좋은 선수를 영입할 수 있는 시너지를 낼 수 있습니다. 다만 프로 축구단에서 업무하실 생각이 있다면 필수적으로 운전면허증은 필요합니다. 그 외 축구, 회계, 외국어, 컴퓨터 등의 자격증을 갖춘다면 구단 지원에 유리할 것으로 생각됩니다. 입사 후 자신이 부족하다고 느끼는 분야의 전문성을 갖추기 위해 대학원 혹은 전문 자격 코스를 이수하는 것이 업무의 전문성을 갖추는 데 도움이 됩니다.

Q4
스포츠 행정가로 살아가면서 언제 행복과 보람을 느끼시나요?

영입한 선수가 좋은 활약을 할 때 보람을 느낍니다. 특히, 신인, 무명의 선수였지만 저희 팀에 와서 좋은 활약을 펼치고 수준급 선수로 성장하는 모습을 볼 때와 어려운 과정을 거친 선수들이 자신의 과거를 기억하며 주변의 선수를 챙기고, 자라나고 있는 유소년 선수들에게 멘토가 되어 줄 때 큰 보람을 느낍니다. 그리고 행복감은 생각지도 못한 곳에서 얻는 경우가 많습니다. 어느 날 아들이 손흥민 선수와 사진을 찍고 싶다고 이야기했고 이를 가까운 소속 팀 선수들에게 이야기하니 일사천리로 만남을 주선해주었습니다. 이후 아들과 딸 그리고 아내 모두 손흥민, 이강인 선수와 사진을 찍을 기회를 얻었습니다. 손흥민 선수와 아들은 이야기도 나누었습니다. 이렇듯 축구단의 가장 큰 매력은 누구나 쉽게 접근하지 못하는 선수들에게 접근할 수 있고 이런 인맥을 통해 가족에게 큰 추억을 만들어 줄 수 있는 것이 큰 행복인 것 같습니다. 결국 일을 하는 것은

손흥민, 이강인 선수와
사랑스러운 아이들과 함께

자신의 성취감을 위해서이기도 하지만 가족을 위한 것이기도 하니까요.

Q 5
스포츠 행정가로서
잊을 수 없는 일이나 에피소드가 있다면
소개해주세요.

2019년 S 방송국의 '스토브리그'라는 드라마를 기억하실지 모르겠습니다. 당시 최고 시청률 19.1%를 기록했던 인기 드라마로 남궁민(백승수 역), 박은빈(이세영 역) 등의 주인공들이 극 중

에서 하던 선수 계약, 영입, 방출, 협상 등의 일을 실제 현장에서 하고 있습니다.

첫 번째로 기억에 남는 에피소드는 2020년 2부 리그에 있던 팀이 1부 리그로 승격했을 당시가 가장 기억에 남습니다. 3년간 리그에서 하위권을 유지했고 선수층이 약했기에 전력상 저희가 승격할 것이라는 기대는 아무도 하지 않았습니다. 더욱이 코로나 상황으로 리그가 개최될지에 대한 여부도 불투명했고, 우여곡절 끝에 열리게 된 리그 역시 코로나로 인하여 언제 중단될지 모르는 긴장 상태였습니다. 경남FC와 리그 마지막 경기를 치르게 되었는데 경기 종료 직전 상대의 파울로 얻은 페널티킥을 성공시키

며 극적으로 1부로 승격하게 되었습니다.

많은 이들은 아지도 이 경기를 경제적 가치로 환산하면 100억의 가치가 있다고 합니다. 그간 선수 영입을 위해 전국을 누비며 고생했던 것이 이 경기로 다 보상받았던 순간이었습니다.

두 번째로는 국가대표 출신 선수인 박지수, 박주호, 이용 그리고 여자 축구 최고의 스타 지소연 등 한국 축구에 큰 업적을 남기고 있는 선수들을 영입한 순간입니다. 더 좋은 조건으로 다른 구단에 입단할 수 있음에도 우리 팀을 선택할 수 있었던 가장 큰 요인은 아마도 돈보다 더욱 값진 인간미가 있었기에 가능하지 않았나 생각합니다. 이들이 협상 과정에서 보인 예의, 배려 등은 왜 저 자리까지 올라갈 수 있었는지를 확인하게 해주었습니다. 그 외 지금까지 냉혹한 프로 세계에서 살아남아 인연이 되었던 모든 선수에게 존경의 마음을 표하고 싶습니다.

Q 6
스포츠 행정가의 미래 전망은 어떠하다고 생각하시나요?

프로 스포츠가 없어지지 않는 이상 해당 직군은 사라지지 않을 것입니다. 사람들은 스포츠를 인생의 축소판으로 보며 대리 만족감을 느낍니다. 즉 팬이 있는 한 스포츠는 살아 있습니다. 선수들만 경쟁하는 것이 아닙니다. 스포츠 행정가도 마찬가지로 무한 경쟁입니다. 자신의 가치는 자기 자신이 만들어 갑니다. 특히 축구라는 종목은 전 세계인이 사랑하는 스포츠이기에 자신만이 가질 수 있는 특별한 능력만 있다면 세계 어디에서도 행정가로 활동할 수 있을 것으로 판단됩니다.

승격 후 사무국 가족들과

박주호 선수와 함께

Q 7
연봉은 어느 정도이며
그 연봉에
만족하시나요?

프로 축구단은 기업 구단과 시민 구단 두 형태로 나뉩니다. 기업 구단의 경우 처우가 시민 구단보다 좋다고 들었습니다. 모든 직업군이 일정한 기간이 지나면 자연스럽게 연봉도 오르듯이 이곳도 그렇지만 물가 상승률 대비 조금 아쉬운 감이 있습니다. 직급마다 차이가 있겠지만 처음 입사하는 경우 2,000~ 4,000만 원 수준이고 이는 구단이 기업 구단이냐 시민 구단이냐에 따라 차이가 납니다. 그리고 구단 최고위까지 간다면 최소 1억 5천에서 많게는 4억 이상까지 받는다고 알고 있습니다.

수원FC
https://suwonfc.com/

위기를 기회로 만든 수영선수

운동선수

경남수영연맹 소속
유 현 지

*시상식대에 올라섰을 때, 신기록을 세웠을 때,
태극기를 달았을 때 가장 행복합니다.*

Q1
본인 소개
부탁드립니다.

저는 성남시에서 태어나 현재는 서울시 마포구에서 살고 있으며, 현재 경남수영연맹 소속 수영선수로 활동 중인 유현지입니다. 무남독녀 외동딸로써 가족은 저, 부모님 이렇게 셋입니다. 그 덕에 어렸을 적부터 교육 열이 많으신 어머니에 의해 체조, 스키, 태권도, 호신술 등의 운동들과 일본어, 한자, 컴퓨터, 종이접기 외에 여러 가지 공부들도 경험했습니다. 학창 시절 교복은 꼭 입어봐야 한다, 체육 계열이 아닌 친구들도 사귀어 봐야 한다는 부모

님의 뜻으로 학교는 일반 체육 중학교, 체육 고등학교가 아닌 인문계 정신여자중고등학교에 진학했습니다. 학창 시절 오전 운동 후 등교하면 쉬는 시간마다 학교 친구들과 매점으로 달려가 빵을 다섯 개씩 사먹고, 점심시간에 벚꽃나무를 타고, 복도에서 말뚝 박기를 하며 운동선수가 아닌 학생으로서의 생활도 즐길 수 있었습니다. 다만 하교 후엔 저는 운동을 하고 친구들은 학원에 갔고, 놀러갈 때 함께하지 못했지요. 방학에는 국가대표 상비군이 되어 전지 훈련을 갔습니다. 그렇게 시간이 흘러 고등학교 3학년이 되었고, 수능을 보고 최종적으로 경희대학교에 입학했습니다. 더불어 수영 프로 팀인 경남체육회 실업 팀에 스카웃을

받아 수영선수로서의 삶도 병행했습니다. 그 이후 학교를 다니며 국제 대학교 연맹 FISU에서 개최하는 광주 세계 유니버시아드에서 스윔오프라 하는 재경기 끝에 은메달을 쟁취하기도 했고, 헝가리 수영 세계 선수권도 출전했습니다. 배영 100m 1.01.09와 50m 28.17로 한국 신기록을 세우고, 진천 국가대표 선수촌에 들어가 훈련하기도 하며 지금까지도 수영선수로서의 커리어를 차근차근 쌓아 나가고 있습니다.

Q2
직업으로
수영선수를 선택하게 된 이유나 계기는
무엇인가요?

운동선수는 강하다는 인식과 다르게 저의 첫 시작은 허약한 몸에서 출발합니다. 어릴 때 고열이 자주 나 경기를 일으키자 의사 선생님으로부터 물에 담그라는 처방을 받은 이후 수영을 시작하게 되었습니다. 그때 나이가 5세였고, 어머니의 승부욕 때문에 전 바로 선수반에 들어가게 되었습니다. 수영을 시작하고 강동구청장배, 서울시장배를 뛰며 초등학교 2학년 때 선수 등록을 하게 되었습니다. 그 이후에 전국 수영 대회를 나가며 정신여자중학교에 체육 특기생으로 진학했습니다. 몸이 약해서 시작했으나 선수 등록을 하고 특기생으로 진학하는 과정에 여러 체력 테스트들을 해본 결과 심폐지구력이 좋고 순발력과 근육의 질이 좋다는 사실을 알게 되었습니다. 좋다고 칭찬해주시니 더더욱 운동에 재미와 흥미를 느꼈습니다.

운동선수로서의 꿈은 중학교 2학년 시절, 처음으로 전국소년체전에 나가게 되면서부터 시작되었습니다. 선발전에 통과하여 메달을 따면 부모님과 선생님들께 인정과 칭찬을 받고 이쁨을 받을 수 있다는 이유로 아주 단순하게 시작되었습니다. 그러나 직업으로서의 꿈은 여러 전국 대회를 나가면 만나는 실업 팀 언니, 오빠들이 국가대표 모자를 쓰고 한국 신기록을 깨어 4레인에 올라가 인사하는 퍼포먼스를 보면서 시작되었습니다. 나도 언젠가 한국 신기록을 경신하고 내 이름을 올리고 싶었고, 국가대표가 되어 멋진 프로로서 인정받아 많은 연봉을 받고 싶었습니다. 그 꿈은 직업이 된 후에 이루게 되었습니다.

Q3
운동선수가 되기 위해
무엇을 준비했고 필요한 자격 요건은
무엇인가요?

실업 팀 선수가 되기 위해선 고등학교 시절에 좋은 실적을 가지고 있어야 했습니다. 그래서 더더욱 훈련에 집중했고 시즌이 끝난 방학 중에도 전지 훈련과 동계, 하계 훈련을 하며 전국 대회를 준비했습니다. 이후 수영선수가 아닌 삶을 위해서는 좀 더 전문적인 지식이 필요하다는 생각이 들어 경희대학교 체육대학에 진학했고, 수영에서도 경영이란 종목에서 인정받기 위해 전문 지도자 자격증도 취득했습니다. 앞으로도 라이프 가드와 생활 체육 지도자 자격증을 추가로 취득할 예정입니다.

전국 수영 대회 시상식에서

Q4
운동선수로 살아가면서
언제 행복과 보람을
느끼시나요?

운동선수는 결과로 보상받는다는 말이 있습니다. 시합 이후 시상식대 가장 높은 곳에 올라섰을 때, 한국 신기록을 세워 4레인에 올라 퍼포먼스를 할 수 있을 때, 국제대회를 나가 왼쪽 가슴과 수영 모자에 태극기와 내 이름을 달았을 때 가장 행복을 느낍니다. 다만 가장 보람찰 때는 한 해의 시즌이 끝나는 마지막 시합인 전국체전이 끝나면 11월~12월까지 전국의 시청, 연맹 등에서 스카웃 제의를 받게 됩니다. 그러면 원하는 조건과 연봉, 옵션 등을 관계자와 조율하여 가장 조건과 잘맞는 곳을 선택하고 계약서에 사인하게 됩니다. 여기서 계약서에 적히는 연봉은 메달과 기록에 따라 변화가 크기에 올 한해도 열심히 최선을 다했다는 인정을 받는 지표이자 많은 보람을 느끼는 요소가 됩니다.

Q5

운동선수로서
잊을 수 없는 일이나 에피소드가 있다면
소개해주세요.

저의 첫 국제대회인 광주 유니버시아드 시합에서 있었던 에피소드가 가장 기억에 남습니다. 저는 배영 50m와 100m, 혼계영 400m에 출전했습니다. 그중에서 배영 50m을 뛰었을 때를 잊을 수 없습니다. 예선에서 조 1위 통과, 준결승에서 동타 8위를 했습니다. 결승은 단 8명만이 올라갈 수 있기에 저는 스윔오프라고 하는 재경기를 미국 선수와 하게 되었습니다. 키도 덩치도 저보다 훨씬 크고 그전 100m에서 메달을 획득했던 선수와 단 둘이서 재경기를 해야 해 굉장히 긴장되고 한편으론 두렵기도 했습니다. 긴장한 저와 미국 선수가 재입장했습니다. 스타트대로 걸어가는 도중 옆쪽에 있던 관중석이 보였습니다. 재경기는 모든 시합

이 끝난 후에 하기에 저를 응원하는 사람들이 없을거라 생각했습니다. 그러나 시합이 끝났음에도 저를 기다려서 응원하고 관람객들, 그리고 붙어 있는 자리에서 서로 소리를 지르고 막대 풍선을 치며 응원하는 미국 선수들과 한국 선수들을 보았습니다. 그 순간 '해보자! 할 수 있다!'라는 생각이 들었고, 시합 결과는 비공식 한국 신기록, 준결승 2위 기록으로 미국 선수를 이기고 8위로 결승에 진출하게 되었습니다. 그 후 결승에서 동타 2위를 하여 광주 유니버시아드 수영 경영 종목 유일한 메달을 얻어낼 수 있었습니다. 이 메달로 청와대 행사에서 대통령을 만나 식사도 할 수 있었습니다. 저는 뉴스에서 저의 재경기를 방송하며 아나운서가 했던 말이 기억에 남아 있습니다.

"위기를 기회로!"

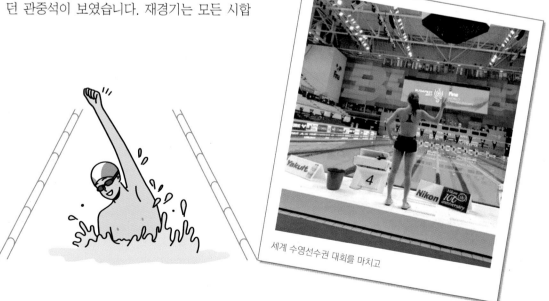

세계 수영선수권 대회를 마치고

Q 6
운동선수의
미래 전망은 어떠하다고
생각하시나요?

앞으로 엘리트 체육은 축소하고 생활 체육은 점차 확대될 것이라고 추측합니다. 일반인들의 건강 증진을 위해 수영에 대한 지속적인 관심으로 많은 유입이 있을 것으로 생각하나 엘리트 체육은 학교 수업과의 불균형으로 점차 축소하여 얇은 선수층을 유지할 것으로 예상합니다. 그러므로 엘리트 체육을 향한 지속적인 관심과 지원이 필요하다고 생각합니다. 생활 체육 측면은 증가하는 추세이기에 앞으로 선수 출신의 지도자들도 많은 수가 필요할 것입니다. 선수 생활을 하면서 겪은 경험과 실질적인 조언을 해줄 수 있는 지도자가 되기 위해 학생선수들의 꾸준한 도전과 발전이 있기를 기대합니다.

Q7
연봉은 어느 정도 되며
그 연봉에
만족하시나요?

최고 연봉은 100m 한국 기록을 가지고 있던 당시 1억 원이었습니다. 그러나 재투자되는 금액이 크고 계속 유지되는 연봉이 아니라 1년마다 재계약하기 때문에 유동성이 큽니다. 재투자되는 금액으로는 레슨비, 웨이트장 이용비, 건강 보조제비, 시합복비(여자 시합복 약 70만 원대) 등 운동하기 위해 들어가는 금액들을 포함하고 있습니다. 지속적이고 고정적으로 나가는 금액들이기에 부담이 큰 편입니다. 연봉은 메달이나 기록에 따라 달라지기에 메달을 획득하지 못하면 연봉은 더 적어져서 생활비와 재투자 금액을 충당하기 위해서는 연봉 외의 다른 후원이나 지원이 추가적으로 필요합니다.

대한체육회
https://www.sports.or.kr/
index.do

미래의 수영 국가대표 선수들을
가르치고 있는

전문 체육 지도자

경기체육중학교
김 성 겸

*지도자의 수준은 지도 받는 선수들의 결과로
나타나게 된다는 것을 실감합니다.*

Q1
**본인 소개
부탁드립니다.**

어렸을 때부터 물에 대한 공포심과 거부감이 없고 유치원이 스포츠 센터와 붙어 있어서 수영을 시작하기에 어려움이 없었습니다. 그렇게 전문적으로 수영을 시작하여 초등학교와 중학교 시절 꾸준히 좋은 성적이 나왔습니다. 하지만 중학교 1학년 때 고막을 다쳐 악성 염증으로 청력을 잃을 위기를 겪게 되었습니다. 어린 나이에 두 번의 대수술을 하여 중학교 3학년 1학기까지 선수 생활을 중단해야 했습니다. 하지만 수영에 대한 즐거움을 잊지 못해

끝까지 치료한 끝에 빠르게 회복하여 다시 훈련을 시작할 수 있었습니다. 수술로 인한 공백기를 메우기 위해 시합 전 두 달 동안 누구보다 악착같이 훈련했고, 결국 3학년 2학기 전국 대회에서 3등이란 결과를 얻어 경기체육고등학교에 진학할 수 있었습니다.

그러나 고등학교에 진학한 후로도 길었던 공백기로 인한 체력 부족과 잦은 부상으로 다시 한번 수영을 하지 못할 위기가 찾아왔습니다. 어렵게 입학한 경기체육고등학교에서 이대로 기회를 놓치고 싶지 않았습니다. 저는 다시 부상을 치료하며 훈련에 집중하고 싶었지만, 저의 열정과는 다른 운동량은 선생님과의 트러블로 이어졌습니다. 결국 대회에서의 기

록 단축과 전국체전 선발이라는 조건부로 따로 훈련을 할 수 있게 되었습니다. 조건이 충족되지 못하면 전학을 가겠다는 생각까지 품었습니다. 한 달간 혼자 수영하면서 남들이 쉬는 시간에도 혼자만의 루틴을 만들어 가며 훈련에 집중했습니다.

대망의 시합날, 주 종목에서 4초 갱신이라는 엄청난 기록을 세웠고 고등학교 1학년이 위 학년을 이기고 체전 선발이라는 결과를 만들어 냈습니다. 선생님은 결과를 보고 다시 한번 같이 해보자고 하셨으나 그동안 만들어왔던 저의 루틴과는 다른 훈련법 때문에 고등학교 2학년까지 메달을 딸 수 없었습니다. 곧 3학년이 되는 저는 이대로 포기할 수 없었습니다. 선생님이 지시한 운동보다 더 많이 더 강하게 더 집중해서 운동을 소화하고 철저히 몸 관리를

하여 동계 훈련을 마무리지었습니다.

동계 훈련의 결과는 첫 대회부터 나오기 시작했습니다. 메달이 없던 저는 주 종목에서 금메달을 땄고 자신감과 자존감을 얻어 시즌 마지막까지 금메달을 놓치지 않았습니다. 저의 노력으로 만들어낸 결과들은 저에게 많은 기회를 가져다 주었습니다. 한국체육대학 진학, 국군 체육 부대 입대, 인천 아시안 게임 출전의 시작점이 되었습니다. 아쉬운 결과도 있었습니다. 인천 아시안 게임에서 동메달 2개를 획득했으나 동료 선수의 도핑 문제로 박탈되었고, 전국체전의 성적이 부진해 스카웃되지 않아 다시 은퇴의 기로에 서기도 했습니다. 다행히 그동안의 저의 모습과 실적, 노고들을 보고 인정해준 전주 시청과 계약할 수 있었습니다. 전주 시청 직장 운동 경기부에 2015년도에

선수로 활동하던 시절

입단한 후 5년간 근무하고 2019년도에 선수 생활을 미감했습니다. 그 후 2020년도부터 1년간 어린이 수영장에서 지도자의 꿈을 갖고 시간을 보냈으며 2021년부터 엘리트 선수 육성을 위해 현재까지 경기체육중학교에서 근무하고 있습니다.

Q2
직업으로
전문 체육 지도자를 선택하게 된
이유나 계기는 무엇인가요?

전주 시청에서 5년간 선수 시절을 보내며 앞으로의 진로를 위해 지도자 자격증을 가장 먼저 취득했습니다. 그리고 더욱 전문적인 교육법을 배우고자 교육대학원에 진학하여 교원자격증을 취득했습니다.

교원자격증 취득 과정 중에 교생 실습을 나갔다가 지도자라는 직업군에 큰 매력을 느꼈고 많은 장점이 있다는 것을 알았습니다. 내가 이루지 못했던 목표를 제자들을 통해서 이루고 싶었습니다. 어린 시절 선생님과 함께 헤쳐 나갔어야 할 문제를 혼자서 루틴을 만들어 훈련하고 집중하며 고민했던 날들을 떠올리며 제자들에게 좋은 길로 이끌어주고 싶은 마음이 생겼습니다. 혼자 길을 헤쳐나가는 것이 아닌 함께 나아가며 서로 배울 수 있는 관계로 이끌어 주고 싶었습니다.

수영선수를 지도하는 지도자로 활동하는 모습

Q3
전문 체육 지도자가 되기 위해
무엇을 준비했고
필요한 자격 요건은 무엇인가요?

현역 시절부터 준비를 시작했습니다. 전문 지도자가 되기 위해 여러 가지 고민 끝에 전문 지도자 2급 자격증, 생활체육지도사 자격증 1급, 라이프가드 자격증, 교원자격증 등을 취득했습니다. 이외에도 전문 지식이 필요하다고 생각해 한국체육대학교 재학 시절 열심히 공부했고 지금도 세계적인 지도 추세들을 관심 있게 지켜보며 여러 지도자들과 토론하는 등 더 나은 지도법과 발전을 위해 정진 중입니다. 기본적으로 스포츠 관련 학문을 배울 수 있는 체육대학교와 교육대학원을 다니면서 이론과 실전에 사용 가능한 현실적인 방법을 교육 받아야 합니다. 개인적으로는 실전을 통하여 배움을 얻는 체육학과와 이론적인 방법론을 배울 수 있는 체육 교육이 지도자로서 필수적인 코스라고 생각합니다. 전문 지도사, 생활체육 지도사 그리고 교직을 이수하여 지도자로서 코치, 감독, 교사 각각의 생각을 이해할 수 있는 인재가 되어야 한다고 생각합니다.

Q4
전문 체육 지도자로 살아가면서
언제 행복과 보람을
느끼시나요?

선수들이 수영하면서 희망을 느끼고 훈련에 집중하여 정진해 나갈 때 지도자로서의 보람을 느낍니다. 선수들이자 제자들이 열심히 훈련해 시합에 나가 좋은 성적을 얻었을 때 그들의 만족하는 모습과 학부모님들의 뭉클한 표정들을 보면 저도 가슴이 벅차오릅니다. 나의 현역 시절과 달리 제자들을 보며 느끼는 보람과 행복은 내가 해왔던 것과는 궤를 달리하는 또 다른 뭉클함과 감동을 자아내는 것 같습니다. 현역 시절, 개인적으로 수준 높은 지도를 받으면 나 또한 수준 높은 선수가 될 수 있지 않을까 기대했는데, 이렇게 지도자가 되어 보니 수준 높은 지도를 한다는 것이 생각보다 쉽지 않다는 것을 알게 되었고, 그렇다고 불가능한 것도 아니라는 것을 확신했습니다. 지도자의 수준은 지도 받는 선수들의 결과로 나타나게 된다는 것을 실감하고 있습니다.

Q 5

전문 체육 지도자로서
잊을 수 없는 일이나 에피소드가 있다면
소개해주세요.

제가 생각하는 스포츠 직업인은 스포츠 선수와 지도자였습니다. 스포츠 선수로서 가장 활발했던 시기는 경기력과 실적이 좋았던 2014년이었습니다. 저는 그 당시 군인의 신분이었지만 대한민국 수영 국가대표로 선발되어 선수촌에 입촌했습니다. 국가대표의 시작은 첫 국제대회인 세계 군인 선수권 대회(CISM)로 스위스에서 개최되었습니다. 세계 군인 선수권 대회였지만 각국 대표로써 올림픽과 세계 수영선수권에 출전했던 선수들이 참가하여 내겐 더 뜻깊은 국제대회였습니다. 스위스에서 시합하며 수영 역량을 키우는 한편, 여러 유명 선수들과 교류하며 사진도 찍고 대화도 할 수

있었습니다. 국내에서만 수영하던 나의 세계관을 넓혀주는 첫 계기가 되었습니다. 그 후 몇 개월 뒤, 국제 시합이지만 국내에서 개최되었던 인천 아시안 게임(AG)에 참가했습니다. 국제대회를 국내에서 참여하는 경험은 감동적이었습니다. 나를 응원해주는 국민들의 직접적인 응원 소리와 열기, 열정은 제 가슴을 더욱 뜨겁게 만들었습니다. 그동안 아시안 게임을 위해 최선을 다해 훈련하고 몸을 관리했던 시간이 아깝지 않았습니다. 간절했고 열정적이고 가장 다사다난한 한 해였지만, 스포츠 선수로서 가장 뜨거웠던 기억입니다.

경기체육중학교에서 학교 전문 지도자로서도 뿌듯한 기억이 있습니다. 최근의 일입니다. 아직 경험과 경력이 부족한 지도자임에도 불구하고 훌륭한 선수를 만나 소년체전에서 4관왕(MVP) 선수를 배출했습니다. 훌륭한 선수를 만나는 것도 행운이지만, 그런 선수의 기량을

제52회 전국소년체육대회에서 다관왕을 배출하고

최상으로 이끌어낸 경험은 아직 성장하는 지도자에겐 최고의 경험이라고 생각합니다. 여러 선수들을 지도하며 많은 데이터들을 얻고 때로는 배우며 선수들과 함께 성장할 때도 있습니다. 내 지도력을 인정받는 방법은 선수들의 실적입니다. 아직 경력이 부족한 젊은 지도자로 활동하면서 최고 성적을 만들었다는 것에 정말 감사하며 그것은 잊지 못할 기억으로 남았습니다.

06
전문 체육 지도자의 미래 전망은 어떠하다고 생각하시나요?

본 스포츠 전공자로서 경영이라는 부분은 생활 체육으로 표현한다면 총괄적인 수영이라고 생각합니다. 경영의 미래 전망은 미래에도 현재와 비슷할 것입니다.

요즘은 어린 나이에 생존 수영을 필수적으로 배우도록 하는 것으로 알고 있습니다. 작게는 물에서의 안전사고, 크게는 국가적인 재난에서 수영의 필요성이 점차 확대되어 가고 있는 만큼 수영은 선택이 아닌 필수로 자리잡아가고 있기 때문입니다. 또한 인구 수는 줄고 있지만 건강에 대한 욕망은 커져 건강적인 요소에서도 수영은 점차 이색적으로 발전해나갈 것이라고 생각합니다.

또한 처음 시작을 생존 수영이나 안전을 목적으로 시작했을지라도 수영을 배우면서 건강도 챙기면서 더 잘하고 싶고 더 빨라지고 싶은 욕망과 승부욕이 생겨납니다. 그러한 욕구가 가장 많이 보이는 곳이 마스터즈 시합들과 지역 시합장입니다. 이러한 경기들이 엘리트 수영으로 사람들을 이끄는 힘이라 생각합니다. 그러므로 엘리트 수영은 앞으로도 유지될 것으로 생각합니다.

국민체육진흥공단 체육 지도자
https://sqms.kspo.or.kr/
index.kspo

경기장에서는 모든 선수가
평등하고 공정하게 평가받아야 한다

심 판

대한수영연맹 다이빙 심판
김 은 아

다이빙 심판은 섬세한 동작까지도 평가해야 하므로
사람만이 할 수 있는 영역입니다.

Q1

본인 소개
부탁드립니다.

대한수영연맹 다이빙 심판으로 활동 중인 김은아입니다.

초등학교 시절 학교에서 육성하던 체조부 입단을 계기로 엘리트 체육에 입문하게 되었습니다. 중학교 졸업을 앞둔 시점에 운동이 잘되지 않아 진로 선택에 어려움이 있던 시기에 고등학교 선생님의 권유로 다이빙을 시작하게 되었습니다. 새로운 종목으로 전향하여 다이빙 선수로 활동했고 대학 때 사회 체육을 공부하며 여러 운동을 접하고 실습하는 과정을 거쳤습니다. 그중 가장 흥미 있고 자신 있었던 수영을 전공으로 택해 수영 강사로 첫 사회생활을 시작하게 되었습니다. 결혼 후 출산과 육아로 사회생활과 한동안 단절되었지만, 주위의 권유와 전공했던 종목에 대한 갈망이 있었기에 초등학교 선수를 육성하는 지도자 생활을 시작했습니다. 그러던 중 우연한 계기로 다이빙 심판 위원이라는 직무를 맡게 되어 현재까지 활동하고 있습니다.

다이빙 심판 중

김천 실내 수영장에서

Q2
직업으로
심판을 선택하게 된
이유나 계기는 무엇인가요?

학창 시절 다이빙 선수로 활동했고 은퇴 후 자연스럽게 심판 관련 직업을 갖게 되었습니다. 선수 시절 우리의 실력을 평가하는 심판은 어떤 기분이고 어떠한 기준을 두고 점수를 주는 것일까 궁금했습니다. 어렸지만 나중에 크면 대회에서 선수들을 심판으로서 평가해 보고 싶다는 꿈이 생겼습니다. 그리고 한편으로는 내가 다이빙으로 이만큼 성장했으니 다이빙 종목의 발전을 위해 봉사해보고 싶다는 마음이 들었습니다. 그리고 열심히 훈련하는 선수들의 실력을 연령, 출신 지역, 외모 등의 외적인 영향 없이 온전히 선수의 동작과 기술만

으로 모든 선수를 평등하게 바라보고 공정하게 평가해 보겠다는 나름의 목적과 사명감이 생겼습니다.

다이빙에 관련된 일을 시작하면서 운영 요원으로 대회를 경험해 보니 생각보다 심판이라는 직업이 매력적이었습니다. 심판의 판정이 어떻게 이루어지느냐에 따라 대회의 질이 판가름 난다는 생각이 들었습니다. 또한, 다이빙 경기에 참여하는 선수들이 자신의 기량을 마음껏 펼칠 수 있도록 원활한 경기의 흐름을 진행하는 역할도 중요하게 생각되었습니다. 마침 이 시기에 생활 체육과 엘리트 체육의 통합으로 전문성과 공정성을 기본으로 한 심판 양성을 활성화했던 연맹에서 다이빙 심판 위원 활동을 제안받아 자연스럽게 심판 활동을 시작하게 되었습니다.

유년기 체조 선수 시절의
모습

Q3
심판이 되기 위해
무엇을 준비했고 필요한 자격 요건은
무엇인가요?

국민체육진흥공단에서 주관하는 2급 생활 스포츠 지도사(수영) 자격증은 필수입니다. 또한, 대한수영연맹에서 일종의 교육 및 평가 연수를 통해 자격을 주는 심판 자격증도 필요합니다. 이 자격증은 3급, 2급, 1급순으로 취득할 수 있는데, 3급에서 1급까지의 과정은 5년 정도 필요합니다. 요즘엔 모든 종목을 불문하고 심판으로 활동하려면 대한체육회에서 시행하는 클린 심판 아카데미 교육을 이수해야 합니다. 이 과정은 양성 과정과 심화 과정을 필수로 이수해야 합니다.

Q4
심판으로 살아가면서
언제 행복과 보람을
느끼시나요?

다이빙 심판은 선수의 동작을 보고 평가하며 점수를 주는 직업이므로 0.5점 또는 1점의 점수 차에도 금메달과 은메달이 결정됩니다. 따라서 모든 경기에서 냉철한 판단으로 공정하게 평가하자는 마음으로 심판에 임하고 있습니다. 공정한 평가로 대회가 원활하게 이루어지는 것이 가장 바라는 마음이기도 합니다. 선수들도 본인의 점수에 만족하고 지도자나 관중 모두에게 이의 제기 없이 대회를 마쳤을 때 '이번 경기는 잘했다'라는 행복과 보람을 느낍니다.

2015 광주 하계 유니버시아드 대회 다이빙 심판들과 함께

Q5

심판으로서
잊을 수 없는 일이나 에피소드가 있다면
소개해주세요.

첫 번째 에피소드는 점수 배점 방법을 잘 숙지하지 못해 최고 점수 4.5점을 줘야 하는 경기에서 혼자 7점을 들었던 아찔했던 기억이 있습니다. 다이빙은 총 7명의 심판 점수에서 최고점 2명, 최저점 2명의 점수를 뺀 나머지 점수에 난이율을 곱해 최종 점수가 확정됩니다. 저의 실수로 심판 위원장에게 경고를 한 번 들었던 적이 있습니다. '순간의 실수가 경기 운영이나 선수에게 큰 피해를 주는구나!'라는 생각

에 다시 경기 규칙과 점수 배점에 대해서 책을 펴놓고 열심히 공부했던 기억이 있습니다.

두 번째 에피소드는 SBS에서 방영하던 '맨발의 친구들'이라는 연예인 다이빙 대회에 심판으로 참석했던 일입니다.

그때 당시 최고의 인기를 달리던 아이돌 친구들이 그룹별, 개인별로 기량을 뽐내기 위해 대회에 참가했습니다. 녹화 중 한 아이돌이 20분 이상 다이빙대에서 점프를 하지 못해 웃음을 자아냈습니다. 실제 방송엔 25~30분 정도 방영되었는데 거의 7시간 넘게 방송을 녹화했던 기억이 있습니다. 이때가 심판 활동을 하면서 가장 추억에 남고 색다른 에피소드로 기억됩니다.

Q 6
심판의 미래 전망은 어떠하다고 생각하시나요?

다이빙 심판은 꼭 선수 출신이니 관계자가 아니더라도 관심만 있으면 누구나 도전해서 자격증을 취득하고 활동할 수 있습니다. 사람이 할 수 있는 일들이 AI로 대체되는 일들이 점점 많아지지만, 다이빙 심판이라는 직업은 섬세한 동작까지도 평가해야 하므로 사람만이 할 수 있는 영역이라 하겠습니다. 특히나 국내 자격증 취득 후 국제 심판 자격증도 취득할 수 있는데, 국제 자격증 취득 후 world aquatics(세계수영연맹)를 통해 국제대회에 참석하며 어느 정도 레벨을 쌓으면 올림픽이나 세계선수권대회 등 국제대회에서도 활약할 수 있습니다.

대한수영연맹
https://www.korswim.co.kr/

국민체육진흥공단 체육 지도자
https://sqms.kspo.or.kr/
index.kspo

빠르게 경기를 판단하고 기록하는
스포츠 기록원

대한수영연맹 소속 다이빙 심판(기록원)
이 성 혜

선수들의 기술과 실력이 향상할 때,
선수들이 승승장구하는 모습을 볼 때 함께 뿌듯합니다.

Q1
본인 소개
부탁드립니다.

대한수영연맹 소속 다이빙 심판(기록원)으로 활동하고 있는 이성혜입니다. 저는 강원도 화천군에서 태어나 초등학교 2학년 때 처음으로 수영을 시작하게 되었습니다. 친한 친구들이 수영을 배우고 있어서 함께 시작하게 되었고, 수영이 너무 재밌어 학원을 미루면서까지 열심히 연습했습니다. 초등학교 때 수영을 가르쳐 주시던 은사님께서는 제가 구름사다리를 잘 타는 모습을 보고 체력과 근력이 좋아 수영선수로 성공할 것으로 생각했다고 합니다. 수영 시

작 2년 만인 4학년 때 처음으로 강원도 대표로 선발되어 전국소년체전에 출전하기도 했습니다. 이후 은사님께서 다른 지역으로 소속을 옮기게 되면서 수영에 대한 의지가 떨어져 결국 운동을 그만두게 되었습니다. 수영을 그만둔 후에도 약간의 아쉬움과 운동에 대한 열망이 남아 있었습니다.

강원체육중학교에 너무 가고 싶었던 저는 초등학교 6학년 말 '다이빙' 종목으로 전향하여 새롭게 운동을 시작했습니다. 보통의 또래보다 늦은 시작이었지만 차근차근 배워나갔고, 중학교 3학년 전국소년체전 3미터 스프링보드 싱크로 종목에서 처음으로 금메달을 목에 걸게 되었습니다. 이후 국가대표 상비군으로 선발되어

상비군 합숙에 참여하는 등 다이빙 선수로서 열심히 활동했습니다.

고등학교 졸업 무렵, 진로에 대한 고민이 많을 시기에 저의 답은 한 가지였습니다. '운동선수라면 실업 팀 한 번은 해봐야 하지 않겠어?'라는 마음에 대학 대신 실업 팀으로 진로를 결정했습니다. 2~3년만 짧게 경험해 보자는 저의 계획과는 다르게 실업 팀 선수 생활은 5년간 이어졌습니다. 성인이 된 이후에는 선수 생활뿐만 아니라 다양한 경험을 통해 시야를 넓혀야겠다는 생각으로 2019년 실업 팀 은퇴 준비와 동시에 대학에 입학해 늦깎이 대학 생활을 했습니다.

수영선수가 수영을 강습하고, 태권도 선수가 도장을 차리는 것이 어찌 보면 가장 당연하고 잘하는 선택이지만, 저는 현재 이런 고정관념에서 벗어나 보고자 새로운 일과 사람들, 다양한 식견을 넓히는 경험을 하는 중입니다. 심판으로 활동하면서 기업 사회 공헌과 체육 정책 컨설팅 회사에 재직하고 있습니다. 회사에서는 지방 체육회 임직원과 직장 운동 경기부 대상으로 교육(대한체육회 사업 용역)을 진행합니다. 결국에는 가장 잘하는 일, 좋아하는 일, 많이 알고 있는 스포츠 분야로 돌아오게 되지만, 세상에서의 새로운 경험은 늘 득이 되는 것 같습니다.

선수 시절 다이빙 장면

Q2
직업으로
경기 기록원을 선택하게 된 이유나 계기는 무엇인가요?

21세 무렵 전국체전을 잘 마무리하고 처음으로 혼자 떠나본 여행에서 세상은 너무 넓고 새로운 게 넘쳐난다고 생각했습니다. 아마 미국의 큰 땅덩어리와 문화에 신선한 충격을 받은 것 같습니다.

다이빙 선수로 활동하면서도 국내외 대회 출전은 물론, 세계수영선수권대회에서의 운영요원 경험, 드라마와 영화 대역 촬영 등 운동 하나만으로도 다양한 경험을 할 수 있다는 것이 흥미롭게 다가왔고, 관련 업계에 종사하면서 더 많은 경험을 쌓아야겠다고 생각했습니다. 대학교 재학 당시, 학생 신분이었지만 심판으로 활동할 수 있다는 것도 큰 가치로 다가왔습니다. 대학 수업이 없는 평일과 주말에 일정을 맞춰 대회에 참가하곤 했는데 학과 교수님과 학생들이 꽤 대단하게 인정해주었습니다. 당시 주변 학생들은 대회에 참가해도 자원봉사 외에는 참여할 기회가 없었는데, 종목의 심판 자격증을 취득해 기록원으로 활동할 수 있다는 것이 자랑스럽게 느껴졌습니다.

지도자 자격증과 심판 자격증을 취득한 지 3년쯤 되었을 때 우연한 기회로 마스터즈 대회에 기록원으로 참가할 수 있었습니다. 선수 생활을 하고 있었지만, 출전하지 않는 경기(전국소년체전, 마스터즈 대회)들에 참여할 기회가 생겨 기록원 경험을 쌓게 되었습니다. 하지만 선수 활동을 하면서 참여할 수 있는 경기가 제한되는 것을 깨닫고 은퇴 이후에 본격적으로 경기 기록원으로 활동해야겠고 다짐했습니다.

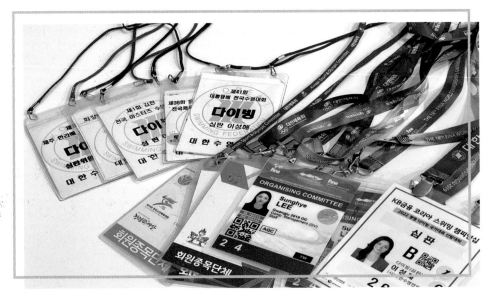

심판/기록원으로
활동하며 생긴
ID CARD들

Q 3

경기 기록원이 되기 위해 무엇을 준비했고 필요한 자격은 무엇인가요?

먼저, 종목에 대한 이해가 중요하기 때문에 종목의 결과를 내기 위한 기록 계산법과 규정을 공부했습니다. 선수 출신이기 때문에 해당 종목의 기록 계산 방법은 자연스레 익히고 있었습니다. 규정을 숙지하기 위해서는 매년 심판 보수 교육에 참여하면서 변경되는 내용들을 공부해야 합니다. 체육 학사가 필수는 아니지만, 체육 전공자들을 선호하는 이유는 스포츠 종목에 대한 이해가 빠르다는 것 때문입니다. 활동하는 기록원/심판 중 전문 선수 출신이나 체육학을 전공한 인원의 비율이 90% 정도입니

다. 경기 기록을 측정하고 작성하는 것이 단순하다고 생각될 수 있지만 현장에서 경기 흐름을 보고 빠르게 판단해야 하기 때문에 전문적인 지식이 꼭 필요합니다. 제가 활동하면서 느낀 것은 수리 능력과 컴퓨터 활용 능력의 필요성입니다. 최종적인 기록 계산 시 정확하게 계산기로 검토하지만, 암산 능력이 있다면 빠르게 일 처리를 할 수 있습니다.

결국에는 다양한 스포츠 활동 경험이 중요한 것 같습니다. 2015년 광주에서 진행된 유니버시아드 대회 수영(다이빙 부문) 운영 요원으로 활동 경험을 쌓았고, 2019년도에는 광주 세계수영선수권대회에서 경기 운영 요원으로 활동하면서 스포츠에 대한 애정과 관심이 많이 생겼습니다. 이후 기회가 될 때마다 경기에 참여하게 되었습니다.

2019년 광주 세계수영선수권대회 다이빙 경기 운영 요원/통역사/자원봉사자들과

Q4
경기 기록원으로 살아가면서
언제 행복과 보람을
느끼시나요?

첫째, 종목 단체와 선수들이 성장하는 것을 볼 때 크게 행복합니다. 여러 해 대회에 참가하게 되면서 선수들의 기술과 실력이 향상하는 것을 느낄 때, 응원하는 선수들이 승승장구하는 모습을 볼 때 함께 뿌듯한 마음이 듭니다. 특히, 올림픽이나 아시안 게임 같은 메가 스포츠 이벤트가 개최될 때는 국내 선수들을 응원하는 마음과 함께 애틋하고 행복한 기분이 듭니다.

둘째, 주변에서 스포츠인으로 칭해줄 때 보람을 느낍니다. 이전에는 작은 대회에 주로 참가하는 기록원이었다면 전국체전 등 중요한 대회에서 기록원으로 활동할 때 정식 심판이 된 것 같아서 스스로도 많이 성장했음을 느낍니다. 최종 목표는 국제 심판 자격을 취득해 국제대회에 참가하는 것입니다.

Q5
경기 기록원으로서
잊을 수 없는 일이나 에피소드가 있다면
소개해주세요.

출전 선수가 많아 타이트하게 운영되던 경기에서 기록 작성에 오류를 범한 적이 있습니다. 수기로 종목 용지에 기록을 작성하는 역할을 하던 중 기록과 선수의 순서를 대조하지 않아서 발생했던 일입니다. 입력해야 하는 기록의 순서가 밀려 다시 한번 리플레이(Replay) 영상을 보고 재검토했던 경험이 있습니다. 경기가 끝난 직후 결과 발표를 하지 못하고 발표 시간이 늦춰졌던 아찔했던 순간이었습니다. 이후 경기에 여러 번 참가하면서 선수들의 번호나 얼굴을 기억하는 습관을 지니게 됐습니다. 선수들의 얼굴을 보면서 기록을 어렵지 않게 대조하기도 하는데, 새로운 꿈나무 선수들이 등장하면 여전히 긴장됩니다.

제104회 전국체전 다이빙 경기장에서 출전 선수들과

기술 심판으로 활동하는 모습
(경기를 보고 3초 안에 점수를 입력해야 한다.)

Q6
경기 기록원의 미래 전망은 어떠하다고 생각하시나요?

현재 기록원이나 심판이 부족한 실정이라 심판 모집에 어려움을 겪는 종목 단체들이 많습니다. 즉, 참여하는 기록원이나 심판들이 부족한 것이죠. 그렇게 된 배경에는 심판에게 지급되는 임금 문제가 있다고 생각합니다. 저출산, 운동선수의 학습권 보장 등 선수 수급 문제로 대회에 출전하는 선수들의 수는 줄어드는 반면, 경기 운영을 위한 필수 인원은 많이 축소되지 않았습니다. 디지털 전환으로 스포츠 심판이 미래에 사라질 것이라는 이야기가 나오고 있지만, 경기 결과를 최종 검토할 필수적인 인원이 필요하기에 전망이 나쁘다고만 볼 수는 없습니다. 오히려 참여 기록/심판 인원을 늘리기 위한 종목 단체들의 처우 개선 노력이 필요할 것으로 보입니다. 선례로 아티스틱 스위밍 종목에서는 기록원/심판 모집이 되지 않아 개최 예정이었던 경기가 취소된 적이 있었습니다.

Q7
연봉은 어느 정도이며 그 연봉에 만족하시나요?

종목마다 다르겠지만 연봉제는 아니며 입금은 심판 참여 수당(일비)으로 책정하여 지급됩니다. 종목 단체마다 지급되는 수당이 다르고 대회 개최 지역에서 추가 지원금을 주는 경우도 있기 때문에 매번 받는 수당이 다릅니다. 일반 대회에서는 숙소를 지원해주고 있으며, 전국소년체전/전국체전같이 시도 대항으로 진행되는 대회에서는 숙소 제공 없이 숙박비를 지급합니다. 평균적으로 수영 종목에서는 1일 7~9만 원의 수당이 지급됩니다. 빙상 종목의 경우 13만 원 정도의 수당이 지급된다고 하는데, 축구 농구 등 프로 종목과 비교했을 때 터무니없이 부족한 금액으로 아쉬운 점이 많습니다.

대한수영연맹
https://www.korswim.co.kr/

37명의
스포츠 직업인
인터뷰를 통한

스포츠 진로 찾기

CHAPTER

5

언론 미디어

스포츠의 찰나를
영원한 감동으로 기록하는

스포츠 프로듀서

SportsTreeTV
고 동 영

> 종목 이해도가 높을수록 멋진 장면을 담을 수 있어.
> 그리고 나만의 독특함 찾아야….

Q1
본인 소개
부탁드립니다.

저는 SportsTreeTV의 운영자이고 학교체육tv의 공동 운영자이며 스포츠 미디어 쪽으로 일하고 있습니다.

스포츠 경기나 행사에서 사진 촬영을 하거나 영상을 촬영해서 제작도 하고 유튜브 라이브 스트리밍도 같이 하고 있습니다. 저는 초등학교 4학년 때부터 중학교 때까지 육상을 했고, 고등학교 때에는 전북체육고등학교에서 펜싱을 했습니다. 펜싱 선수를 꿈꾸었기에 대학도 펜싱 특기자로 가고 싶었습니다. 당시 특기자

로 갈 수 있는 라인이 한국체육대학교와 대전대학교 펜싱부였는데, 고민 끝에 체육교사의 꿈을 품고 원광대학교 체육교육과로 일반 학생으로 진학했습니다.

저는 해병대 특수 수색대를 전역했습니다. 해병대에 가게 된 계기는 저희 집안에 해병대 출신들이 몇 분 계셨고 친형도 해병대 출신인데다가 대학교 같은 과 선배님 중에도 수색대 출신이 있어서 그 영향을 받았습니다. 해병대 특수 수색대에 가면 겨울에는 강원도 대관령에서 전술 스키도 타고, 여름에는 스쿠버 다이빙과 전투 수영도 배우며, 특수 수색 교육을 수료하면 비행기와 헬기를 이용한 낙하산도 타는 등 여러 가지 훈련을 한다고 해서 입대를

펜싱 선수들이 경기하는 모습

결심했습니다. 이 모든 것들이 군대에서는 훈련이지만, 사회에 나오면 레저 스포츠라고 할 수 있고 체육교육과 활동과 연관이 있어서 해병대에 입대해 수색대에 지원했습니다. 선택을 받아야만 들어갈 수 있는 수색대인데, 당시 체력과 신체 조건이 좋은 편이어서 다행히 차출되었습니다.

전역 후에는 휴학 기간 없이 학업을 마쳤고, 체육교사가 아닌 다른 꿈이 있어서 레저 서비스 회사에 입사하는 등 초등학교 4학년 때부터 스포츠 프로듀서의 직업을 최종 선택하기까지 꾸준히 체육인으로서의 삶을 살아왔습니다.

해병대 특수 수색대 시절

Q 2
직업으로
스포츠 프로듀서를 선택하게 된
이유나 계기는 무엇인가요?

사실 저는 어렸을 때부터 음악 듣기와 그림 그리기를 좋아했습니다. 저는 감성적이고 예술적인 부분들이 있어서 사진 찍는 것도 좋아했습니다. 2013년 쯤이었을 겁니다. 스마트폰이 나오면서부터 사진을 자주 찍게 되었는데, SNS에 업로드하다 보니 지인들이 사진을 잘

퇴근 길에 촬영한 저녁 노을

찍는다고 칭찬해주어서 자신감도 생겼습니다.

또한, 기록을 남길 목적으로 사진을 찍고 그 결과물을 보면서 저도 만족스러워 받은 월급으로 카메라를 구입하게 되었습니다. 그때부터 제대로된 카메라를 들고 더 많은 사진을 찍게

되었습니다. 사물도 찍지만, 사람들을 찍어주다 보니 사람들이 고마워하고 감사의 표시를 해와 만약에라도 회사를 나가게 된다면 사진 작가를 하고 싶다는 생각이 들었습니다. 그러다가 2016년에 퇴직하면서부터 본격적으로 사진 작가 활동을 했지만 작가라고 하기에는 많이 부족했습니다. 스포츠 사진 찍는 것을 좋아했고, 조금씩 실력이 나아지면서 장비도 점점 업그레이드하면서 지금까지 오게 되었습니다.

2016년에 9년 다닌 회사를 나오면서 처음에는 사진가의 길을 가야겠다고 생각했지만 스튜디오를 바로 운영하기에는 경험 부족에서 오는 리스크가 우려되어 우선은 프리랜서로 활동을 시작했습니다. 처음에는 분야를 정하지 못해 지인들을 통해 인물 사진도 해보고, 건물 인테리어 사진, 제품 사진 등 여러 가지 사진을 찍어보고 연습도 했습니다. 그러던 중에 부천시 원종고등학교에서 기간제 교사를 겸하던 중에 임성철 선생님께서 학교 체육 관련 책을 쓰시는 것에 작은 도움을 드리게 되었고, 체육 수업 사진을 찍으면서 학생들의 역동적인 움직임을 담는 것을 좋아하게 되었습니다.

그 후 임성철 선생님께서 다른 책을 쓰실 때 저에게 사진으로 함께해줄 것을 요청해와 그 일을 시작으로 사진뿐만 아니라 스포츠 영상에도 관심을 가지고 꾸준히 촬영하다 보니 어느덧 스포츠 프로듀서로 성장해 있었습니다. 이런 일련의 일들이 제가 스포츠 프로듀서로 성장하는 데에 큰 힘이 되었고 확고한 꿈을 선

체육 수업 시간에 운동하는 광문고 학생들

검도 대회에서 태권도 시범을 보이는 태권도 선수들

택하는 발판이 되었습니다. 한편으로는 지금까지 체육인으로 살면서 많은 종목들에 대한 경험도 풍부하고, 여러 스포츠 종목의 반전문가로서 저와 잘 맞을 것 같은 기대와 자신감도 있었습니다.

제 직업으로 얻는 수익의 비율을 따지자면 영상 대 사진의 비율이 7 대 3 정도이고, 영상과 라이브 스트리밍 쪽에서 더 많은 수익이 나고 있습니다. 라이브 스트리밍은 검도 경기를 주로 하고 있고, 채널은 '대한검도회' 유튜브 채널을 운영하고 있습니다. 가끔 다른 스포츠 협회나 교육 지원청에서 각종 대회를 유치할 때 스케치 영상 제작과 라이브 스트리밍을 진행하고 있습니다. 대부분 영상과 사진을 포함해서 촬영을 하고 있고, 일반 행사에서는 사진 위주로 수익을 내고 있습니다.

검도 대회 실시간 중계를 하면서

단행본 책의 사진작가로 활동하며

스킨 스쿠버 복장을 갖추어 입고

Q3

스포츠 프로듀서가 되기 위해
무엇을 준비했고 필요한 자격 요건은
무엇인가요?

우선 저는 스포츠 프로듀서로서 준비를 하고 시작한 것이 아니라 좋아서 시작했습니다. 그렇기 때문에 이 일을 시작하고 나서 부족했던 것들을 채우고 시간과 퇴직금을 투자해서 촬영하는 것을 거의 독학으로 연습하고 노력하다 보니 초반에는 많이 힘들었습니다. 이 일을 하고 싶은 분들께는 기본적으로 전문가들에게 배워보고 연습하면서 시행착오를 충분히 겪을 필요가 있다고 조언해주고 싶습니다.

스포츠 촬영에 있어서 준비해야 할 부분은 이렇습니다.

첫 번째, 어떤 종목을 촬영할지 모르기 때문에 최소한 올림픽 정식 종목들은 경기 진행 과정과 득점 장면들을 여러 매체를 통해서 눈으로 보고 머리로 익혀 놓아야 합니다. 쉽게 말씀드리면 종목에 대한 이해도가 높을수록 좋습니다. 본인이 어느 포인트를 잡아서 촬영해야 멋진 장면을 담을 수 있을까, 다른 사람들과 어떻게 차별화시킬 수 있을까 고민하며 나만의 독특함을 만들어야 합니다. 그래서 종목에 대한 이해가 가장 필요합니다.

두 번째, 사진과 영상에서는 작가의 능력도 중요하지만 장비 선택도 매우 중요합니다. 스포츠 촬영은 일반 촬영에 비해 더욱더 장비에

전국대회에서 활약하는 학생선수들

의존할 수밖에 없기 때문에 가능하다면 처음 시작할 때 전문가들이 사용하는 장비로 세팅하는 것을 추천드리고 싶습니다. 물론 처음에는 큰 비용이 들어 부담이 클 수 있겠지만, 나중에 비용이 이중으로 들어가는 것을 방지하기 위한 것이니 경제적인 여유가 있으면 새것으로 구입하시는 것이 좋습니다. 경제적인 여유가 없는 분들은 중고 제품으로 세팅하셔도 됩니다. 스포츠 촬영을 위한 카메라는 기능도 중요하지만 카메라의 성능이 더 중요하기 때문에 가능한 한 시작 단계에서부터 전문가용 장비들로 구성하는 것이 좋은 결과물을 만들어 낼 수 있습니다.

검도 선수들이 훈련하는 모습

세 번째, 모든 사진과 영상은 1차적으로 촬영을 잘하는 것이 좋지만, 그보다 더 중요한 것은 바로 후보정(편집)입니다. 기본적으로 밝기와 색감을 보정하지만, 그 이상으로 디테일하게 보정하는 방법들도 많습니다. 보정은 사진과 영상의 질을 살려서 결과물에 대한 만족도를 대폭 향상시켜 줄 수 있기 때문에 이 또한 작가에게 꼭 필요한 능력이라고 할 수 있습니다. 이것은 사진 작가와 영상 제작자들이 매우 공감하는 포인트일 것입니다. 쉽게 말씀드리면 바다를 찍었는데 수평선이 비뚤어져 있다면 그대로 보여주는 것보다 수평을 바로잡아야 더 안정적인 결과물이 나옵니다. 단순하지만 그 자체가 후보정의 시작이라 할 수 있습니다. 수직과 수평을 기본으로 하고, 밝기와 작가가 원하는 색감 그리고 인물 사진의 경우에는 약간의 변형으로 실물보다 더 나은 모습으로 만들 수 있기 때문에 상업적인 결과물에 대해서는 후보정이 필수라고 할 수 있습니다.

아름다운 동해

사진과 영상은 여러 가지를 많이 촬영해보고 직접 후보정 작업도 해보면서 결과물에 대해 스스로 평가해보는 것을 반복해야 나중에 좋은 결과물을 가질 수 있습니다.

Q4
스포츠 프로듀서로 살아가면서 언제 행복과 보람을 느끼시나요?

물론 입금이 잘될 때가 좋긴 하지만 사진과 영상 촬영을 하다 보면 가끔 돈보다 더 값진 일들을 경험하게 됩니다. 제가 고생해서 촬영한 결과물이 누군가에게 전해지고, 그 후 감사하다는 말씀을 돌려받았을 때 정말 행복합니다. 사실 그 행복감으로 이 일을 시작하게 되었지만 하루하루 시간이 지나면서 내가 잘할 수 있고 좋아하는 일을 할 수 있어서 매우 감사한 마음입니다. 또한 어떤 종목에 대해 알아보고 구상해서 촬영한 결과물이 흠 없이 완벽한 결과가 나왔을 때는 이 일에 대한 자부심과 희열을 느낍니다. 이 일은 타인의 도움보다 본인 스스로 준비하고 노력해야 하는 일이기 때문에 직업에 대한 만족감도 그만큼 크다고 할 수 있습니다.

수중 동굴 탐험 중에

Q5

스포츠 프로듀서로서
잊을 수 없는 일이나 에피소드가 있다면
소개해주세요.

검도 대회에서 경기하는 검도 선수들

바다 한가운데에 있는 해양 과학 기지에 머물 기회가 있었습니다. 밤에 헬기장에 올라갔더니 하늘에서 정말 별이 쏟아지는 느낌을 받을 정도로 엄청난 은하수가 제 눈앞에 펼쳐져 그것을 사진으로 담을 수 있어서 정말 놀라웠습니다. 빛 한 점 없는 망망대해에서 봤던 은하수는 지금도, 앞으로도 잊을 수 없을 것 같습니다. 그날 광각 렌즈(넓게 찍을 수 있는 렌즈)가 없어서 제한된 각도의 렌즈로 은하수를 찍었던 것이 많이 아쉬웠습니다. 저는 광각 렌즈를 사용할 기회가 거의 없기 때문에 그때 그 사진으로도 충분히 만족하고 기쁘게 간직하고 있습니다.

또 하나는 검도 대회를 관람하면서 처음 도전해보았던 촬영이었음에도 불구하고 촬영할 때마다 여러 생각들을 접목하여 노력한 결과 대한검도회에서 제작해 배포하는 신년 달력에 3년째 저의 사진이 삽입되어 굉장히 뿌듯합니다. 영상도 현재 학교체육tv를 통해 꾸준히 제작하고 있는데, 어떤 영상들은 체육 교육 자료로 활용되어 매우 행복합니다.

현재는 스쿠버 다이빙 강사 활동을 하면서 푸른 바닷속에 있는 생물과 지형들의 황홀한 생생함을 촬영해 많은 분들에게도 수중 세계를 소개하고 있습니다.

스쿠버 다이빙을 하면서 촬영 사진들

Q6

스포츠 프로듀서의 미래 전망은 어떠하다고 생각하시나요?

지금도 사진과 영상 쪽으로 일하시는 전문가들이 많습니다. 그중에서 저는 운동선수의 경험과 다양한 스포츠·종목에 대한 이해가 일반적인 작가분들보다 뛰어나다고 생각했기 때문에 차별화에 따른 경쟁력이 있다고 판단했습니다. 따라서 저와 같은 체육인의 삶을 살아오신 분들께서 미디어 쪽의 일을 하실 경우,

어떤 분야에서도 마찬가지겠지만 본인이 잘 준비하고 시행착오를 줄여서 열심히 한다면 미래를 보장할 수 있는 직업이라고 단언할 수 있습니다.

현재와 미래에는 AI 기술이 더욱더 발전하겠지만, 대부분 일반적인 데이터를 기반으로 개발되기 때문에 작가 한 사람이 느끼는 감정과 감성이 담긴 결과물은 쉽게 따라 할 수 없을 것이라고 생각합니다. 장비와 프로그램의 발달로 여러 작업들이 편해진 것은 사실이나 저는 그 틈에서 분명 독특한 한 사람의 작가로서 살아남을 수 있다고 기대합니다.

탁구 대회에서 경기하는 학생선수

Q 7

연봉은 어느 정도 되며
그 연봉에
만족하시나요?

정확히 말씀드릴 수는 없지만, 최소 연 5,000만 원 이상의 순수 이익을 내고 있습니다. 시작 단계에서는 생활에 지장이 있을 정도로 실적이 저조했지만, 꾸준히 노력하고 또 주변 지인분들께서 도움도 주셔서 생각보다 빠르게 성장할 수 있었습니다. 매년 이익이 늘어가면서 이제는 직원 고용도 계획하며 나름대로 꾸준히 성장하고 있습니다.

과거에 안정적이면서 미래가 보장된 회사에 오랫동안 근무했지만, 제가 좋아하고 잘할 수 있는 일을 찾아 나서서 지금까지 행복한 시간을 보내고 있습니다.

저와 같은 직업을 선택하시는 분들께서는 돈에 대한 욕심보다는 본인이 잘할 수 있는 분야의 촬영을 공부하고 꾸준히 연습하라고 말씀드리고 싶습니다. 그리고 시간과 돈과 노력을 들여 본인의 실력을 쌓아서 시작하고, 작은 성공을 많이 경험길 바랍니다. 그 작은 성공들이 모여 탄탄한 기둥이 세워지고, 비로소 큰 성공을 해낼 수 있는 힘이 될 것입니다. 저는 저의 자리에서 더욱더 열심히 일하며 꿈꾸는 여러분을 응원하겠습니다.

학교체육tv 채널에 업로드된 고동영 피디의 삶과 스포츠 직업 이야기

학교체육tv 채널
bit.ly/4aK3xdr

한국 스포츠의 혁신과
개혁을 주도하는

스포츠 기자

경향신문
김 세 훈

*글 쓰는 재주보다 더 중요한 것은
얼마나 많이, 얼마나 다양한 관점에서 알고 있느냐입니다.*

Q1
본인 소개
부탁드립니다.

경기도 부천에서 태어나고 지금도 살고 있습니다. 어릴 때부터 밖에서 노는 걸 좋아했고 동네 친구들과 축구, 야구, 농구 등을 즐겨했습니다. 제가 초등학교 때 프로 야구가 출범해 당시 야구 글러브가 비쌌지만 부모님께 졸라서 포수 글러브, 프로젝터, 랙가드 등 포수 장비를 구입했을 정도로 포수를 좋아했습니다. 집안에 돈은 없었지만 제가 너무 조르니까 어쩔 수 없이 비싼 장비를 사주시더라고요. 당시는 프로 야구 삼성 라이온스 이만수 포수를 무

척 좋아했습니다. 이만수 선수는 수비도 좋고 타격이 좋은 공격형 포수였죠. 그래서 이만수를 따라 하려고 모든 걸 이만수 폼으로 한 게 기억납니다.

중학교부터는 농구를 참 좋아했습니다. 키는 평균인데 점프력이 좋아서 포워드로 뛰면서 센터도 겸했습니다. 대학교 때는 키가 173cm밖에 안 됐지만 림을 손으로 건드릴 수 있을 정도로 탄력이 좋았습니다. 중학교, 고등학교, 대학교 시절 친구들, 선후배들과 가장 많이 한 종목이 농구입니다. 키가 상대적으로 작아도 센터를 봐야 했기 때문에 안경도 많이 깨 먹었지요. 사람들이 180cm대 센터와 싸울 수 있는 유일한 170대 센터라며 '한국의 찰스 바클리'

라고 별명을 부르기도 했습니다. 칭찬인지 놀림인지 모르지만요.

탁구도 꽤 좋아했습니다. 원래 오른손잡이인데 탁구, 배드민턴, 테니스 등은 왼손으로 합니다. 다만 몸이 약간 느린 편이라서 대부분 수비형 플레이를 합니다.

발은 원래부터 왼발잡이입니다. 공을 왼발로 다루는 게 편합니다. 그런데 발로 하는 건 달리기부터 잘하지 못했어요. 그래서 축구에도 흥미를 별로 느끼지 못했고 지금도 축구는 잘 못합니다.

성인이 된 뒤에는 등산을 즐겨합니다. 지금도 동네 산에 일주일에 두세 번씩 새벽 산행을 합니다. 또 골프도 10년 전부터 하고 있습니다. 워낙 욕심이 많아서 잘 못 치지만 보기 플레이 정도는 합니다. 골프는 사람들과 어울리는 데 너무 좋은 종목입니다. 그래서 아주 잘하지는 못해도 꾸준히 하고 있습니다. 물론 적잖은 돈이 들어가기 때문에 자주 골프장에 가지는 못합니다.

회사에서

Q 2
직업으로 스포츠 기자를 선택하게 된 이유나 계기는 무엇인가요?

서울대 중어중문학과를 나왔습니다. 원래는 교회 전도사인 어머니와 함께 중국 선교를 가야겠다는 생각이었습니다. 그런데 그런 꿈이 바뀌었죠. 제가 대학 시절에 어머니께서 돌아가셨습니다. 사실 저도 중국 선교에 대해서 큰 관심이 있지는 않았습니다. 대학 졸업을 앞두고 진로를 많이 고민했습니다. 평소 세상을 밝게 바꾸고 싶은 마음이 강해서 기자가 되기로 마음먹었습니다. 사회 비리를 고발하는 사회부 기자 아니면 전공을 살려 국제부 기자가 되려고 했죠. 그래서 방송국, 신문사 시험을 여러 번 봤습니다. 그런데 제 노력이 부족해서인지 최종까지 붙지는 못했습니다. 그러던 중 결혼을 해야 했습니다. 결국 언론사 입사를 포기하고 1998년 대우에 입사했습니다. 무역을 하는 회사였죠. 제가 중국어, 영어를 하니까 큰 어려움 없이 입사할 수 있었습니다. 그렇게 1년 정도를 다녔는데 제 적성에 맞지 않는다는 걸 뒤늦게 깨달았습니다. 결국 회사를 다니면서 언론사 시험을 조금씩 준비해 1999년 3월 《스포츠조선》 기자 모집 때 들어가게 됐습니다.

2014년 소치 올림픽에서 김연아 선수와 함께

도 매우 감사하고 있답니다. 그 후 축구, 농구, 골프, 배구, 육상, 유도 등 웬만한 종목들은 거의 담당해 봤습니다. 담당하지 않은 종목들도 체육 기자 생활을 지금까지 24년 정도 하니까 어느 정도 알게 됐고요.

월드컵 축구 대회, 동하계 올림픽, 아시안 게임 등 많은 주요 국제대회를 현장에서 취재했습니다. 기자는 역시 현장을 다니는 사람들이라서 현장에 갈 때는 몸이 힘들고 스트레스도 많지만, 매우 재미나고 좋았습니다. 웬만한 사람들이 쉽게 갈 수 없는 현장에서 굵직한 경기, 모든 국민이 보고 싶은 경기를 직접 보고 스타들을 직접 만난다는 건 기자만 가질 수 있는 특권이기 때문입니다. 지금까지 28개국 정도를 다녔습니다. 스포츠 기자는 외국으로 갈 기회가 상대적으로 많습니다. 어떤 기자는 80개국 안팎을 다녀오기도 했죠.

처음에는 야구부 기자를 했습니다. 1년 정도였죠. 어릴 때부터 좋아한 삼성 라이온스를 담당했습니다. 국민 타자 이승엽 선수가 엄청 많은 홈런을 치면서 우리나라를 뒤흔든 때 그를 취재했습니다. 초보 기자로서 감당하기 버거운 빅 스타였지만 이승엽 선수가 매 순간 잘 대해줘서 큰 어려움 없이 임무를 완수했습니다. 그리고 나서 축구부로 옮겼고 2001년 새롭게 창간한 《굿데이 신문》으로 이직했습니다. 당시 굿데이는 2002년 월드컵 축구 대회를 앞두고 무척 공격적으로 경력 기자를 모집했습니다. 연봉 1,000만 원 정도 더 받는 조건으로 굿데이로 옮겼죠. 월드컵을 치르고 2004년쯤 신문사 경영이 너무 어려워졌습니다. 저는 굿데이를 나와서 지금 근무하고 있는 《경향신문》으로 2004년 11월 들어왔습니다. 제가 신문사를 옮기는 데 큰 도움을 주신 분들에게 지금

무역 회사를 다니면서 언론사에 들어가겠다는 생각이 더 절실해졌습니다. 하고 싶은 일을 하는 게 돈을 많이 버는 것보다 행복하리라고 생각했거든요. 그런 생각은 지금도 변함이 없습니다. 젊으니까 돈보다는 내 꿈, 내가 하고 싶은 걸 해보는 게 더 중요합니다. 여러분도 제가 하는 말을 꼭 기억하십시오. 하고 싶은 걸 하면 재미나고 재미난 걸 하면 더 열심히

하게 됩니다. 그러면 다른 사람들보다 좋은 성과를 올리게 되고 당연히 돈도 조금 더 벌 수 있게 되겠죠. 그런데 여러분, 기자는 돈 버는 게 목적인 직업이 아니라는 거 아시죠? 지금도 기자 월급은 다른 일반 대기업 월급보다는 적습니다. 하지만 저는

2009년 중국 프로 축구 다롄에서 뛴 안정환 선수와 함께

무척 재미있고 보람차게 일하고 있답니다. 돈 많이 버는 친구들, 별로 안 부럽습니다. 그래도 아직 우리 사회는 기자들의 힘과 존재감을 어느 정도는 인정하고 있으니까요. 그리고 나만 열심히 하면 기자는 정말 많은 일들을 해낼 수 있는 존재입니다.

Q3
스포츠 기자가 되기 위해
무엇을 준비했고 필요한 자격 요건은
무엇인가요?

언론사 시험은 딱히 정해진 것이 없습니다. 일반적인 상식, 영어 정도만 볼 뿐입니다. 과거에는 인문학과 출신들이 언론사에 많이 들어왔습니다. 언론 고시라고 할 정도로 시험이 어려워 합격하기도 힘들었고요. 공부할 교재가 따로 있는 것도 아니었습니다. 일반적인 상

식 책으로 공부해야 했지요. 기자는 지금도 스페셜리스트가 아니라 제너럴리스트에 가깝습니다. 쉽게 말하면 뭔가 한 분야를 전문적으로 아는 것보다는 여러 분야를 골고루 아는 게 더 중요한 직업입니다. 물론 기자 생활을 10년 넘게 하면 자기 주요 분야가 어느 정도 결정되기는 하지만요. 여러분도 기자가 되고 싶다면 다양한 분야에 대해 관심을 갖고 공부하십시오. TV 뉴스도 보고 신문도 읽고요. 또 영화, 스포츠, 대중문화, 정치, 경제, 국제 뉴스 등도 조금씩 접하세요. 처음에는 따분하고 어렵지만 조금씩 알게 되면 재미나고 내가 유식해지는 기분이 듭니다. 친구들 앞에서 다양한 이야기를 하면 다들 똑똑하다고 난리입니다. 외국어도 한두 개는 어느 정도 하면 좋겠죠?

글쓰기를 연습하십시오. 글을 쓰는 것 자체가 중요하지만, 더 중요한 것은 자기 생각을 정리하는 걸 익히는 겁니다. 다들 알다시피 글

여러 해 전 황선홍 감독과 함께

식입니다.

좋은 기사를 쓰는 데는 글 쓰는 재주보다 더 중요한 게 있습니다. 해당 문제에 대해서 내가 얼마나 많이, 얼마나 다양한 관점에서 알고 있느냐입니다. 어느 한쪽에 치우치지 말고 여러 의견을 들은 뒤 정답에 가까운 결론을 내려야 한다는 겁니다. 선배들은 제게 이렇게 말했습니다. 100개를 취재했다면 그걸 종합해 핵심만 간략하게 쓰라고요. 즉 취재를 많이많이 아주 많이 충분히 하는 게 좋은 기사를 쓰는 처음이자 마지막입니다.

글쓰기를 연습할 때 결론을 미리 쓰고 그걸 풀어쓰는 식으로 하라는 말 기억하시죠? 그걸 하면서 한 가지 더 하면 좋겠습니다. 글의 분량을 조금씩 줄여보는 겁니다. 긴 글을 짧은 글로 줄여보는 훈련이죠. 그렇게 하면 뭐가 좋아질까요? 일단 중복되는 표현이

쓰는 건 어렵습니다. 멋있게 쓰는 것도 어렵지만, 어떻게 해야 내 생각을 정확하게 전달할 수 있을지를 아는 게 더 어렵습니다. 내가 남들에게 글을 써서 알리고 설득할 수 있으려면 내가 알고 취재한 내용에 대한 자신감이 있어야겠죠? 조금 취재해서는 기사를 쓸 수 없잖아요. 그렇게 쓴 기자는 금방 형편없다는 게 드러납니다.

글을 많이 쓰십시오. 기사를 작성하기 위해서는 일단 결론을 앞에 내놓고 풀어가는 '미괄식' 문제를 연습하십시오. 즉 짧게 쓰면서도 자기 생각을 곧바로 전달할 수 있어야 합니다. 여러분은 서론, 본론, 결론순으로 글을 쓰는 게 익숙하겠죠? 그런데 기사는 거꾸로 써야 합니다. 결론을 먼저 쓰고 그걸 설득력 있게, 다양한 증거와 증언으로 풀어쓰는

줄어듭니다. 아울러 강조하기 위해 쓰는 부사, 형용사 등도 줄어들겠지요. 그리고 조금 더 간략하면서도 의미를 확실하게 전달할 수 있는 단어도 찾게 되고요. 긴 글을 잘 쓰는 것도 중요하지만 일단 기자는 짧은 글을 깔끔하고 건조하게 쓰는 게 기본이랍니다.

Q4
스포츠 기자로 살아가면서 언제 행복과 보람을 느끼시나요?

스포츠 기자는 여러분들도 하고 싶을 겁니다. 스포츠 경기를 공짜로 보고 선수들과 직접 만나서 이야기를 나눌 수 있으니까요. 물론 그게 재밌고 기본인 것은 맞습니다.

그런데 스포츠를 취재하면 감수해야 할 게

2010년 홍명보 감독과 함께

많습니다. 일단 스포츠는 주로 밤에, 주말에, 휴일에 열립니다. 그러니까 다른 사람들이 쉬고 즐기는 시간에 스포츠 기자들은 일을 해야 합니다. 여러분이 요즘 원하는 '워라벨'과는 거리가 있습니다. 그리고 친구, 애인, 식구들과 함께 여유를 즐길 시간도 부족합니다. 남들이 다 놀러 가는 시간, 날짜에 스포츠 기자는 일을 해야 하니까요. 여러분이 만일 스포츠 기자가 되고 싶다면 야간 근무, 휴일 근무를 기본으로 해야 합니다. 물론 주당 52시간제를 지키려고 하고 있지만 업무 자체가 시간을 정해 놓고 그 시간대만 일하면 되는 회사원, 교사, 공무원과는 완전히 다릅니다. 또 요즘은 해외 축구, 해외 골프 등 해외 스포츠도 많은 인기를 끌고 있어서 결국 스포츠 기자들은 낮뿐만 아니라 새벽, 늦은 밤에도 일을 해야 합니다. 물론 간간히 쉬고 휴일도 부여받지만 기본적으로 불규칙한 삶을 살 수밖에 없습니다.

스포츠 기자들은 스포츠 경기 현장을 다닙니다. 우리 대표 선수들이 잘할 때 기분이 좋죠. 그런 기사를 쓸 때는 신도 나고 재미도 있습니다. 월드컵 축구 대회, 올림픽, 아시안 게임 등에서 금메달을 따는 현장에 있다는 게 행복합니다. 그리고 그들의 활약상, 인터뷰 등을 기사로 쓰면 많은 사람이 보게 되죠. 기자가 아니라면 제가 쓰는 글을 많

은 사람이 동시에 본다는 게 쉽지 않겠죠. 그
만큼 정확하고 균형 잡히게 써야 한다는 말입
니다. 요즘은 사람들이 인터넷 등을 통해서 관
심사를 직접 검색하고 공부합니다. 어떤 분야
에서는 기자보다 더 전문가인 독자들이 많습
니다. 그냥 본 대로 대충 쓰는 것은 안 됩니다.
더 공부하고 더 연구하고 더 많은 이야기를 들
어야 독자보다, 다른 기자들보다 더 좋은 글을
쓸 수 있습니다.

Q 5
스포츠 기자로서
잊을 수 없는 일이나 에피소드가 있다면
소개해주세요.

여러 가지 순간들이 있지만 가장 기뻤던 때
는 2002년 월드컵입니다. 당시 저도 초보 기자
로 거스 히딩크 감독이 부임한 뒤 1년 반 가까
이 대표팀을 취재했습니다. 사실 16강에만 가
면 된다는 생각을 누구나 했죠. 그런데 여러분
도 익히 알겠지만 우리는 4강에 갔습니다. 조별
리그 미국전에서 황선홍이 머리에 피를 흘릴
때, 안정환이 극적인 골을 넣었을 때, 최용수가
좋은 찬스를 날렸을 때 장면이 기억납니다.

그중 가장 기억에 남는 경기는 16강전 이탈
리아전이었습니다. 우리가 선취 골을 내주고
경기 막판까지 0대1로 밀리고 있었죠. 한국이
16강에 진출한 걸로 끝인가 보다 생각했지요.

그래서 0대1로 진 기사를 거의 썼습니다. 경기
가 끝나자마자 기사를 바로 보내야 했거든요.
그런데 설기현이 후반 종료 직전 극적인 동점
골을 넣었습니다. 우리에게 이길 수 있다는 희
망이 생긴 거죠. 그런데 솔직히 마냥 기쁘지는
않았습니다. 왜일까요? 기사를 처음부터 다시
써야 했으니까요. 0대1로 진 기사를 다 써왔는
데 동점골이 나왔으니 말이죠. 그래도 기쁘게
앞에 쓴 기사를 뒤로 하고 기사를 다시 준비했
습니다. 그리고 안정환의 연장전 골든골이 터
졌고 그걸로 경기는 끝났죠. 정신없이 기사를
다시 써야 했지만 기분이 너무 좋아서 어쩔 줄
몰랐습니다. 최소한 기사를 쓸 때만큼은 흥분
한 마음을 다잡으려고 노력했습니다.

그 외 수많은 국제대회, 국내 대회에 다니면
서 기사를 썼습니다. 물론 한국이 이길 때도
있었지만 질 때도 많았습니다. 그래서 비판하
는 기사도 써야 했고요. 독자들이 싫어할지 모
르는 기사지만 그래도 기자는 지든 이기든 정

확하게 글을 쓰는 게 임무입니다. 패할 때 화가 난 감정을 기사에 쏟아내는 건 금물입니다. 어디부터 뭐가 어떻게 잘못됐는지, 냉정하게 짚어주는 글이 필요하니까요.

사람이라면 자기를 비판하는 글은 모두 싫어합니다. 감독도 선수도 사람이라 역시 똑같습니다. 결국 감독, 선수를 비판하는 기사를 쓸 때가 가장 부담스럽습니다. 사실을 정확하게 알리고 냉정하게 비판하는 게 기자지만 그걸 보는 감독, 선수들은 마음이 상하겠죠. 기자로서 임무를 다하자니 감독, 선수들과 관계가 불편해지고 그렇다고 봐주자니 기자 사명을 무시하는 것 같고. 그래도 저는 비판할 때는 냉정하게 비판했다고 자부합니다. 그래서 다소 멀어진 감독, 선수도 있었지만 그게 국민이 기자에게 바라는 자세가 아닐까요? 지든 이기든 무턱대고 잘했다, 졌잘싸 등만 쓴다면 그건 기자가 아니라 홍보 직원이겠죠. 여러분은 기자들에게 바라는 게 무엇입니까? 취재하는 분야가 어느 것이든 정확하게 글을 쓰면서 문제가 해결되기를 바라시죠? 그게 기자의 사명이랍니다.

2008년 베이징 올림픽 개막식에서

Q 6
스포츠 기자의 미래 전망은
어떠하다고
생각하시나요?

사실 요즘 기자들이 과거만큼 직업에 대한 사명감이 강하지는 않은 것 같습니다.(물론 개인 의견입니다) 미디어, 즉 뉴스 생산자와 소비자 사이의 중간 매개자 역할에 대해 한계를 느끼는 것 같습니다. 또 과거와는 달리 기자들이 취재하는 거의 모든 영역이 대중에게 사실상 오픈되면서 기자로서 가지는 정보에 대한 독보적 위치에 대한 회의감도 들고 있습니다. 또 인터넷이 극도로 발달하면서 기자들이 대중에게 노출되어 대중으로부터의 압박, 스트레스, 비판 등에 시달리고 있는 것도 사실입니다. 그리고 연봉, 워라벨이 그리 좋은 것도 아니고요. 기자를 그만둔 뒤에 별다른 새로운 진로를 찾기 쉽지 않은 것도 부인할 수 없습니다. 요즘

스위스 취리히에 있는 국제축구연맹(FIFA) 본부 앞

젊은이들이 사명감, 직업 윤리보다는 돈과 성공을 중시하면서 기자 직업에 대한 매력도 크게 느끼지 못하는 것 같습니다.

일반적으로 보면 기자라는 직업의 미래가 밝아 보이지는 않을 수 있습니다. 그런데 저는 요즘 시대가 기자가 더 필요하며 더 큰일을 할 수 있는 시기라고 봅니다. 요즘 한국 사회는 극도로 양분화돼 있습니다. 양분화라는 말 아시죠? 부자와 가난한 사람, 보수와 진보, 사회적 강자와 약자 간 간격이 너무 벌어진다는 거죠. 즉 서로 이해하기보다는 미워하고 비난하는 경향이 사회적으로 점점 강해지고 있습니다. 그 사이에서 둘 사이 간격을 좁히는 데 기여할 수 있는 게 언론이라고 봅니다. 서로 평행선을 달리는 양측의 의견을 똑같이 듣고 둘 간 합의점, 오해하는 부분 등을 찾아서 서로 상대를 잘 알고 합리적인 접점을 찾을 수 있도록 돕는 힘이 언론에 있다고 봅니다.

또 요즘 시대는 서로 다른 분야들이 섞이고 결합해 새로운 것들이 만들어지는 세상입니다. 즉, 내가 하는 일, 내가 일하는 영역, 내 업무를 고집하기보다는 다른 분야, 다른 업종과 자신의 일을 결합해야만 뭔가 새로운 걸 만들어낼 수 있는 시대가 된 것이죠. 기자는 사실 참 복된 직업입니다. 어느 분야에서 일하든 그 분야에서 성공한 사람, 그 분야에서 가장 높은 사람과 가장 낮은 사람 등을 모두 만날 수 있으니까요. 그것도 대등하게 말이죠. 즉, 기자 스스로 자기 업무 영역에 선을 긋지 않고 다양한

분야에서 이것저것 많은 걸 공부하고 취재하면서 배우면 정말 많은 일을 할 수 있습니다.

기자는 돈을 버는 직업이 아닙니다. 돈을 벌려고 한다면 하지 마십시오. 기자는 돈이 아니라 사회적 가치, 철학, 정의 등을 위해 일하는 사람입니다. 그걸 꼭 기억해주십시오.

Q 7
연봉은 어느 정도이며 그 연봉에 만족하시나요?

기자들은 돈을 많이 버는 걸 목적으로 하는 직업이 아닙니다. 일반적으로 대기업에 비하면 초봉이 약 70% 선입니다. 기자를 20년 이상 해도 비슷한 경력을 가진 대기업 직원들에 비해 절반 정도 수준의 연봉에 머뭅니다. 다시 말씀드리지만 기자는 돈을 버는 직업이 아님을 기억해주십시오. 돈을 벌기를 원한다면 다른 직업을 찾으라고 권합니다.

기자들 연봉은 방송국이 신문사보다 많은 편입니다. 신문사 기자 월급이 100이라고 친다면 방송사는 150에서 200 정도는 됩니다. 즉 방송사 기자 월급이 신문사에 비해 최대 두 배는 된다는 것이죠.

기자가 가지는 한계는 돈도 그렇지만 은퇴후 불투명한 미래가 더 큽니다. 우리 사회가 기자에 대해 잘못된 선입견을 갖고 있는 경우가 많습니다. 기자를 그냥 자신들을 홍보하는

기사를 써주는 기술자 정도로만 보는 경향이 있습니다. 기자를 아무리 오래 해도 전문가로 인식하지 않고 오히려 경계하는 사람들도 많습니다. 물론 기자라는 신분 자체가 사람들을 비판하는 직종이라서 그런 것도 있습니다. 은퇴를 해도 다른 일자리를 찾는 게 쉽지 않습니다. 기자로서 생활하면서 몸에 익숙해진 대접받으려는 자세, 해다 주는 걸 제공받으려는 자세도 문제입니다. 은퇴하면서 기자를 그만두면 그동안 나를 알고 지낸 취재원들의 태도가 많이 달라집니다. 기자로 일할 때는 기자를 이용하거나 관리할 필요성이 있어서 의도적으로 잘 대해주지만, 현직에서 떠난 기자는 그렇게 대응할 필요가 없다는 것이죠. 기자는 기자를 할 때 힘이 있고 일하는 재미가 있지만, 기자를 그만두면 사실상 민간인으로 돌아가는 셈입니다. 기자를 그만두는 선배들이 대부분 소시민으로 조용하고 외롭게 살아가는 경우가 적잖습니다. 은퇴 후 화려한 삶은 기자로서는 기대하기 쉽지 않습니다.

한국기자협회 홈페이지
https://www.journalist.or.kr/

스포츠 현장을 뛰어다니며
가장 먼저 소식을 전하다

스포츠 아나운서

전 KBSN 아나운서
정 인 영

*'나는 언제든 스포츠에게 질 수 있고
그게 전혀 억울하거나 슬프지 않다.'는 마음가짐 필요!*

Q1

**본인 소개
부탁드립니다.**

전(前) KBSN 아나운서 정인영입니다. 저는 인천에서 나고 자랐습니다. 키가 큰 편이라 운동을 권한 선생님도 계셨지만, 학창 시절에는 학업에 집중하며 평범하게 지냈습니다. 대학에서는 영문학과 신문방송학을 전공했고, 시간이 지나 스포츠와 관련된 직업(스포츠 아나운서)에 종사하게 되면서 학업에 대한 갈망이 생겨 서울대학교에서 스포츠 심리학 석사 과정을 밟았습니다.

스포츠 아나운서가 된 후에는 야구, 축구, 배구, 농구, 이렇게 대표 4대 구기 종목뿐 아니라 다양한 스포츠 분야에 대해 가까이에서 깊이 이해할 수 있는 기회를 얻어 스포츠를 보는 시야와 이해의 폭이 넓어질 수 있었습니다. 그와 동시에 스포츠 현장에서 마주쳤던 많은 선수들을 보면서 '누구나 노력한 만큼 실전에서 기량을 잘 발휘할 수 있었으면 좋겠다.'는 바람과 '모든 선수, 코치, 감독, 관련 종사자들이 보다 행복했으면 좋겠다.'는 바람을 갖게 되었고, 이것이 저의 장기적인 목표이자 스포츠 심리학을 공부하는 이유가 되었습니다.

실제 석사 과정을 거치고 연구 논문의 주제와 내용을 결정하면서는 다소 어려움을 겪기도 했습니다. 막연한 바람이나 소망보다는 구체적인 목표와 진행 방향을 설정하는 것이 학문으로서의 스포츠를 대하는 데 중요하다는 점을 깨달았기 때문입니다. 지금은 한 걸음 더 성장하기 위해 노력하는 과정 중에 있습니다.

저는 어릴 적부터 자연스럽게 다양한 스포츠를 접하기는 했지만 아나운서로 종사한 이후 그 관심과 애정이 더욱 깊어져 스포츠 경기 '직관' 횟수가 보다 늘어나게 되었고, 스포츠 관람이 여가 생활에 가장 큰 부분을 차지할 정도가 되었습니다. 직접 경기장으로 가는 것뿐 아니라 집에서도 종목 구분 없이 남편과 함께 스포츠 채널을 늘 시청하고 있습니다.(집에 방문하는 지인들이 "이 집은 스포츠 채널밖에 안 나오는 것 같아." 하고 말할 정도입니다.) 가족과 함께 시간을 맞출 수 있는 날에는 가까운 교외로 나가 직접 골프도 치고, 주 2~3회 필라테스 수업도 받고 있습니다. 이렇게 운동을 보고 직접 몸을 움직이다 보니 건강하게 에너지를 소비하는 방법과 스트레스가 해소된다는 느낌에 대해 잘 알게 된 것 같습니다. '몸과 마음이 건강한 삶'이 바로 이렇게 스포츠와 가까이하는 데서 시작되는 게 아닐까요.

Q2
직업으로
스포츠 아나운서를 선택하게 된
이유나 계기는 무엇인가요?

아나운서 수험생으로 꽤 오랜 기간을 보냈습니다. 그러다 깨달은 것은 제가 다른 지망생들에 비해 스포츠에 상당히 오랜 기간 자연스럽게 노출되어 왔다는 것입니다. 누구보다 승부욕이 강하고 농구, 야구 등 스포츠를 즐겼던 친오빠, 주말이면 테니스를 치던 아버지, 야구의 고장 부산에서 나고 자란 어머니 등 스포츠

TV 프로그램에 참여하며

를 좋아하는 온 가족의 영향이 컸던 것 같습니다. 가족이 함께하는 시간에 자주 TV로 프로야구 중계를 관람했고, 함께 땀 흘리며 같은 규칙 속에서 무언가를 겨루는 과정에서 느끼는 여러 감정들도 어릴 때부터 접할 수 있었습니다. 스포츠 아나운서가 되기 위한 시험을 치르면서 스포츠 용어에 비교적 익숙하지 않은 또래 여자 지망생들에 비해 스스로 배경지식이 꽤 있다고 느꼈고, 그래서 더욱 그 자리를 놓치면 안 되겠다는 생각을 하게 되었습니다. 여러 차례 아나운서 시험을 보러 다니던 중 '현장을 뛰어다니는' 그리고 '가장 먼저 현장에서 소식을 전할 수 있는' 스포츠 아나운서의 큰 장점과 매력을 진심으로 느끼고 싶어 한다는 점을 적극적으로 어필하기 위해 정장 치마를 입고 구두를 신는 대신 청바지와 셔츠, 운동화를 신고 응시했습니다. 일종의 "모 아니면 도" 전략이었지만 저의 진심이 잘 전달된 덕분에 합격할 수 있었고, 입사 후 한동안은 이름 대신 '청바지 개'로 불리기도 했습니다.

저는 지상파 아나운서가 꿈이었지만, 그 꿈을 꾸면서도 늘 '스포츠 뉴스' 혹은 올림픽, 월드컵, 아시안 게임 등 국제대회에서 중심적인 역할을 담당하고 싶다는 이야기를 했던 것 같습니다. 스포츠가 주는 짜릿함, 극적인 긴장감, 그 안에서 느낄 수 있는 즐거움을 함께 나누고 싶다는 생각 때문이었습니다.

LG트윈스의 어린이 팬클럽 회원으로 90년대 황금기에 함께 웃었고 2000년대 암흑기에

Q3
스포츠 아나운서가 되기 위해
무엇을 준비했고 필요한 자격 요건은
무엇인가요?

저는 스포츠 아나운서가 되기 위해 특별하게 생각할 만한 준비를 한 것은 없습니다. 입사를 하고 나면 종목별 용어와 룰, 특징 등에 대해서도 선배들이나 학습 자료 등을 통해 배울 기회가 있습니다. 하지만 스포츠 아나운서가 꿈이라면 이런 부분을 입사 전에 학습해둘 경우 적응이나 현장 적용이 더 빨라져 도움이 될 수 있습니다. 요즘은 아나운서 아카데미에서도 스포츠 분야 특강이나 특별 과정이 개설되는 경우가 많아졌으니 수강하면서 관련 정보를 얻으면 도움이 됩니다.

특별한 자격증이나 이력도 꼭 필요하지는 않지만, 만약 본인이 특별히 더 관심 있는 종목이 있다면 스스로의 영역을 구축할 만한 경험을 쌓아두는 것도 좋습니다. 예를 들어, 각 종목의 심판 특강을 수강하거나 심판 자격증을 취득하는 것, 특정 구단의 서포터즈에 가입해 임원 활동 등을 해보는 것, 여가로 즐기는 운동으로 대회에 참가하는 것 등은 '내가 이 종목에 관심이 있다.'는 것을 이력서에 단 한 줄로 설명할 수 있는 방법이 되기 때문입니다. 저는 이런 경력들을 미리 쌓지는 못했습니다. 다만, 현장에서 함께 호흡하고 변수가 많은 현장에서 상황을 빠르게 파악해 전달할

뜨겁게 분노하고 울기도 했던 사춘기 청소년 과정을 거치며 스포츠가 가진 힘을 알게 되었습니다. 그러다 2002년, 한일 월드컵 당시 대한민국 전체가 들썩이던 모습은, 스포츠가 단순히 운동, 공놀이, 신체 활동의 영역을 넘어서 더 크고 다양한 의미를 가진다는 것을 알게 해주었습니다. 당시에는 정확히 인지하지 못했지만 저는 아마도 그때부터 차근차근 스포츠와 관련된 일과 삶에 가까워지고 있었던 것 같습니다.

수 있도록 언제든 편한 차림으로, 하이힐 대신 운동화를 신고 뛰어다닐 수 있는 마음의 준비 정도를 했습니다.

바쁘게 현장을 다니다 보면 메이크업도 의상도 혼자 해결해야 하고, 전국의 경기장을 혼자 운전해 돌아다녀야 하며, 한 달에 20일 이상 출장을 다녀야 하는 경우도 있었습니다.(물론 10년 전의 이야기이고, 현재는 많은 상황이 그때와는 다릅니다. 제가 주로 현장을 다닐 당시의 특수한 상황들에 한해 말씀드리는 것이니 직업이나 회사에 대한 오해는 없길 바랍니다.) 또 예전에는 여성에 대한 선입견도 다소 있었던지라 그런 시선에 상처받거나 위축되지

않고 당당할 수 있는 자신감도 필요했습니다. 사실 이러한 내용들은 모두 부수적인 것이고, 스포츠를 사랑한다면 결국 시간이 지나면서 모든 것은 눈 녹듯 사라지게 됩니다.

"더 많이 사랑하는 게 지는 것"이라는 말이 있죠. 어쩌면 대단한 준비까지는 필요하지 않습니다. 입사 후 부족한 지식을 채워줄 선배들과 책자 등은 충분하니까요. 당신에게 가장, 아니 단 한 가지 필요한 것은 '나는 언제든 스포츠에게 질 수 있고 그게 전혀 억울하거나 슬프지 않다.'는 마음가짐일지도 모르겠습니다.

스포츠 아나운서로 활동하며

Q4

스포츠 아나운서로 살아가면서 언제 행복과 보람을 느끼시나요?

스포츠 아나운서로서 스포츠 현장에 직접 중계를 나가 그 관계자나 기자보다 빠르게 현장의 소식을 전할 때인 것 같습니다. 스포츠 현장에서는 늘 예상치 못한 변수가 생깁니다. 경기를 잘 뛰던 선수가 갑자기 교체된다든가 코칭 스태프에게 경기 직전에 듣는 경기 운영에 대한 계획 등이 그 예가 될 수 있습니다.

현장에 있지 않다면 알 수 없을 내용들에 대해 생방송을 통해 전할 때 말할 수 없는 큰 보람이 있습니다. 또 하나의 큰 특징이자(제가 생각하는) 장점은 스튜디오용 프로그램이 아닌 현장 중계나 리포팅, 인터뷰에 한해 '대본이 없다'는 점입니다. 그것이 불안감으로 작용할 수도 있지만, 경기의 핵심을 관통하는 무언가를 짚어냈을 때 제대로 무언가를 해냈다는 뿌듯함과 그날 현장에서 진정한 경기의 일부가 된 것 같은 기분까지도 느낄 수 있었습니다.

개인적으로는 큰 인지도를 쌓기 전이거나 크게 주목을 받지 못하는 종목 혹은 선수와 관련된 방송을 했을 때도 보람을 느낍니다. 이후에 어떤 계기로 그 종목이 보다 큰 관심을 받게 되거나 해당 선수가 대중의 사랑을 받는 상황이 오면 왠지 모를 친밀감과 함께 뿌듯함을 느낄 수 있습니다. 더구나 제가 한 인터뷰가 그 인기의 계기가 된다면 더할 나위 없는 기쁨이 되겠지요.

Q5

스포츠 아나운서로서 잊을 수 없는 일이나 에피소드가 있다면 소개해주세요.

정말 많은 기억이 떠오르지만 세 가지만 꼽아볼까 합니다.

첫 번째는, 2012년, 제가 소속된 방송사가 스페인 프리메라리가 중계권을 딴 이후 박주영 선수가 해당 리그로 이적 소식을 전했던 것입니다. 사전에 큰 합의도 없이 PD 선배, 카메라 팀 선배, 저, 이렇게 셋이 바로 스페인으로 날아가 박주영 선수를 만났습니다. 며칠간 취재 협조를 위해 이런저런 사람을 만나면서 혼신의 노력을 했던 기억과, 정말 운이 좋게도 저희 체류 기간에 박주영 선수의 이적 후 첫 경기, 첫 골이 나왔다는 점이 제게는 평생 잊지 못할 추억이 되었습니다. 첫 골 기록 후 단

선수들을 인터뷰하면서

독으로 인터뷰에 응해준 박주영 선수의 모습은 지상파의 메인 스포츠 뉴스에 등장할 정도로 이슈가 되었고, 축구와 관련된 제 커리어에도 큰 도움닫기가 되어주었습니다. 이 기회를 빌려 박주영 선수에게도 다시 한번 감사 인사를 전하고 싶습니다.

두 번째는, 국내 한 드라마에서도 패러디되었던 프로 야구 인터뷰 '물벼락 사건'입니다. 2년간 세 번에 걸쳐 생겼던 일이고 당시 수많은 이슈를 낳았던 걸로 기억합니다. 당사자인 선수들과 저, 방송사, 구단, 팬들까지 많은 사람의 입장이 있다 보니 여론이나 언론도 각기 다른 시각으로 바라보며 많은 이야기가 쏟아졌습니다. 나름대로 가운데에서 중심을 잘 잡아 뜨거워진 여론을 식히고 싶었지만 최선의 대처는 아니었던 것 같아 아쉽습니다. 이와는 별

개로 제 이름을 모르는 분들은 많아도 '물벼락 아나운서'라고 하면 기억하는 분이 정말 많아서 저에게는 저를 알리게 된 감사한 계기로서도 잊지 못할 일이 되었습니다.

세 번째는, 2014 브라질 월드컵에 현장 중계 아나운서로 함께하게 된 것입니다. 당시 처음으로 KBS에 함께하게 된 이영표, 김남일 해설위원과 함께 새로운 얼굴로 합류해 꾸이아바에서 매일의 경기 프리뷰, 리뷰 프로그램을 담당했습니다. 경기 직후에 이어진 생방송이다 보니 대본이 없었습니다. 보름 가까운 시간 동안 이런 방송을 계속하다 보니 경기 핵심을 짚어주어야 하는 것 외에 팬들의 마음에 공감하는 것이 얼마나 중요한지, 그리고 그 방법은 어떤 것인지에 대해 깨닫고 깊이 생각할 수 있는 시간이었습니다.

Q6
스포츠 아나운서의 미래 전망은 어떠하다고 생각하시나요?

제가 퇴사한 후 지금의 스포츠 아나운서 업계는 이전에 비해 다소 고착화되었다고 생각합니다. 긍정적 의미로는 훨씬 더 안정적인 고용 환경이 마련되었다고 할 수 있겠습니다만, 스포츠 아나운서의 꿈을 꾸고 있는 분들에게는 기존의 아나운서가 퇴사해 빈자리가 생기지 않는 한 새로운 자리가 적어졌다고도 볼 수 있습니다. 하지만 최근 기존의 4대 프로 스포츠(야구, 축구, 농구, 배구) 외에 새롭게 주목받는 스포츠 분야가 많습니다. 프로 리그가 출범한 당구, 나날이 저변을 넓혀가는 골프, 10~20대의 마음을 사로잡고 있는 테니스, 다양한 종목과 리그가 사랑받는 e스포츠까지. 스포츠 중계도 저변을 넓혀가고 있는 만큼 해당 분야에 관심을 갖는다면 저희 세대와는 다른 세계가 기다릴 것이라고 생각합니다.

Q7
연봉은 어느 정도이며 그 연봉에 만족하시나요?

프리랜서 아나운서로 근무하는 경우 바우처로 급여를 받습니다.(현장에 한 번 나가면 A라는 금액을 받고, 횟수에 따라 주급 혹은 월급으로 수령하는 형식) 그러다가 전속 계약을 맺거나 일반 계약직이 되면 연봉이 정해져 월급을 받습니다. 4대 보험이 되는 대신 수령하는 총액은 적어집니다. 정규직 아나운서의 경우에는 호봉제가 적용돼 연차가 쌓일수록 연봉이 높아지고, 복지 카드 등 직원 혜택이 커집니다.

연봉은 방송사별로 금액과 상여급 제도 등이 각각 다르지만, 계약직 기준 순수 연봉은 3,000만 원 정도이며 상여급이나 부가적인 수익은 별도로 형성되어 있습니다.(방송사, 개인별로 차이가 있기 때문에 절대적인 기준이라고 볼 수는 없습니다.)

KBSN
http://www.kbsn.co.kr/index

37명의
스포츠 직업인
인터뷰를 통한

스포츠 진로 찾기

스포츠 의료

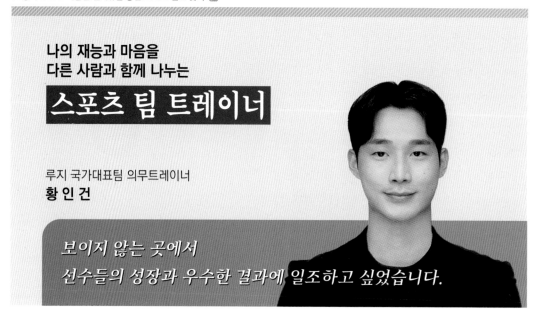

나의 재능과 마음을
다른 사람과 함께 나누는

스포츠 팀 트레이너

루지 국가대표팀 의무트레이너
황 인 건

*보이지 않는 곳에서
선수들의 성장과 우수한 결과에 일조하고 싶었습니다.*

Q 1
**본인 소개
부탁드립니다.**

대한민국 루지 국가대표팀 의무트레이너로 근무하고 있는 황인건입니다.

전라북도 전주에서 태어나 대학교를 제외한 초중고를 전주에서 다니고 지금까지 전주에서 살고 있습니다. 초등학교 2학년부터 축구 교실을 다니기 위해 40~50분 거리를 혼자서 버스를 타고 다닐 정도로 축구에 빠져들며 축구 선수의 꿈을 키웠습니다. 당시 해성중학교 축구부에 들어가기 위해 교육청에서 실시하는 체육 특기생 테스트를 통과하여 그때부터 본격

적으로 축구 선수로서의 활동을 시작했습니다. 그런데 어느날 아침, 갑자기 일어나지 못할 정도로 허리가 너무 아파 병원을 찾았더니 '척추분리증'이라는 것입니다. 그때 수술 대신 재활 치료를 선택하며 축구를 그만두었고 중학교 3학년까지 방황하며 지냈습니다. 하지만 운동하면서 모든 일에서 끈기와 기본기가 가장 중요하다는 것을 깨달았기에 끈기를 가지고 기본부터 차근차근 공부를 하기 시작했습니다. 어떤 수업이든 맨 앞자리에 앉았고 공부 잘하는 친구들 옆에 꼭 달라붙어 수업을 들었습니다. 쉬는 시간에는 모르는 것을 찾거나 친구들에게 부탁도 하며 공부해 나갔습니다. 공부하기 위해 앉아 있던 시간이 길어지다 보니

다시 허리 통증이 생겼지만 매일 병원을 다니면서도 공부하는 것을 쉬지 않았습니다.

선배가 학교스포츠클럽 대회를 나가 전국대회에서 성적을 내면 체대 입학 지원 시 생활기록부에 큰 도움이 된다고 해서 스포츠 클럽 대회에 출전하게 되었습니다. 그렇게 출전한 대회에서 전국 학교스포츠클럽 대회 2, 3위의 성적을 거두었습니다. 운동을 좋아하고 꾸준한 치료로 부상을 극복한 저는 고등학교 2학년 때 물리치료사가 되기로 진로를 정했습니다. 대학 입시를 준비하며 포기하고도 싶었지만 "하고 싶은 일을 하기 위해 하기 싫은 일을 더 많이 해야 한다"라는 부모님의 말씀을 되새기며 끝까지 할 수 있었습니다.

저의 진로가 체대에서 물리치료학과로 바뀌게 된 계기는 오랜 시간 항상 허리가 아파 많은 병원을 옮겨 다녀도 잘 낫지 않던 중 몸에 대한 궁금증도 생기고 내 몸을 내가 고쳐보고 싶다는 마음이 들면서부터입니다. 그때 물리치료학이라는 전공을 알게 되었고, 나처럼 운동을 하다 다친 친구들에게 도움이 되고 싶어 진로를 바꾸게 되었습니다. 서울에 있는 물리치료학과를 가고 싶었지만 "간판보다 본인이 어떻게 하느냐가 더 중요하다"라는 부모님의 말씀에 장학금을 받을 수 있는 호남대학교 물리치료학과에 입학하게 되었습니다.

대학 입학 후 1등도 하고 학과 부학회장을 하는 등 열심히 학교생활에 임했습니다. 대학 4학년 때는 학석사 연계 과정을 통해 대학교를 조기 졸업하고 석사 과정에 재학하며 물리치료사 국가 면허증을 취득했습니다. 현재는 루지 국가대표팀의 의무트레이너로 근무하며 물리치료 전공 석사 과정을 병행하고 있습니다.

Q2
직업으로
스포츠팀 트레이너를 선택하게 된
이유나 계기는 무엇인가요?

중학교 때 축구 선수의 꿈을 포기하고 지내던 중 운동을 좋아해서 축구와 관련된 직업인 심판, 코치 및 감독 등 스포츠 관련 직업을 가져야겠다고 생각했습니다. 그래서 체대를 가기 위해 인문계 고등학교에 입학하여 공부와 운동을 열심히 준비하는 과정에서 고질적인 허리 통증을 앓게 되었고, 여러 병원을 돌며 치료를 받았지만 나아지지 않았습니다. 내 몸에 관심을 가지면서 나처럼 부상으로 인해 꿈을 포기하거나 고생하는 선수들을 위한 직업을 찾던 중 물리치료사를 알게 되었습니다. '물리치료'를 공부하다 보니 수술이 아닌 여러 방법을 통해 부상을 치료할 수 있다는 것을 알게 되었고, 일반인뿐만 아니라 스포츠 선수들에게도 유용하다는 것을 알았습니다. 부상 예방, 부상 후 재활, 컨디션 관리, 경기력 향상을 위한 운동 등 여러 방법을 통해 선수들을 옆에서 직접 도울 수 있다는 것에 가장 큰 매력을 느꼈습니다.

한 선수가 대회에서 메달을 획득하기 위해서는 선수도 많은 고생을 하지만 보이지 않는 곳에 있는 많은 사람의 노력과 도움이 필요합니다. 보이지 않는 곳에서 최선을 다하는 그분들의 모습을 보면 존경스러웠고, 선수의 성장과 우수한 결과에 일조하고 싶었습니다. 또한 중학교 때부터 대학 때까지 다양한 봉사 활동을 하며 나의 재능과 마음을 다른 사람과 나누는 것이 가치 있고 행복한 일이라는 것을 알았습니다. 이런 감정을 느낄 수 있는 직업과 분야가 스포츠 의무트레이너라고 생각했습니다. 운동을 해봤기 때문에 스포츠 분야에서 일하면 선수들과 공감하면서 즐겁게 잘할 수 있겠다는 생각이 들었습니다.

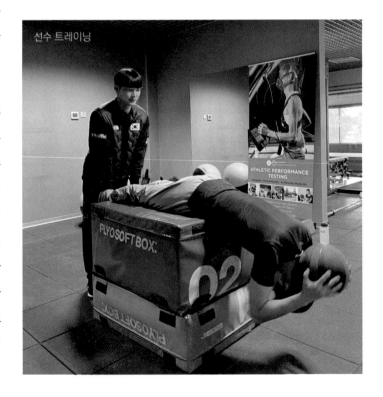

선수 트레이닝

Q 3
스포츠 팀 트레이너가 되기 위해
무엇을 준비했고 필요한 자격 요건은
무엇인가요?

스포츠 의무트레이너가 되기 위해 제가 준비한 것들은 많습니다. 다양한 분야를 많이 알면 알수록 유용하고 일할 때 도움이 많이 되기 때문입니다.

첫째, 전공의 기본이 되는 의학 용어를 공부하여 다른 사람들과 원활한 의사소통을 할 수 있도록 했습니다.

둘째, 우리 몸 움직임의 주요 3대 구성요소인 신경, 근육, 뼈에 대한 구조와 기능을 공부하며 우리 몸을 이루고 있는 구조와 조직을 이해하고 외웠으며, 이를 바탕으로 손으로 구조를 찾아 뼈와 근육을 직접 움직여 보고 근육이 얼마나 활성되는지 감을 익혔습니다.

셋째, 뼈와 근육의 기본적인 정보를 바탕으로 테이핑 이론과 실습을 진행했습니다. 테이핑의 종류는 다양하기 때문에 목적에 맞게 사용하면 되는데, 근육의 움직임이 더 잘 일어날 수 있게 도와주거나 뼈를 보호하는 인대를 도와주거나 뼈와 근육이 너무 많이 움직이지 않도록 고정하는 등 상황과 목적에 맞게 사용할 수 있도록 했습니다.

넷째, 검사 및 평가 방법을 공부하여 친구들이나 부모님을 대상으로 적용해보고 문제가 무엇인지 정확히 알아내어 이를 바탕으로 치료 계획을 세우고 직접 치료까지 했습니다.

다섯째, 내 몸을 원하는 대로 쓸 수 있도록 다양한 운동을 경험해 보면서 특징을 파악하고 공부했으며 기본적인 체력을 키웠습니다.

여섯째, 살아가는 데 있어 기본적인 식단과 영양에 대해서 공부하여 이를 바탕으로 자신과 부모님을 대상으로 식단을 계획하여 실행에 옮겼습니다.

일곱째, 다치거나 아플 때 상처에 따라 어떻게 소독하고 관리하는지 어떤 상비약을 먹어야 하는지 정리하며 공부했는데, 일상생활에서 유용하게 이용하고 있습니다.

여덟째, 연령대가 다양한 많은 사람과 만나 대화하면서 관계를 이어가는 방법과 관계가 틀어졌을 때, 의견 충돌이나 오해가 생겼을 때 대화로 해결하는 방법 등 인간관계에서 일어날 수 있는 일들을 경험하고 조언을 구했습니다.

물리치료사가 되기 위해서는 물리치료학과 물리치료학과 4년제(3년제)를 졸업하고 이후 1년에 1회 실시하는 국가 고시에 합격하면 물리치료사 면허증이 발급되어 물리치료사로 일할 수 있습니다. 전문대(3년제)와 4년제 대학 졸업 후 국가 고시에 합격하면 물리치료사 면허증을 발급받을 수 있지만, 전문대(3년제)의 경우 물리치료과로 '전문 학사 학위'를 받을 수 있고 4년제 대학의 경우 물리치료학과로 '학사 학위'를 받습니다. 요즘은 4년제 물리치료학과로 통일시키기 위해 노력하는 추세입니다. 또한 요즘

법이 바뀌고 있어 스포츠 팀에서 채용할 때 물리치료사를 우대한다고 공고하고 있습니다.

다른 방법은 체육 관련 대학교를 졸업하면 건강운동관리사라는 자격에 응시할 수 있습니다. 건강관리운동사 자격증을 취득하면 센터에서 운동 처방 업무 등을 할 수 있습니다. 만약 국가대표팀에서 일하고 싶다면 대한체력코치협회에서 발급하는 KCA(체력코치) 자격증을 획득하면 유리할 수 있고, 다른 자격증인 KATA의 경우 대한선수트레이너협회(R-KATA)와 한국선수트레이너협회(I-KATA)로 나뉘게 되는데 R-KATA 자격증이 있으면 축구, 농구, 배구, 야구 등과 같은 프로 팀이 있는 종목에 들어가는 데 유리할 수 있습니다. 그 외에도 여러 자격증이 있지만 대표적인 것을 들자면 그렇습니다.

면허증과 자격증은 아주 큰 차이가 있습니다. 자격증은 누구나 도전과 취득이 가능하지만 면허증은 특정 행위를 할 수 있는 사람에게만 발급됩니다. 굳이 따지자면 자격증보다 면허증이 한수 위라고 볼 수 있습니다.

Q 4
스포츠 팀 트레이너로 살아가면서 언제 행복과 보람을 느끼시나요?

훈련 전 통증이나 부상으로 인해 훈련에 참가하지 못하는 선수가 테이핑이나 운동치료 후에 훈련에 문제없이 다시 참여할 수 있을 때, 훈련 중 통증과 부상이 있는 선수의 자세를 다시 잡아주고 보강 운동을 통해 통증과 부상이 줄어들 때 가장 행복하고 보람을 느낍니다. 물론 선수들이 대회에 출전하여 좋은 성적을 거둘 때 선수만큼 행복하고 기쁘지만, 결과가 좋지 않더라도 여기 오기까지의 피나는 노력과 땀을 같이 옆에서 지켜보아 힘듦을 알기에 부상과 후회가 없는 것만으로도 행복과 보람을 느낍니다.

또한 부상으로 인해 본 훈련에 참가하지 못하는 선수들과 단기 목표를 세워 같이 하나씩 하나씩 해결하며 부상을 극복하도록 하고, 빠르게 회복시켜 훈련 및 대회에 참가하는 모습을 볼 때, 그리고 치료를 받고 나서 통증이나 불편한 부분이 사라지고 몸이 가벼워져 기분 좋게 치료실을 나갈 때 행복과 보람을 느낍니다.

훈련 전 스트레칭을 도와주는 모습

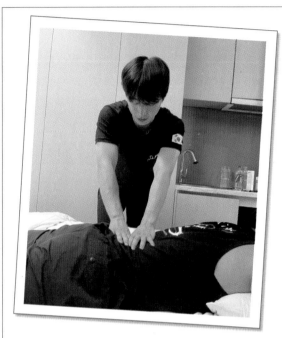

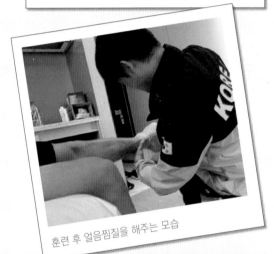

훈련 후 얼음찜질을 해주는 모습

선수들의 코어 운동 모습

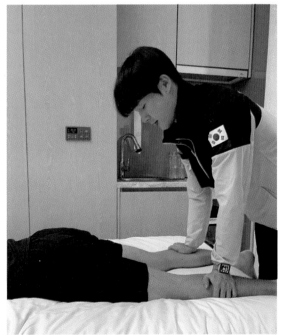

선수 치료 전 근육 상태를 확인하는 모습

Q5
스포츠 팀 트레이너로서
잊을 수 없는 일이나 에피소드가
있다면 소개해주세요.

루지 슬라이딩 훈련을 하다 보면 벽에 부딪히면서 썰매가 뒤집혀 부상을 입을 때가 많습니다. 대부분의 부상 유형은 골절, 탈구, 화상 이렇게 크게 세 가지 부류로 나뉘게 됩니다. 한번은 어느 선수가 훈련 중 벽에 부딪쳐 썰매가 뒤집히면서 경기복이 다 쓸려 찢어지고 한쪽 팔과 다리에 큰 화상을 입고 들어와 응급 처치했던 적이 있습니다. 그 당시 물과 생리식염수를 이용하여 피부를 소독하고 온도를 떨어뜨린 후 상처 부위 주변의 옷을 가위로 잘라준 후 바로 병원으로 이송하여 치료

를 받게 했습니다. 빠른 응급 처치 덕분에 다행히 상처 부위의 세균 감염과 2차 손상을 줄일 수 있었고 회복 기간도 좀 더 앞당길 수 있었습니다. 관리를 열심히 했음에도 불구하고 상처 부위엔 흉이 조금 남았습니다. 지금도 그 상처 부위를 볼 때면 가끔 그때가 떠오르곤 합니다.

루지를 타며 부상 위험 요소 파악

Q 6

스포츠 팀 트레이너의
미래 전망은 어떠하다고
생각하시나요?

스포츠 의무트레이너를 포함한 물리치료사의 전망은 좋다고 생각합니다. 저출산으로 인해 인구가 줄어들고 고령화로 평균 나이가 증가하면서 건강에 대한 인식도 함께 높아지고 있어 물리치료사의 역할 또한 커지고 있습니다. 그리고 국가대표 운동 종목마다 적게는 1명, 많게는 3명까지 스포츠 의무트레이너(물리치료사)를 뽑고 있고, 국가대표팀이 아닌 프로 팀, 실업 팀, 유소년 팀 등의 경우는 더 많은 스포츠 의무트레이너(물리치료사)를 필요로 하고 있습니다. 게다가 요즘 생활 체육인이 증가하는 추세여서 운동 센터에서도 물리치료사가 많이 필요합니다. 물리치료가 스포츠뿐만 아니라 병원, E-sport, 미술, 음악, 영화, 기업,

방문 재활 등 다양한 분야로 진출할 수도 있기 때문에 전망은 밝다고 생각합니다.

Q 7

연봉은 어느 정도이며
그 연봉에
만족하시나요?

저의 연봉은 연 3,600만 원입니다. 업무량이 많고 선수들과 같이 생활하기 때문에 출퇴근 시간이 없고 주말에도 일하는 경우가 있지만 돈보다는 명예와 경험을 중요시하기 때문에 지금 연봉으로도 만족하고 있습니다. 다만 아쉬운 점은 오랜 시간이 지나도 연봉이 오르지 않고 규칙적인 생활이 어려우며 원하는 날에 쉬지 못한다는 것입니다. 개인 시간이 많이 없기 때문에 나이가 많아지거나 결혼을 하면 팀 생활을 하는 게 쉽지 않겠다는 생각이 듭니다.

대한루지경기연맹
http://luge.sports.or.kr/
contents/main.do

한국보건의료인국가시험원
https://www.kuksiwon.or.kr/
main/indexNew.do?seq=2

환자의 건강을 위해
공부하고 연구하는
물리치료사

슬기로운 재활의학과 병원
김 찬 규

고령화로 재활 치료 인구는
지속해서 증가할 것이므로 전망은 밝아….

Q1
**본인 소개
부탁드립니다.**

광주 광역시 슬기로운 재활의학과 병원에서 근무하고 있는 물리치료사 김찬규입니다. 경기도 안산시에서 태어나 고등학교까지 안산에서 다니다가 물리치료사가 되기 위해 광주 광역시에 있는 호남대학교에 진학했습니다. 졸업 후 더 깊은 공부를 하며 꿈을 이루기 위해 현재는 병원 근무와 박사 과정 공부를 함께 하고 있습니다. 어린 시절부터 꿈을 이루어가는 과정에 정말 많은 일들이 있었던 것 같습니다.

어릴 때 깡통차기, 얼음땡 등 활발한 놀이들

을 정말 많이 했고 성격도 외향적이었습니다. 초등학교 2학년 때부터는 태권도를 시작하면서 에너지가 넘쳤습니다. 선수를 하고 싶었던 것은 아니지만, 시범단 주장을 맡았을 정도로 정말 열심히 했습니다. 하지만 활발한 놀이와 운동을 좋아하다 보니 그만큼 많이 다치기도 했습니다. 그래서 자연스럽게 몸을 아끼게 되고 운동보다 공부를 더 많이 하면서 성격도 내향적으로 변했습니다.

운동을 좋아하며 여느 학생들과 마찬가지로 평범하게 학교에 다니다가 2014년에 호남대학교 물리치료학과에 입학했습니다. 대학 졸업 후에는 다시 고향인 안산으로 돌아가려고 했지만 더 깊은 공부와 연구를 위해 대학원에 진학하여 현재까지 광주에서 병원 근무와 공부, 연구를 병행하고 있습니다.

Q2
직업으로
물리치료사를 선택하게 된
이유나 계기는 무엇인가요?

사실 어릴 때부터 물리치료사를 해야겠다고 계속 생각한 것은 아니었지만 물리치료사를 선택하게 된 것은 정말 자연스러운 일이었습니다. 앞서 말씀드렸듯이 워낙 활발한 활동들을 좋아하다 보니 많이 다쳤는데, 얼마나 많이 다쳤냐 하면 초등학교 1학년부터 5학년까지 여섯 번이나 팔이 부러지거나 금이 갔을 정도입니다. 한의원에서 침도 맞고 병원에 가서 물

노인 대상 건강 교육

리치료도 받다 보니 병원이 익숙해졌습니다. 그래서 초등학교, 중학교까지는 한의사, 의사가 꿈이었지만 결국 성적이라는 벽에 부딪혀 다른 꿈을 찾게 되었습니다.

고등학교 2학년 무렵에 허리가 아파서 병원에 갔는데 그 이유가 평발 때문이라는 사실을 알게 되었습니다. 어릴 때부터 평발이라는 것은 알았지만 그것이 허리에 영향을 끼치리라곤 생각도 못했습니다. 운동 치료를 통해 1년 정도 병원에 다니면서 물리치료사 선생님과 꾸준히 운동했더니 정말 놀랍게도 허리 통증이 사라지고 걸음걸이도 더 좋아졌습니다. 아마 이때부터 물리치료사를 하고 싶다는 생각이 조금씩 들었던 것 같습니다.

물리치료사라는 직업을 해야겠다는 생각을 굳힌 시기는 고등학교 3학년이었습니다. 제 성격 특성상 좋아하는 것은 정말 잘하지만 싫어하는 것은 하기 싫어하고 잘 못합니다. 그러다 보니 수능 점수에 그대로 반영되어 좋은 점수는 받지 못했고 흔히 말하는 서울 내 대학 입학은 불가능한 상황이었습니다. 가고 싶었던 학교를 못 간다는 생각에 처음에는 재수를 할까 고민도 했지만 일단 지방에 있는 대학 중 생명과학과와 물리치료학과에 하나씩 지원해놓고 합격 발표가 나오기까지 많은 고민과 상담을

파킨슨병 환자 보행 훈련을 시키고 있는 모습

Q3
물리치료사가 되기 위해
무엇을 준비했고 필요한 자격 요건은
무엇인가요?

물리치료사가 되기 위해서는 물리치료학과에 진학하여 3~4년 공부하고 국가 고시에 합격하여 물리치료사 면허를 받으셔야 합니다. 그러기 위해서는 물리치료학과가 있는 대학교에 입학해야 합니다.

서울과 경기도에 물리치료학과가 있는 학교가 많지 않다 보니 지방에 있는 대학교로 가야 하는 경우가 많습니다. 하지만 물리치료사라는 직업은 출신 대학교를 크게 신경 쓰지 않기 때문에 수시나 수능 점수가 정말 높지 않더라도 가고자 하는 대학교를 선택할 수 있는 폭이 넓다는 것이 장점입니다.

물리치료학과에 입학한 후에는 열심히 공부해서 국가 고시에 합격하면 물리치료사 면허를 취득할 수 있습니다. 물리치료사는 면허만 취득하면 할 수 있기에 대학교에서 열심히 공부하면 누구든 될 수 있습니다. 하지만 열심히

했습니다. 이때 물리치료사란 직업에 매력을 느꼈습니다. 인체에 대해 배울 수 있고 직접 치료도 할 수 있는 물리치료사가 정말 매력적으로 다가왔습니다.

게다가 지방에 있는 대학에 가더라도 나중에 취직했을 때 큰 차별 없이 적당한 연봉을 받을 수 있다는 점, 취직이 상대적으로 잘되고 연봉도 괜찮다는 점, 고령화 사회로 인해 미래 전망도 밝다는 점 등 현실적인 이유들도 제게는 큰 매력으로 느껴져 최종적으로 호남대학교 물리치료학과를 선택했습니다. 결국 어릴 때부터 운동을 좋아하고 많이 다치고 병원에 갔던 경험들이 저에게 자연스럽게 물리치료사라는 꿈을 이루게 했던 것 같습니다.

공부한다는 것은 단순히 물리치료사가 되기 위한 방법일 뿐이고 더 실력 있고 좋은 물리치료사가 되기 위해서는 대학교를 다니는 동안 많은 경험이 필요합니다. 몸이 아파서 병원에 가서 물리치료를 받아 본 경험이나 누군가에게 마사지를 해주거나 운동을 시켜 본 경험, 봉사 활동 등 물리치료와 관련된 경험들이 결국 학교 공부와 취직 후 물리치료를 할 때 정말 많은 도움이 됩니다. 특히, 봉사 활동은 정말 귀중한 경험이 됩니다. 아마 이 글을 읽고 있는 여러분도 봉사 활동을 많이 해보셨을 겁니다. 저도 초중고 시절에는 좋은 성적을 위해 봉사 활동을 열심히 했던 기억이 있습니다. 하지만 대학교 입학 후에는 성적을 위해 봉사 활동을 하기보다는 제 전공인 물리치료와 관련된 봉사 활동을 많이 했던 것 같습니다.

저는 보건소나 경로당 등에서 물리치료 봉사 활동을 주로 많이 했습니다. 제게 가장 기억에 남는 봉사 활동은 2019년 광주에서 개최한 2019 광주세계수영선수권대회에서 도핑 안내 요원을 했던 경험입니다. 도핑 안내 요원은 도핑 검사 대상이 되는 선수 옆에 붙어 도핑에 영향을 주는 행동을 감시하는 중요한 역할을 합니다. 비록 물리치료와 관련한 봉사는 아니었지만 다양한 수영 종목의 선수들과 만나 이야기도 하면서 경기장에서 느껴지는 선수들의 열정을 느껴본 경험은 지금도 잊을 수 없습니다. 게다가 경기장을 지나가면서 선수들을 케어하고 있는 치료사들의 모습도 자주 볼 수 있

어 스포츠 현장에서 이루어지는 물리치료에 대한 경험도 간접적으로 했기 때문에 너무도 소중한 시간이었습니다. 여러분도 기회가 된다면 스포츠와 관련된 대회에서 봉사 활동을 해보시는 것을 적극 추천합니다.

4년간 대학교를 다니면서 물리치료와 관련한 다양한 경험을 쌓을 수 있었기에 졸업 이후 물리치료사가 되었을 때 큰 두려움 없이 빠르게 적응할 수 있었습니다. 만약 여러분도 미래에 하고 싶은 일이 있다면 공부만 열심히 할 것이 아니라 꼭 관련된 경험을 해보셨으면 좋겠습니다.

2019 광주 세계수영선수권대회 도핑 안내 요원 봉사 활동- 다이빙 김수지 선수와 함께

Q4

물리치료사로 살아가면서 언제 행복과 보람을 느끼시나요?

물리치료사로 살아가면서 가장 행복하고 보람을 느끼는 것은 제가 치료하는 환자분들이 전보다 건강 상태가 좋아져서 저에게 감사함을 표현하는 순간입니다. 어떻게 하면 더 잘 치료할 수 있을까 고민하고 공부하여 그것들을 환자들에게 실제로 적용해 전보다 더 나아진 모습을 보면 정말 뿌듯합니다.

지금은 더 잘 치료하고 싶은 마음에 물리치료뿐만 아니라 기계나 로봇을 이용해서 물리치료를 할 수 있는 장비를 만들고 연구하는 것에도 관심을 갖고 공부하고 있습니다. 어릴 때에는 공부하는 것을 좋아하지 않았지만 어쩌다 보니 계속 공부만 하고 있습니다. 공부하는 것이 힘들긴 하지만 더 좋은 물리치료사가 될 수 있고 환자들을 잘 치료할 수 있다는 생각을 하면 힘든 걸 잊고 또 열심히 하게 됩니다.

Q5

물리치료사로서 잊을 수 없는 일이나 에피소드가 있다면 소개해주세요.

대부분의 순간들을 잊을 수 없지만, 가장 기억에 남는 순간은 소아 치료를 했던 때입니다. 소아 치료를 받으러 오는 아이들은 대부분 선천적으로 뇌가 손상되거나 발달이 느려서 오는 경우가 많습니다. 제가 맡았던 아이들의 나이는 6개월부터 중학생까지 정말 다양했습니다. 한창 성장이 빠른 시기다 보니 잠깐 못 본 사이에 키도 크고 말도 잘하고 무엇보다 꾸준한 치료를 통해 전보다 훨씬 좋아진 모습을 보일 때 뿌듯하면서도 더 잘해야겠다는 생각이 들었습니다. 그중에서도 기억에 남는 일이 두 가지 있습니다.

첫 번째로 'kbc 희망풍차 휴먼 다큐 나눔'에 출연했던 일입니다. 당시에 선천적으로 발목이 좋지 않은 쌍둥이가 있었습니다. 어느 날 방송국에서 그 쌍둥이를 치료하는 모습을 간단히 찍겠다고 했습니다.

평소처럼 치료하면 된다고 해서 자연스럽게 치료하고 있는데, 촬영하시는 분이 어떤 치료냐고 물어보셔서 생각나는 대로 대답한 것이 방송에 그대로 나왔습니다. 나중에 방송을 확인해 보니 부끄러운 생각이 들면서 이럴 때를 대비해 더 열심히 공부해야겠다는 생각이 들었습니다.

두 번째로 제가 소아 치료를 그만두고 다른 병원으로 이직할 때 있었던 일입니다. 한 초등학생 아이에게 퇴사한다는 말을 했다가 아이가 가지 말라고 계속 울었던 것이 기억에 많이 남습니다. 최대한 조심스럽게 말했지만 아이가 울고 삐지고 해서 달래주느라 힘들었던 것이 아직까지도 재밌으면서도 아쉬운 기억으로 남아 있습니다.

Q6
물리치료사의 미래 전망은 어떠하다고 생각하시나요?

물리치료사의 미래 전망은 밝다고 생각합니다. 고령화 사회로 인해 재활 치료가 필요한 인구가 지속해서 증가하고 있습니다. 인간의 수명은 의료 기술이 점점 더 발달할수록 늘어납니다. 뇌를 다치거나 척수를 다치는 경우, 혹은 노화 때문에 신체 기능이 많이 떨어져 물건을 들기 어렵거나 오래 걷기가 힘든 경우에 반드시 필요한 것이 재활 치료입니다.

또한 미래에는 로봇이 사람이 하는 일을 대부분 대체할 것이라고 하지만 모든 물리치료를 로봇이 대체할 수는 없습니다. 사람의 손으로만 할 수 있는 치료들이 있기 때문에 물리치료사는 병원뿐만 아니라 다양한 곳에서 필요할 것으로 생각합니다.

Q7
연봉은 어느 정도 되며 그 연봉에 만족하시나요?

물리치료 분야가 워낙 다양하다 보니 통증 물리치료, 신경계 물리치료, 소아 물리치료, 도수 물리치료 등 그 분야에 따라서도 연봉이 다릅니다. 대략적으로 연봉을 말씀드리면 2023년 기준, 물리치료사의 평균 연봉은 1년 차 기준 2,400~2,500만 원 정도입니다. 병원에서 근무하는 경우가 대부분이다 보니 매년 연봉이 조금씩 오르지만 현재 물리치료사들의 연봉은 많이 부족하다고 생각합니다. 하지만 노력을 얼마나 하느냐에 따라 더 높은 연봉을 받을 수도 있기 때문에 많은 물리치료사들이 퇴근 후나 주말에 공부하면서 열심히 노력하고 있습니다.

한국보건의료인국가시험원
https://www.kuksiwon.or.kr/
main/indexNew.do?seq=2

물을 이용해
아픈 곳을 치료하는
수중 운동 재활 치료사

화성도시공사 스포츠 사업 팀
선 진 오

수중 재활 치료 경험을 하고
그 매력에 빠져서 자격증 공부까지 시작했습니다.

Q1
본인 소개
부탁드립니다.

화성도시공사에서 스포츠 사업 팀을 담당하고 있는 선진오입니다.

어려서부터 운동을 좋아했고 특히 격투기 종목을 좋아해 다양한 격투기 종목을 접하면서 운동을 꾸준히 하게 되었습니다. 그리고 스쿠버 다이빙, 패러글라이딩, 프리 다이빙 등 사람들이 쉽게 접할 수 없는 종목들에 매력을 느끼고 즐기다 보니 개인적으로 좋아하고 취미 활동으로 시작했던 일들이 자연스럽게 직업으로 이어졌습니다. 즉, 여러 방면에서 활동

하면서 취미가 곧 직업이 된 케이스로 즐거운 인생을 살고 있습니다.

Q2
직업으로 수중 재활 치료사를
선택하게 된 이유나 계기는
무엇인가요?

학창 시절부터 운동을 좋아했고 운동으로 진로를 정하고 준비하던 시기가 있었습니다. 해병대 군 복무 시절 전역 후에 "내가 잘할 수 있는 운동을 기본으로 하는 직업이 뭐가 있을까?" 고민했습니다. 이후 운동 쪽으로 비중이

큰 경찰 특공대를 준비하면서 자연스럽게 스포츠인으로서의 꿈을 키우게 되었습니다.

격투기 종목은 아무래도 몸싸움을 하거나 몸을 격하게 움직이며 활동하므로 잦은 부상이 있기 마련입니다. 운동을 하고 싶은데 몸이 아프고 움직임이 불편하여 우연히 수중 재활 치료를 받게 되었습니다. 물속에서 행하는 치료를 몇 번 받다 보니 몸이 좋아지고 통증이 완화되는 것을 느꼈습니다. 특히, 이 치료는 수압으로 인한 젖산 제거, 부력으로 인한 관절의 부담 완화 등 통증 완화와 근육 이완의 효과가 컸습니다. 수중 재활 치료 경험을 하고 그 매력에 빠져서 자격증 공부까지 시작하게 되었습니다. 특히나 운동을 좋아하는 사람들에게 많은 통증을 부담 없이 줄여주는 물을 이용한 스포츠 분야의 미래 전망이 밝다고 생각했습니다. 신체가 건강하도록 도와주는 전문적인 재활 운동사가 되어 나의 경험과 노하우를 공유하고 싶었습니다. 그것이 계기가 되어 현재 수중 재활 치료사로 활동하고 있습니다.

수중 재활 치료

Q3
수중 재활 치료사 되기 위해
무엇을 준비했고 필요한 자격 요건은
무엇인가요?

의료 기관 내의 수중 재활 전문가는 환자 재활에 목적이 있기 때문에 운동 치료학, 해부학, 생리학 등 인체에 대한 다양한 지식을 공부하고 거기에 대한 자격증이 있으면 좋습니다. 의료 기관과 연계된 곳에서는 환자의 상태를 파악하기 위한 의료적 진단 및 치료 등을 중점으로 하고 있으므로 간호학과, 작업치료학과, 물리치료학과 등 의료와 관련된 자격증을 준비해야 합니다. 제가 근무하고 있는 스포츠 센터 및 건강 관련 기관은 의료적 진단보다는 다양한 상담을 통해 신체적, 심리적 재활을 하는 곳으로 재활 강도나 재활 부위 등이 비교적 경증인 사람을 대상으로 합니다. 여기서는 사단법인 아쿠아발란스협회에서(WATSU) 발급하는 자격증이 필요합니다. 자격증을 취득하기 위해서는 교육 및 임상 실습, 매달 개최하는 세미나를 통한 토론 등에 참여해야 하며 국외의 경우 국제 WABA 협회에서 발급히는 국제 강사 자격증을 취득해야 합니다.

Q4
수중 재활 치료사로 살아가면서
언제 행복과 보람을
느끼시나요?

교통사고의 휴유증으로 다니던 직장도 퇴사할 만큼 몸이 불편하셨던 분과 1년 가까이 재활했지만, 효과가 더뎌 한계에 부딪혔던 적이 있었습니다. 그러나 1년이 지나면서부터 차츰 효과가 나타나기 시작하더니 사고 전 만큼은 아니지만 일상생활이 가능할 만큼 호전되신 분이 기억에 남습니다. 젊은 청년이라 안타까운 마음이 더해 더욱 재활에 성공하길 바랐는데 일상생활은 물론이고 다시 재취업에도 성공했다고 했을 때 가장 행복했습니다. 이 일을 계기로 저 또한 더욱더 열심히 일하게 되었고, 저에게 재활 치료를 받고 싶어 하는 분들이 늘어 무척 보람되었습니다.

수중 재활 치료를 하면서

Q 5
수중 재활 치료사로서
잊을 수 없는 일이나 에피소드가 있다면 소개해주세요.

일상생활에서 오는 잘못된 자세로 허리 통증이 너무 심해 임신하고 싶지만 섣불리 하지 못한다는 회원이 있었습니다. 그 회원과 수중 재활을 4~5개월 이상 진행해 어느 정도 통증이 회복될 무렵 그 회원은 이사를 갔습니다. 이사하고 얼마 후에 임신에 성공했다는 소식을 전하더니 1년 정도 지나 아기와 남편과 함께 인사하러 온 적이 있습니다. 알고 보니 남편이 저와 같은 지역 고등학교 동문이었던 에피소드가 있습니다.

37명의 스포츠 직업인 인터뷰를 통한 스포츠 진로 찾기

Q 6
수중 재활 치료사의
미래 전망은 어떠하다고
생각하시나요?

노화와 함께 찾아오는 몸의 통증, 선천적 통증이나 후천적인 통증, 특히 잘못된 자세에서 오는 통증으로 많은 사람이 병원이나 통증 전문 업체를 찾고 있는 게 요즘 현실입니다. 또한 노령화 인구의 증가로 건강에 대한 관심과 욕구가 커지는 요즘, 재활 전문 운동, 특히 수중 재활은 노인들이나 몸의 움직임이 불편한 장애인들에게 매우 효과가 있습니다. 수중 재활은 물의 부력이나 저항을 이용해 근육 사용을 더욱 용이하게 하므로 복지 시설이나 스포츠 센터에서 수중 재활 전문가의 수요가 더 많아질 것으로 생각됩니다.

Q 7
연봉은 어느 정도 되며
그 연봉에
만족하시나요?

수중 재활 치료사는 프리랜서로 일하시는 분들이 많습니다. 공기업이나 지역 사회에서 운영하는 복지 시설 등은 초봉이 약 4,000만 원 정도 됩니다.

사단법인 아쿠아발란스협회
https://aquabalance.co.kr/

재활 트레이너로 살아가는
삶의 행복

재활 트레이너

빛나짐 대표
유 사 비 나

통증은 원인이 있어 회복이 가능합니다.
통증과 근골격계 질환자들에게 희망을 전하고 싶어….

Q1
**본인 소개
부탁드립니다.**

동대문구 장안동에서 PT 숍을 운영하고 있는 유사비나 트레이너입니다.

저는 동작구 흑석동에서 태어나 부모님이 서점을 운영하신 관계로 어려서부터 독서에 큰 취미를 가지고 책에 파묻혀 살았습니다. 어릴 적부터 책 읽는 것을 즐기며 공부에 취미를 갖다가 강남구 개포동으로 이사해서는 달리기와 농구, 축구 등 운동에 소질을 보이며 학창 시절을 보냈습니다.

그러나 오랜 기간 아버지의 병환으로 가세가 기울자 어머니의 외벌이를 도와드리고자 대학 진학 대신 광고 대행사에 취업했습니다. 키가 컸던 저는 다리를 꼬거나 바르지 못한 자세로 앉아 컴퓨터 작업을 많이 했습니다. 그러다 보니 허리, 목 통증이 찾아왔고, 통증 해소를 위해 주말에는 요가, 필라테스, 발레를 배우러 다녔습니다. 그러던 중 회사 일보다 강사 일에 흥미를 느껴 홍대에 'BINA FIT'이라는 개인 숍을 오픈했지만, 개인 숍의 성행으로 과로가 겹쳐 목과 허리에 디스크가 발생하고 말았습니다. 움직임에 제한이 생기며 통증이 극심해져 병원과 통증 치료가 가능한 곳들을 전국적으로 알아보고 다녔습니다. 그러다가 재활 트레이닝 센터인 '크런치짐' 대표님을 통해

통증과 디스크를 회복하게 되면서 2010년부터 재활 트레이너로 전향하게 되었습니다.

전신 근골격계 질환자들의 트레이닝을 하면서 여러 종류의 통증과 질환의 사례들을 공부하게 되었고 회복에 대한 좋은 임상 사례를 익히게 되어 현재는 '통증 잡고 인생을 빛나게'란 의미로 '빛나짐'이라는 재활 트레이닝 숍을 운영하고 있습니다. 그 누구보다 아파봤던 사람으로서 통증과 근골격계 질환(디스크, 오십견, 회전근개 파열 등)으로 고통받는 분들에게 희망을 전하고 싶었습니다. 통증은 원인이 있어 회복 가능하다는 사실을 알리기 위해 현재 교육 센터를 만드는 꿈을 갖고 그것을 이루기 위해 노력하고 있습니다.

Q2

직업으로 재활 트레이너를 선택하게 된 이유나 계기는 무엇인가요?

어릴 적부터 타고난 운동 신경이 좋았습니다. 어떠한 종목의 운동이라도 익히는 속도가 빨랐고 달리기에 소질이 있어 초중학교 때엔 모든 운동 프로그램에서 1등 자리를 놓치지 않았습니다. 하지만 학교를 졸업하고 직장생활을 하면서 운동과는 멀어지고 컴퓨터 작업량은 많아지다 보니 전신에 통증이 생기기 시작했습니다. 의자에 앉을 땐 멋지게 다리도 꼬고 팔짱도 끼면서 점차 체형이 비틀어져 허리, 어깨, 목, 전신이 아파왔습니다. 요가를 하면서 통증이 사라지는 것을 느껴 필라테스와 발레 또한 배웠고, 강사도 하게 되었습니다.

강사일을 하며 티칭에 재미를 갖게 되어 홍대에 'BINA FiT'이라는 개인 숍도 차렸습니다. 그 당시(2009년)에는 개인 숍도 많지 않았고 저처럼 키가 172cm(그 당시에는 큰 키였습니다.)인 여자 트레이너가 없었기에 홍대 상인들에게 입소문이 나 바빠지면서 제 몸은 더욱 심각하게 나빠졌습니다. 전국의 병원과 마사지, 통증과 관련된 유명하다는 곳을 1년 넘게 찾아다녔지만 목은 1도 돌아가지 않았고 의자에 앉으면 다리가 저려 5분도 앉아 있지 못하는 심각한 상태에 이르게 되었습니다.

검색하던 중 신도림에서 재활 트레이닝을

필라테스 강사 시절
"옥시즌" 잡지에 소개된 유 대표

집의 트레이닝 방식을 접하면서 운동으로 통증 회복이 가능하다는 것을 알게 되어 재활 트레이너의 길을 걷게 되었습니다.

Q3
**재활 트레이너가 되기 위해
무엇을 준비했고
필요한 자격은 무엇인가요?**

저는 요가와 필라테스, 발레를 배우게 되면서 근육의 작용과 체형 교정에 이로운 이완성 동작들을 익히게 되었습니다. 이후 2010년도부터는 근육의 비대칭으로 발생되는 통증을 회복하는 재활 트레이닝을 공부하며 질환자들에 대한 회복 프로그램의 좋은 임상 사례를 가지게 되었습니다.

재활 트레이너가 되기 위해 첫째로 해부학과 생리학을 공부했습니다. 둘째로 전신 근골격계의 기시와 정지, 작용을 익혀 근육의 움직임을 배운 후 웨이트트레이닝을 배웠습니다. 셋째로 웨이트트레이닝 시 근 수축으로 인한 통증 및 불편감 발생 시 해결할 수 있는 근육별 스트레칭을 익혔습니다. 다이어트나 근력을 증가시키는 일반 트레이너를 넘어 근골격계 질환을 회복시키는 재활 트레이너가 되기 위해서는 우선 해부학과 생리학을 익히고 근육의 기시와 정지 및 작용 등을 익혀 통증을 일으키는 근육의 움직임을 파악하는 것이 중

하는 '크런치짐'이란 곳을 알게 되어 찾아갔습니다. 상담을 받으러 간 지 5분 만에 1년간 경직되어 있던 저의 목이 전 가동 범위로 움직이는 것을 보고 "유레카"를 외치며 개인 숍을 정리하고 크런치짐에서 재활 트레이닝을 배우게 되었습니다.

개인 숍을 운영하며 회원들의 아픈 곳을 해결해드리지 못하는 것에 대한 답답함이 있었습니다. 저의 몸도 점점 아파왔습니다. 체형 분석을 통해 통증의 원인을 찾아내는 크런치

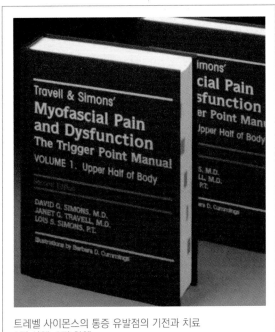

트레벨 사이몬스의 통증 유발점의 기전과 치료
1편 상체, 2편 하체

요하기 때문입니다. 넷째, 비만 관리, 체형 관리 자격증과 생활 스포츠 지도자 자격증을 땄습니다.

재활 트레이너가 되기 위해서는 체대를 가거나 스포츠 경영 등 스포츠 관련 및 스포츠 과학 관련 학과에 가면 병리학과 재활에 대한 지식과 체력을 기를 수 있습니다.

저는 트레벨 사이몬스의 저서 《통증 유발점의 기전과 치료》를 기반으로 근 수축 기전과 통증 발생 원리를 공부했고, 근 수축을 일으키는 통증 유발점의 해소와 이완성 운동으로 근육을 회복하고 역학적 웨이트트레이닝으로 체형을 재설정하여 통증의 원인을 제거하는 임상 사례를 현재까지 만들어왔습니다. 현재는

경희사이버대학교 스포츠경영학과를 다니며 석사 및 박사 학위를 위해 공부하고 있습니다.

Q4
재활 트레이닝 숍 운영자로
살아가면서
언제 행복과 보람을 느끼시나요?

재활 트레이너로서 일하며 가장 행복한 일은 통증으로 일그러져 있던 회원들의 표정이 밝아지고 건강한 몸으로 회복되어 감사하다는 말을 전해주실 때입니다.

2015년부터 인연을 이어오고 있는 60대 어머님께서는 목, 허리 디스크, 오십견, 이석증과 두통으로 일상생활이 어려웠고 어깨에 석회성 건염까지 생겨 극심한 통증으로 수술을 앞두고 저에게 찾아왔습니다. 그 고객은 통증도 힘들지만 움직일 수 없는 현재 상황 때문에 삶의 질이 매우 낮아졌고, 점점 더 심해지기만 하는 증상에 우울해져 가는 마음이 통증보다 더 힘들다고 했습니다. 이러한 근골격계 질환에서 통증의 경감은 병원 치료로도 어느 정도 가능하지만 움직임 개선과 질환의 회복이 어려워 악화되는 경우가 많아 마음마저 우울해지는 경우가 많습니다. 어머님께는 재활 운동을 주 1~2회 진행하며 홈케어로 일상생활 자체에 변화를 주어 통증을 없애고 움직임의 가동 범위를 모두 회복시켜드렸습니다. 통증과 움직임

이 회복되자 어머님께선 가족들을 다시 챙길 수 있게 되었다며 매우 행복해하셨습니다. 하지만 감사 인사는 어머님보다 그분의 가족들에게 더 많이 받은 것 같습니다. 어머님이 회복되자 측만인 의대생 딸과 척추협착증인 남편 또한 저의 회원이 되어 현재까지도 의정부에서 매주 찾아오고 있습니다. 아직까지도 저와 수업을 하실 때면 선생님 덕에 우리 가족 모두 건강하게 웃으며 행복하게 지낼 수 있다고 이야기해 주시곤 합니다. 재활 트레이닝을 통해 회원들의 얼굴이 웃음으로 번지고 건강하게 만들어주셔서 감사하다는 말을 해주실 때면 재활 트레이너 하길 정말 잘했다고 생각합니다.

트레이닝을 받고 있는 고등학생과 함께

트레이닝 이전과 지속적인 트레인닝을 받은 후의 변화

Q5
재활 트레이닝 분야 직업의 미래 전망은 어떠하다고 생각하시나요?

재활 트레이닝 직업은 전망이 좋다고 생각합니다. 핸드폰과 컴퓨터를 사용하는 직업군이 많아지면서 허리와 목의 통증을 겪는 사람들의 나이대가 낮아지고 있습니다. 더욱이 코로나 시즌을 겪으며 뛰어놀아야 할 어린이들이 집안에 갇히게 되었고 아이들의 성향 자체가(대다수가) 정적이고 움직임을 싫어하게 된 경우가 많아졌습니다. 그로 인해 간단하게는 골반 비대칭으로 생긴 허리, 목 통증을 호소하는 아이들부터 척추 측만증이 심각하여 디스크에 문제가 일어나고 있는 초등학교 아이들까지 저의 회원으로 오고 있는 추세입니다.

그 아이들이 중고등학교 생활을 하면서 공부 양이 늘고 운동량이 더욱 줄어들면 자세가 고착되어 성인이 되면 근골격계 질환을 벗어나기가 어렵습니다. 그러한 이유로 앞으로 통증으로 고통 받는 사람은 기하급수적으로 늘 수밖에 없다고 생각합니다. 현재도 10~80세까지 나이 제한 없이 저에게 재활 트레이닝을 받으러 오고 있습니다. 하지만 병원에서의 근골격계 치료는 근육을 보지 않아 회복이 불완전하고 물리치료나 도수 치료 등은 근력 운동이 빠져 있어 근골격계를 아우를 수 있는 재활 트레이너의 전망은 아주 좋다고 생각합니다. 하지만 관련된 자격 등이 부족하다고 느껴 그것을 제가 만들어내고 싶은 꿈이 있습니다.

Q6
연봉은 어느 정도이며 그 연봉에 만족하시나요?

1억 5천에서 1억 8천만 원입니다. 매달 레슨 등록 현황에 따라 금액이 상이합니다. 저는 50분 동안 한 사람만 티칭하는 1대1 PT 숍을 운영하며, 남성은 1회 비용이 10회 기준 140만 원입니다. 여성은 10회 기준 120만 원입니다. 특수 재활 시 10회 기준 160만 원으로 부가세는 별도입니다. 직원 고용이 쉽지 않아 현재는 수입이 높지 않지만 직원들을 더 고용하여 저의 단가는 상향하고 직원들의 수익으로 제 시간을 할애한 수업이 아닌 교육 협회를 만들어 1시간에 많은 사람을 가르치는 사업으로 확장해 현재보다 3배 이상의 수익을 내고 싶습니다.

저자 소개

임 성 철

- 현) 운산고등학교 체육교사
  학교체육tv 운영자
- 전) 심원중학교, 심원고등학교, 원종고등학교,
  광문고등학교 체육교사
  좋은체육수업나눔연구회 회장

❋ 저서
- 스포츠와 직업 & 체대진학 길라잡이
- 학교스포츠클럽으로 행복한 학교
- 체육수업으로 행복한 학교
- 모두를 위한 한국뉴스포츠, 세계로 GO! GO!
- 펀스쿨 레크리에이션
- 투투볼로 즐거운 학교체육

김 학 준

- 현) 경희사이버대학교 스포츠경영학과 학과장
- 전) 대통령소속위원회(장관급) 위원
  한국관광레저학회 회장
  그랜드코리아레저(주) 사외이사
  한화호텔앤드리조트 기획실 팀장

❋ 수상
- 2015년 문화체육관광부 장관 표창
- 2019년 대통령 표창
- 2023년 중소벤처기업부 장관 표창

❋ 논문
- 언어 네트워크 분석을 활용한 국내 관광 분야
  연구 동향 분석 외 90편

백 종 학

- 현) 경기체육중학교 체육교사
- 전) 칠보중학교, 군산여자상업고등학교 체육교사
  한국교육개발원 방송중 콘텐츠 강의교사
  경기도교육청 중등 논술형평가 핵심교원
  수원교육지원청 체육지원단(교육과정, 학교스포츠클럽)
  2015 개정교육과정 체육과 선도교원

❋ 저서
- 방송통신중학교 체육 2학년 교과서 집필

유 청

- 현) 수현중학교 체육교사
  경기도교육청 체육활성화 지원단
- 전) 명현중학교, 숙지중학교 체육교사
  경기도교육청 중등교수학습정책지원단
  수원 신규교사 멘토교사, 학생선수 진로강사
  수원교육지원청 체육지원단, 학교체육진흥위원회 위원

❋ 저서
- 2024 중등 교수학습·평가 계획서
  도움자료(경기도교육청)

이 승 범

- 현) 경인교육대학교 체육교육학과 교수
- 전) 경인교육대학교 교육연수원장 및 평생교육원장
  서울시 및 경기도 교육청 2022 인정도서 심의위원
  (체육)
  운동처방연구회 회장
  한국홀리스틱융합교육학회 부회장

❋ 저서
- 누구나 알기 쉬운 아동 비만관리 및 예방법
- 운동생리학의 기초
- 아동 운동의학
- 웰니스 맞춤운동
- 스포츠와 직업 & 체대진학 길라잡이

37명의 스포츠 직업인 인터뷰를 통한
스포츠 진로 찾기

초판 1쇄 인쇄 2024년 7월 5일
초판 1쇄 발행 2024년 7월 10일

저 자	임성철·김학준·백종학·유 청·이승범
펴낸이	임 순 재
펴낸곳	(주)한올출판사
등 록	제11-403호
주 소	서울시 마포구 모래내로 83(성산동 한올빌딩 3층)
전 화	(02) 376-4298(대표)
팩 스	(02) 302-8073
홈페이지	www.hanol.co.kr
e-메일	hanol@hanol.co.kr
ISBN	979-11-6647-460-6

37명의 스포츠 직업인 인터뷰를 통한
스포츠 진로 찾기